Christine Losso

WAHN SINN: LEBEN

Markus ist
Bluter
HIV-infiziert
blind

VERLAGSANSTALT ATHESIA | BOZEN

VERSTEHEN KÖNNEN WIR UNSER LEBEN,
UNSER TUN, ERST RÜCKWÄRTS,
LEBEN ABER MÜSSEN WIR ES VORWÄRTS.

Søren Kierkegaard (dänischer Philosoph)

INHALTSVERZEICHNIS

VORWORT

Liebe LeserInnen,

ich heiße Markus Telser. Ich wurde am 29. Oktober 1966 in Schluderns im Vinschgau/Südtirol als jüngstes von vier Kindern geboren. Bald schon stellte sich heraus, dass ich mit der Erbkrankheit Hämophilie A belastet bin, was im Volksmund auch als Bluterkrankheit bekannt ist. Die Krankheit wird nur an männliche Nachkommen weitergegeben. Meine drei Geschwister, zwei Buben und ein Mädchen, waren gesund zur Welt gekommen. Die Wahrscheinlichkeit, diese genetische Krankheit als viertes Kind, nach drei nicht belasteten Geschwistern, von der Mutter zu erben, liegt bei 50 Prozent. Mich hatte es voll erwischt.

Vor 20 Jahren wurde ich in Folge meiner Krankheit durch infiziertes Blutplasma mit HIV-infiziert. Seither bin ich HIV-positiv. Das hat mich zutiefst getroffen. Doch damit nicht genug: Wenig später erblindete ich innerhalb von nur 14 Tagen vollständig.
Dieses neue Leben, das mich von nun an erwartete, hätte ich mir in meinen kühnsten Albträumen nicht vorstellen können. Und niemandem wäre es gelungen, es mir im Voraus zu beschreiben. Darüber bin ich froh. Denn hätte ich es gewusst, hätte ich meinem kläglichen Dasein damals wohl noch am selben Tag ein Ende gesetzt. Doch in mir keimte trotz allem immer noch ein Fünkchen Hoffnung. Heute bin ich sehr froh darüber, weiß ich, warum. Es ist mir gelungen, trotz allem, ein zufriedener und in vielen Momenten glücklicher Mensch zu werden, wenn auch unter völlig anderen Voraussetzungen. Ich möchte hier meine Geschichte erzählen: Die Geschichte der Heilung meiner selbst.

Markus Telser

WARUM DIESES BUCH?

Seit Jahren schon spiele ich mit dem Gedanken, meine Erfahrungen, Hoffnungen und Träume in ein Buch zu fassen. Im Sommer 2011 traf ich dann die Autorin Christine Losso. Sie hat mir geholfen, meine Aufzeichnungen zu ordnen, zu kanalisieren, Ideen auszubauen und in Buchform zu bringen. Es ist mir ein großes Anliegen, anderen Menschen, vielleicht jenen, die ebenso vom Schicksal hart gebeutelt wurden wie ich, aber auch allen anderen Mut zu machen und ihnen zu zeigen, dass es immer einen Weg, einen Ausweg für noch so verzweifelte Situationen gibt. Irgendwo leuchtet immer ein Licht am Ende des Tunnels, das Leben beginnt mit jedem Tag neu. Diesen Gedanken habe ich mir zum Vorsatz gemacht. Die Zeit treibt uns Menschen weiter und weiter, und öfter, als geglaubt, erscheint am Horizont ein Lichtstrahl, ein Windhauch der Zuversicht kommt auf, manchmal kaum wahrnehmbar. Dieser Windhauch kann zum Orkan aufbrausen und alles Dagewesene niederfegen, um Platz zu machen für Neues, Anderes, Besseres. Wer an das ewige und vollkommene Glück hier glaubt, mag vielleicht ziemlich naiv sein, doch für Stunden oder auch nur Momente der Glückseligkeit lohnt es sich zu kämpfen, neu aufzustehen und dem Leben die Stirn zu bieten. Am tiefsten Punkt des Daseins geschieht meist ein Wunder. Ich bin das lebende Beispiel dafür.

Markus Telser

MEINE BEGEGNUNG MIT MARKUS

Irgendwann 2010 bekam ich einen Anruf. Ein gewisser Herr Markus Telser war am Telefon. Er hatte meine Handynummer über fünf Ecken erfahren, ich indes hatte bis dahin noch nie von ihm gehört. Markus begann zu erzählen, dass er schon länger damit beschäftigt sei, sein Leben aufzuschreiben. Ich dachte insgeheim: „Oje, schon wieder einer von jenen vielen, die nicht ahnen, wie kompliziert ein ‚Buch schreiben', mitunter werden kann, von den hohen Kosten einmal abgesehen."

Ich denke, dass im Prinzip jeder Mensch auf dieser Welt viel zu erzählen hätte, und Millionen Leben hätten es sich auch verdient, in einem Buch dargestellt zu werden. Der Weg dorthin ist aber oft steinig und lang und kostenintensiv, und das wissen nur die wenigsten.
Ich war in den vergangenen Jahren viel in der Welt herumgereist, hatte sehr viel Leid gesehen, habe selbst eine Hilfsorganisation gegründet, und ich weiß, dass Helfen nicht immer leicht ist. Auch hatte ich im Laufe von 20 Jahren Journalismus sehr viele tragische Geschichten kennengelernt und aufgeschrieben und als Autorin auch einige Bücher darüber gemacht. Rückblickend und reflektierend habe ich aber auch feststellen müssen: Es hatte sich nichts geändert. Deshalb stellte ich mir auch die Frage nach Sinn und Unsinn allen Tuns. Wieder einmal.

Doch Markus ließ nicht locker. Immer wieder kontaktierte er mich. Er war stets freundlich und positiv. Voller Energie. „Christine, ich suche jemanden, der all dies, was ich bis jetzt notiert habe, sortiert, ausarbeitet und lesegerecht aufzeichnet", bekräftigte er. Markus hatte gelernt, im Leben niemals aufzugeben. Etwas beschämt hörte ich Markus endlich zu und fand sein Leben bemerkenswert. Er war mit einer genetischen Krankheit geboren und dann durch ein infiziertes Blutplasma mit dem HIV-Virus belastet worden.

All diese aneinandergereihten Unglaublichkeiten brachten ihm schließlich auch noch die völlige Blindheit. Markus' Lebensgeschichte wirkte schockierend auf mich.

Nachdem wir uns getroffen hatten, begann ich mich zu fragen, welchen Sinn es wohl ergeben mochte, dass ein einzelner Mensch die Summe von so vielen Schicksalsschlägen hinnehmen musste. Und ob es dafür Antworten geben würde. Irgendwann.

Heute lebt Markus ein völlig anderes Leben. Er hat gelernt, sich anzunehmen. Und dann gelang etwas sehr Bemerkenswertes. Markus ist heute zufrieden. Oft sogar zufriedener als er in seinem „früheren Leben" war. Und manchmal ist Markus sogar glücklich. Genau wie jeder andere Mensch auch. Denn andauerndes Glück gibt es nur im Märchen. Man fragt mich oft, welche Botschaft ich durch meine Geschichten vermitteln will. Mit diesem Buch hier auf jeden Fall die Botschaft, dass alles im Leben mehrere Seiten hat, dass nichts so ist, wie es scheint, dass alles vergänglich ist, alles anders kommen kann als geplant. Loszulassen und anzunehmen, könnte die Botschaft heißen, und niemals aufzugeben.

Und Markus hat sein zweites Leben gefunden. Er hat die Krise als Chance erkannt und sie genutzt, fernab von alten Denkmustern. Markus musste das tun, um zu überleben. Jeder kann seine zweite Chance haben und nutzen. Markus sagt heute, dass sein neues Leben nicht schlechter ist, als es das alte war. Sein zweites Leben ist nur anders.

Christine Losso

WAHNSINN: LEBEN

Ich bin da

Es war der 29. Oktober 1966, als ich als viertes Kind unserer Familie in Schluderns im Vinschgau das Licht der Welt erblickte. Mein Vater war Tischlermeister, meine Mutter Hausfrau. Meine beiden Brüder Siegfried und Edwin, die damals sieben und ein Jahr alt waren, sowie meine Schwester Gisella, die vier Lenze zählte, freuten sich über das neue Geschwisterchen; ein weiterer Spielkamerad sollte ihnen da ins Haus geschneit kommen. Gisella war es auch, die meinen Namen aussuchen durfte, und sie bestand darauf, dass ich Markus heißen sollte. In unserer Gegend blieben damals die Frauen bei der Niederkunft daheim, sofern sich die Geburt nicht schon von vornherein als schwierig abzeichnete. Der Weg ins Krankenhaus nach Schlanders war zwar nicht weit, doch meine Mama wollte, wie bei den anderen Geburten auch, sobald es nur irgendwie ging, wieder auf die Beine kommen, um für ihre Lieben sorgen zu können.

Und immerhin war Mama bereits eine routinierte Mutter, die wusste, was sie zu tun hatte. Die Dorfhebamme stand ihr erneut zur Seite, als die Wehen begannen und sie sich in ihr Zimmer zurückzog. Alle anderen hatten draußen zu bleiben, selbst mein Vater. Eine Geburt, das war zu dieser Zeit noch Frauensache, kein Mann sollte diesen intimen Vorgang stören. Sobald alles gut gelaufen war, schaute die Hebamme aus der Zimmertür und verkündete das freudige Ereignis. Dann erst durften nach und nach die Familienangehörigen der Reihe nach in das Elternschlafzimmer treten, das nun zum Kreißsaal umfunktioniert worden war.

Unsere Familie war bodenständig, arbeitsam und im Ort bestens integriert. Unsere gesamte Verwandtschaft lebte ringsum, wir waren eine eingeschworene Gemeinschaft, wie fast alle anderen Familien in Schluderns auch eingeschworene Gemeinschaften sind. Nichts ließ vermuten, dass diese Idylle durch irgendetwas gestört werden sollte.

Ich schien kerngesund und war putzmunter. Nichts deutete darauf hin, dass etwas nicht stimmen könnte, und so nahm zunächst alles seinen gewohnten Lauf. Ich wuchs und gedieh und war ein mehr oder weniger normales Baby, das manchmal vielleicht etwas heftiger schrie als andere Kinder. Doch keiner machte sich dabei Gedanken. Auffallend waren aber die blauen Flecken, die ich bei jeder Gelegenheit bekam; besonders an den Hand- und Fußgelenken zeigten sie sich sehr deutlich. Als ich etwas größer war, fiel mein Quengeln auf, und sehr bald schon brüllte ich öfter und lauter als andere Kinder. Meine Eltern glaubten, ich hätte Gliederschmerzen. Immer, wenn ich irgendwo anstieß, schrie ich los, das machte sie stutzig, und sie beobachteten mich nun häufiger. Oft quengelte ich tagelang. Auch meinen Tanten und Verwandten war es schon aufgefallen, doch keiner konnte sich einen Reim darauf machen.

Als ich heranwuchs und laufen lernte und umso öfter hinfiel oder irgendwo aneckte, schrie und jammerte ich oft unerträglich lange. Schließlich erregte ich großes Mitleid, und alle, die sich im Haus oder draußen auf der Gasse aufhielten, boten sich an, mich herumzutragen, damit ich endlich mit dem Jammern aufhörte. Die Folge war, dass ich als sehr kleiner Junge schon sehr verwöhnt war. Dennoch hatte immer noch keiner eine Ahnung, warum meine Knie, meine Beine, meine Arme oft so sehr angeschwollen waren und fürchterlich weh taten. Auch mein Weinen und Heulen, das oft den ganzen Tag andauerte, wusste niemand zu deuten.
Eine Bekannte aus Schluderns, die an den Nebenwirkungen ihre Diabetes erblindet war und nun im Blindenzentrum in Bozen lebt, erzählt mir auch heute noch, wie sie mich als

Kleinkind in ihren Armen herumgetragen hatte. Philomena kann sich noch sehr gut an diese Wochen und Monate erinnern, ganz so, als ob sie erst gestern gewesen wären.

Die Sorge meiner Eltern wuchs von Tag zu Tag. Ich war innerhalb kürzester Zeit zu einem Häufchen Elend zusammengeschrumpft und krümmte mich tagtäglich vor peinigenden Schmerzen. Eines Tages, als mein Zustand wieder einmal unerträglich geworden war, packte mich mein Vater in ein Federbett und fuhr mit mir im Auto seines Bruders Florian ins Krankenhaus nach Schlanders. Er selbst besaß damals noch keinen eigenen Wagen. Ich war nicht älter als eineinhalb Jahre und konnte mich kaum ausdrücken. Meine Eltern mussten meist erraten, wo es mir wehtat; wie stark es wehtat, konnten sie aus meinem lauten Geschrei nachempfinden. Sie selbst litten immer mit mir mit und wussten sich oft keinen Rat mehr.

Im Spital zeigten sich alle Ärzte ratlos. Niemand konnte sich einen Reim darauf machen, was mir fehlen könnte. Sie rätselten lange herum, und um mein Leid irgendwie zu lindern, und damit überhaupt irgendetwas getan war, nahmen sie mich an diesem Abend stationär auf und experimentierten an mir herum. Dieses Experiment dauerte ganze sechs Monate lang. Trotzdem konnte niemand einen einzigen konkreten Hinweis auf eine Krankheit finden. Die Ärzte waren restlos überfordert. Meine Eltern wurden immer wieder mit verschiedenen Diagnosen konfrontiert und vertröstet. Nach langem Hin und Her beschloss der damalige Primar Dr. Kieser, mich am Knie zu operieren. Bei einer weiteren Untersuchung, gottlob, waren meine Eltern anwesend, drückte der Doktor einmal ganz stark auf mein Knie und wartete meine Reaktion ab.
Ich schrie wie am Spieß. Ich war eineinhalb und hatte keine Ahnung gehabt, dass dieser Mann hier in Weiß mir gleich fürchterlich wehtun würde. Diese Geschichte und zahlreiche weitere erzählt mein Vater heute noch oft, ich

selbst kann mich nicht mehr an Einzelheiten erinnern. Und das ist sicher besser so.
Allein dem damaligen Gemeindearzt Dr. Hans Maier habe ich es zu verdanken, dass mir der unnütze Eingriff am Knie erspart geblieben war. Maier hatte meinen Eltern gegenüber immer wieder den Verdacht geäußert, es könnte sich bei meinen Beschwerden um eine Form der Hämophilie handeln. „Es ist gar nicht so unwahrscheinlich, dass ihr Bub ein Bluter ist“, meinte der Arzt. Meine Eltern, die endlich mit einer Diagnose konfrontiert worden waren, zeigten sich zwar nicht weniger verzweifelt, doch immerhin erleichtert, irgendetwas erfahren zu haben, was zutreffen könnte. Gegenüber Chefarzt Dr. Kieser vom Schlanderser Krankenhaus zeigten sie sich recht bald schon sehr misstrauisch, worauf Hausarzt Maier den Kontakt mit einem anderen Arzt in der Klinik in Bozen einfädelte.

Dann ging alles sehr schnell: In Bozen erkannte Dr. Thomas Helfer sofort den Ernst der Lage und überwies mich eiligst an die Kinderabteilung der Universitätsklinik nach Innsbruck.
Nach ein paar Bluttests verdichtete sich der Verdacht unseres Hausarztes. Und dann stand es sehr bald schon fest: Ich war tatsächlich Bluter und wurde in die Kategorie „schwacher Hämophiliker“ eingestuft.
Sofort wurden Tante Hermine mütterlicherseits sowie meine Schwester Gisella, die als Trägerinnen der Erbkrankheit in Frage kommen konnten, ebenfalls ins Krankenhaus nach Innsbruck geladen, wo sie Bluttests unterzogen wurden. Der schwere Hauch dieser Krankheit wehte bis zur definitiven Klärung nun auch über sie. Während Tante Hermine, die vor vielen Jahren verstorben ist, völlig gesund war, stellte sich leider Gottes heraus, dass meine Schwester ebenfalls mit der Erbkrankheit belastet war. Sie würde als Frau zwar keine Bluterin werden, denn das war genetisch nicht möglich, doch bestand die Gefahr, die Hämophilie ihren Kindern weiterzuvererben. Gisella hatte später dann

auch große Bedenken, überhaupt Kinder zu bekommen und als sie schließlich doch schwanger wurde, verbrachte sie alles andere als eine gute Zeit. Sie hatte immer die große Angst, einen Jungen zu bekommen, der ebenfalls mit der Krankheit belastet sein könnte. Das Glück war ihr und ihrem Mann Helmuth hold. Sie bekamen zwei Mädchen, die völlig gesund sind.

Was ist Hämophilie (Bluterkrankheit)?
Hämophilie (altgriechisch αἷμα haima „Blut“, φίλος philos „Freund“; auch Bluterkrankheit) ist eine Erbkrankheit, bei der die Blutgerinnung gestört ist. Häufig kommt es zu spontanen Blutungen, die ohne sichtbare Wunden auftreten. Hämophilie tritt hauptsächlich bei Männern auf. Betroffene Personen werden umgangssprachlich auch als Bluter bezeichnet. Die Blutgerinnungsfaktoren sind in der Reihenfolge ihrer Entdeckung mit römischen Ziffern benannt.

Es gibt zwei Arten der Hämophilie:
Hämophilie A – es fehlt der Blutgerinnungsfaktor VIII, bzw. er wird nicht in ausreichender Konzentration produziert;
Hämophilie B – es fehlt der Blutgerinnungsfaktor IX, bzw. er wird nicht in ausreichender Konzentration produziert. An Hämophilie A erkranken fast ausschließlich Männer, an Hämophilie B eher Frauen. Die Hämophilie B kann nur durch einen Bluttest von der Hämophilie A unterschieden werden. Auswirkungen und Probleme der Erkrankung (Hämophilie B) sind mit denen der Hämophilie A gleichzusetzen. Beide Erkrankungen werden jedoch vererbt. Man unterscheidet zwischen vier verschiedenen Schweregraden der Hämophilie, abhängig von der Restaktivität des jeweils betroffenen Gerinnungsfaktors.

Die Aktivität der Blutgerinnungsfaktoren:
Die Hämophilie wird als „schwer“ bezeichnet, wenn die Restaktivität des betroffenen Gerinnungsfaktors weniger als 1 Prozent der Normalfunktion beträgt. Bei einer

schweren Hämophilie entstehen oft spontane Blutungen. Die Erkrankung wird als „mittelschwer" eingestuft, wenn die Restaktivität zwischen 1 und 5 Prozent liegt und als „leicht" bzw. „mild" bei einer Restaktivität zwischen 5 und 15 Prozent. Bei einer Restaktivität zwischen 15 und 40 Prozent spricht man von der sogenannten „Subhämophilie".

Subhämophilie-Patienten entwickeln keine spontanen Blutungen und müssen zum Beispiel nur bei operativen Eingriffen mit Faktorenkonzentraten behandelt werden. Ungefähr 50 Prozent der Hämophilie-Patienten haben eine mittelschwere bis schwere Hämophilie und sind in ständiger Behandlung. Vor allem in den Gelenken (hauptsächlich in den tragenden Gelenken wie Knie, Sprunggelenk und Hüfte) können schon nach kleinen Erschütterungen Blutungen entstehen, die starke Schmerzen sowie häufig auch irreversible Schäden verursachen können. Ohne rechtzeitige Behandlung können schwere Verformungen der Gelenke und Behinderungen entstehen. Blutungen können aber auch in Muskeln und in anderen Geweben ausgelöst werden, und es kommt oft zu schweren Magen-Darm-Blutungen. Blutungen in den Bauchraum und Gehirnblutungen sind ein ständiges Risiko. Auch Zahnextraktionen und Operationen können unkontrollierbare Blutungen auslösen.

Um Blutungen zu vermeiden, sollte der Hämophilie-Patient gefährliche Spiele und Arbeiten, bei denen er sich verletzen könnte, so gut es geht vermeiden. Sogenannte gefährliche Aktivitäten sind von Hämophilikern sowieso zu unterlassen.

Wie werden Hämophilie-Patienten behandelt?

Die Behandlung von Hämophilie-Patienten beruht auf der Ersatztherapie (Substitutionstherapie) mit Faktorenkonzentraten. Bei dieser Behandlung wird dem Patienten der mangelnde oder fehlende Blutgerinnungsfaktor intravenös gespritzt, sodass entstandene Blutungen gestillt bzw. durch die prophylaktische Gabe oder Dauerbehandlungen Blutungen verhütet werden können. Dadurch werden Gelenkfunktionen erhalten und irreversible Schäden am Gelenk sowie Behinderungen vermieden. Die Faktorenkonzentrate werden zum Teil aus menschlichem Plasma gewonnen, in letzter Zeit haben sich aber immer stärker die rekombinant (gentechnologisch) hergestellten Faktoren durchgesetzt. Die Ersatztherapie mit Faktorenkonzentraten ist in der Regel sehr wirksam. Bei akuten Blutungen kann der Patient auch selber durch Kühlung bzw. Ruhigstellung der betroffenen Körperstellen zur Schmerzlinderung beitragen.

Nun stand die Diagnose „Hämophilie A“ fest. Ab jetzt bekam ich bei jeglicher Verletzung, die ich mir zuzog, sofort die dafür vorgesehene Therapie, das heißt, mir wurde der „Faktor VIII“ (Blutplasma) intravenös gespritzt. Leider war dieses für mich so wichtige Medikament damals nicht einfach in der Apotheke erhältlich. Ich musste deshalb bei jeder, oft auch nur kleinsten Verletzung unverzüglich in die Klinik nach Innsbruck gebracht werden, um diese, für mich rettende Infusion verabreicht zu bekommen. Innsbruck ist zwar nicht sehr weit von meinem Heimatort entfernt, doch immerhin dauerten die Fahrten dorthin, je nach Wetterlage, bis zu drei Stunden. Somit begannen jene unzähligen Fahrten zu jeder Tages- und Nachtzeit in die Klinik. In den ersten Jahren meines Lebens brachte mich mein Onkel Florian, ein Bruder meines Vaters, immer dorthin, da Vater immer noch kein eigenes Auto besaß.
In der Kinderambulanz war ich bald schon wohlbekannt, weil ich zu den wenigen Patienten zählte, die sehr oft gleich mehrere Tage dort zubringen mussten.

Auch heute noch, so viele Jahre später, kann ich mich an diese Krankenhausaufenthalte sehr gut erinnern – und an einen ganz besonders gut. Damals muss ich zwischen vier und fünf Jahre alt gewesen sein. Meine Eltern hatten mich mitten in der Nacht hinbringen müssen. Ich wurde in ein Zimmer geführt und dort auch gleich in ein Kinderbett gesteckt, das mit Gitterstäben ausgerüstet war. Diese Gitterstäbe haben mich zu Tode erschreckt, ich empfand sie wie Käfigstäbe. Jedes Mal, wenn die Gitterstäbe hochgezogen wurden, fühlte ich mich noch um ein gutes Stück winziger und eingesperrt. Sofort weinte ich bitterlich los, und als meine Eltern sich aus dem Raum schlichen, war es vorbei mit meinem sogenannten „Bravsein“.

Ich sollte immer tapfer sein, stillhalten, ein guter Bub sein. Das hatte man mir während all der Jahre beigebracht. Aber ich war doch noch ein kleiner Junge. Mir war nicht immer nach Stillhalten, Bravsein und dergleichen. Ich war oft schlicht und ergreifend einfach nur verzweifelt und wusste nicht, was und warum all diese Dinge rund um mich geschahen. In dieser Nacht wachte ich immer wieder auf und fragte die Krankenschwester nach meinen Eltern. Die adrette Blondine mit der frisch gebügelten Bluse, dem nachtblauen Janker über dem bis zu den Knien reichenden dunklen Rock und dem Häubchen auf ihren zu einem Knoten gebundenen Haaren mit den Lippen, deren Konturen an den Ecken schwungvoll nach oben reichten, zog ihre Brauen hoch, blickte mich mitleidig an und strich mir über mein blondes Haar: „Mein liebes Bübchen, deine Mama und dein Tata sind nur mal beim Onkel Doktor, weil sie etwas Wichtiges zu besprechen haben.“
„Was haben sie denn Wichtiges zu besprechen, und kommen sie dann wieder, um mich mitzunehmen?“, bohrte ich nach. Obwohl ich noch sehr klein war, wusste ich sofort, dass sie mir nicht die Wahrheit sagte. Mittlerweile war es

bereits mitten in der Nacht, keine Eltern der Welt würden um diese Zeit ihr Kind alleine lassen, nur um dem Arzt Fragen zu stellen. Das hatte ich von anderen Klinikaufenthalten längst begriffen. Hier war schon wieder etwas ganz Besonderes vorgefallen. Nur in Notfällen waren die Ärzte in der Nacht gelaufen gekommen, auch bei mir selber war das einige Male schon geschehen. Doch diesmal?
Und dann hörte ich das Aufheulen des VW Käfers meines Onkels Florian, und ich wusste, dass ihn mein Vater unten auf dem Klinikparkplatz gerade in Bewegung setzte und meine Eltern von mir wegbrachte. Ich war verzweifelt. In diesen Minuten begann ich noch sehr viel lauter und herzergreifender zu weinen und zu flehen. „Mama und Tata hatten mich verlassen“, war der einzige Gedanke, den meine kleine Kinderseele in dieser Nacht zuließ. Sie hatten mich verlassen, ohne auch nur ein Wort vorher mit mir gesprochen zu haben oder sich von mir zu verabschieden. Ich konnte dies alles nicht einordnen und begreifen schon gar nicht.
Die blonde Krankenschwester war nett und versuchte alles, um mich irgendwie zu trösten. Sie hielt mich im Arm, versuchte, mir ein Märchen zu erzählen, und ließ sich einiges einfallen, um mich zu trösten, doch es gelang ihr nicht annähernd. Ich heulte und weinte ununterbrochen weiter, ich wollte einfach nur meine Mama und meinen Tata wiederhaben. Außerdem kamen zu den seelischen auch noch die sehr starken körperlichen Schmerzen hinzu, die um nichts geringer waren als das, was sich in meiner Kinderseele abspielte. Es war kaum auszuhalten. Die Krankenschwester blieb bei mir, hielt meine Hand und wartete, bis ich schließlich, abgewandt von ihr, vor Erschöpfung einschlief.

Nach der endgültigen Diagnose und wo nun jeder wusste, was ich tatsächlich hatte und wie es um mich stand, wurde ich noch mehr behütet, beschützt und bewacht. Jeder glaubte, etwas für mich tun zu müssen. Keiner aus meinem näheren Umfeld konnte es fassen. Mein Vater hatte zusätzlich ein Auge auf mich geworfen, damit ich mir keine Verletzungen oder Schnittwunden zuziehen konnte, weil ich mich sehr oft bei ihm in der Tischlerei aufhielt. Passierte es trotzdem einmal, und es passierte eigentlich immer wieder, versuchte man, meinen Schmerz zunächst mit Cremes, Umschlägen oder anderen Sachen zu lindern. Meine Eltern hatten zahllose Erkundungen eingeholt und scheuten sich nicht, bei allen möglichen Leuten vorbeizuschauen, die Linderung für mein Leiden versprochen hatten.

DER „KOBISPATER"

Eines Tages fuhren meine Eltern mit mir nach Müstair in die Schweiz. Dort hatten sie von einem frommen Pater in einem Kloster gehört. Dieser fromme Pater sei sehr kundig in der Kräuterlehre, hieß es. Er empfing uns liebevoll und führte uns durch seinen immensen Garten. Dort erklärte er uns unendlich viele Pflanzen und wie sie für jedes Gebrechen eingesetzt werden könnten. Es gab nichts, was er mit seinen Kräutern nicht zu heilen vermochte. So versprach er jedenfalls. Nach mehreren Stunden und diversen Erkundungsgängen in seinem riesigen Areal empfahl er mir Weißkohlblätter. Damit sollten die Schwellungen meiner Gelenke zurückgehen. Diese „Kobisblätter" sollten ihre antitoxische Wirkung entfalten, das Wasser den Gelenken entziehen und insgesamt wohltuend wirken. Leider eine fatale Entscheidung des altehrwürdigen Kräuterpaters, der Mitleid mit mir hatte.

Meine Erinnerung an ihn ist auch heute noch sehr lebendig. Der Pater war von hagerer Gestalt und sah irgendwie so ganz anders aus, als ich mir als Kind einen Pater vorgestellt hatte. Seine braune, weite Kutte hing wie ein leerer Sack an seinem Körper. Pater Ladislaus, den wir sehr bald den „Kobispater“ nannten, da er uns den „Kobis“ mitgab, was im Südtiroler Dialekt Weißkohl heißt, besaß nur ein paar einzelne Stoppeln im Gesicht, das genauso verrunzelt und hager war wie alles andere an ihm auch. Er hastete in seinen wallenden Gewändern wie ein Derwisch durch den Kräutergarten, meine Eltern, die ihm kaum folgen konnten, im Schlepptau. Vater hatte mich auf seinem Arm und stellte dabei auch noch unzählige Fragen.

„Wissen Sie, diese Krankheit ist noch nicht sehr erforscht. Ich kann Ihnen aber etwas geben, was seine Schmerzen lindert“, sagte der „Kobispater“ und blinzelte mir aus seinen Schweinsäuglein zu. Ich mochte damals zwischen vier und fünf Jahre alt gewesen sein, und mir erschien die Situation sehr lustig. Dann brach der Pater ein paar Kohlblätter ab und reichte sie meinen verdutzten Eltern. „Diese Blätter könnt ihr gekocht, doch am besten roh zu einem Wickel drehen und dem Bub auf die Gelenke geben“, fachsimpelte der hagere „Kobispater“ weiter. „Eine Heilung dieser Krankheit gibt es nicht“, betonte Ladislaus dann streng. Damit wollte er meinen Eltern wohl mitteilen, dass sie lernen mussten, mit der Krankheit zu leben.
Unser „Kobispater“ war im ganzen Tal und weit darüber hinaus für seine Kräuter, Cremes und Tinkturen sehr berühmt, und tatsächlich konnte er auch vielen Leuten helfen, die ihn deshalb über alles lobten und seine Heilungen preisten. In meinem Fall weiß man aber heute, dass seine Methode zwar gut gemeint war und für einige „normale“ Gelenkschmerzen durchaus passabel sein konnte, doch in meinem sehr speziellen Fall hatte der Pater sich gründlich getäuscht. Eine Erbkrankheit und die damit verbundenen innerlichen Blutungen lassen sich leider von ein paar Kohlblättern nicht beeindrucken, im Gegenteil, die Schmerzen wurden dadurch noch verschlimmert, unerträglich, sodass ich die Behandlung kaum aushalten konnte. Ich war noch klein, doch mit diesen Kohlblättern auf meinen Gelenken

schrie ich nun so laut wie nie zuvor. Meinen Eltern blieb nichts anderes übrig, als sie schleunigst wieder zu entfernen. Uns blieb nur mehr die Fahrt in die Klinik.

Meine Eltern waren so oft verzweifelt, sie suchten immer wieder nach neuen Wegen und so auch nach allen möglichen alternativen Methoden. Ich kann mich noch sehr lebendig an den Geruch der Salbe erinnern, die damals ebenfalls aus einer Drogerie in der Schweiz kam und den Namen „Dul-X" trug. Sie roch sehr eigen und sehr intensiv, ihr Geruch verfolgte mich jahrelang. Es war wie Minze und ließ sich rasch in die Haut einreiben, was bei mir anfangs einen angenehmen Effekt verursachte. Der recht frische Geruch war wohltuend, doch es gab nur kurze Zeit Linderung für mich. Der Arzt empfahl auch immer wieder, den Schmerzen mit Wickeln beizukommen, eine Fixierung würde guttun. Somit war ich oft halbe Tage damit beschäftigt, diese sogenannten „Fatschen" mit Hilfe meiner Eltern oder Verwandten anzubringen. Meine Geschwister indes hatten mehr und mehr die Rolle der Aufpasser übernommen, sie mussten mich stets behüten und beschützen. Das hatte aber auch zur Folge, dass Siegfried, Edwin und Gisella auf vieles verzichten mussten, da ich in dieser Familie seit der Diagnose die Hauptrolle spielte.

ZWEI WEITERE „GESCHWISTER"

Meine Geschwister verhielten sich fast immer zuvorkommend und haben sich sehr zurückgenommen. Es gab kaum Streit wegen meiner Krankheit, sie brachten mir sehr viel Verständnis entgegen und waren, wenn ich wieder einmal ins Krankenhaus musste, sehr traurig und machten sich die größten Sorgen um ihren kleinen Bruder. Zu dieser Zeit lebte Basl-Anna (=Tante) bei uns, das war eine Schwester meines Großvaters, die unserer Familie tatkräftig unter die Arme griff. Basl-Anna war für Siegfried, Edwin und Gisella da, wenn meine Eltern wieder einmal mit mir in die Klinik mussten. Sie kochte, wusch und putzte und hielt das Haus in Schuss. Wir alle liebten unsere Basl sehr und waren froh, dass wir sie hatten. Mitunter konnte die gute Anna auch sehr dominant und herrisch sein, was angesichts der immer zahlreicher werdenden Kinderschar vielleicht auch notwendig war. Doch uns machte das nichts aus. Es war reine Gewohnheitssache.

Als ich sieben war, kamen wie aus heiterem Himmel der anderthalbjährige Michael und ein Jahr später sein Bruder, der erst acht Monate junge Alexander, in unsere Familie. Die Mutter der beiden Buben war über sieben Ecken mit uns verwandt, und sie hatte große Probleme, ihre beiden Kinder großzuziehen. So hatten sich meine Eltern kurzerhand entschlossen, die beiden kurzfristig bei uns aufzunehmen.

Eines Tages standen ohne Vorwarnung Vertreterinnen der Sozialfürsorge bei uns in der Tür mit der Begründung, sie wollten die Kinder unverzüglich abholen. Michael und Alexander sollten zur Adoption freigegeben werden. Für uns alle brach eine Welt zusammen.
Damit begann ein langer Kampf vor Gericht, Michael und Alexander hatten es schließlich der eigenen Mutter zu verdanken, dass sie letztendlich bei uns bleiben durften. Balbina, ihre eigene Mutter, gab sie zur Adoption frei unter der Voraussetzung, dass die Buben in unserer Familie bleiben durften. Somit war die Sache nach einiger Zeit ausgestanden, und meine Eltern hatten den Kampf um die Buben gewonnen, die bis heute ebenfalls den Namen Telser tragen und in unserer Familie integriert sind.
Im Nachhinein muss man ihrer leiblichen Mutter ein großes Kompliment aussprechen, da sie in weiser Voraussicht

auf ihre Kinder verzichtet und sie aus reiner Liebe anderen Leuten anvertraut hatte. Diese Mutter verdient nach wie vor großen Respekt, sie hat um das Wohl ihrer Kinder auf alle Mutterrechte verzichtet. Bei uns wuchsen die Buben wie leibliche Geschwister auf, keinen einzigen Tag dachten wir daran, dass sie adoptiert waren. Mit der eigenen Mutter konnten Michael und Alexander, als sie erwachsen wurden, einen recht soliden Kontakt aufbauen.

Es dauerte nicht sehr lange, bis auch meine beiden neuen Brüder, die etwas jünger sind als ich, begriffen hatten, dass ich sehr krank war und auch sie einen normalen Umgang zu mir fanden. Für sie war ich der Markus, der halt sehr oft Schmerzen hatte, dem man helfen und bei dem man stets vorsichtig sein musste. Wachte ich nachts auf, weil ich erneut von sehr starken Schmerzen heimgesucht wurde, betteten mich meine Eltern auf die stets bereitgehaltene Matratze in der Küche vor dem Herd. Die Wärme des Herdes sollte meine Pein lindern. War die Plage dennoch nicht mehr zu ertragen und begann ich zu wimmern und zu weinen, eilten beide Eltern herbei und scheuten sich nicht, mich auch noch mitten in der Nacht warm einzupacken und mit mir im Auto spazieren zu fahren. Diese eigenartigen Fahrten, überhaupt diese Nächte, werden mir ein Leben lang in Erinnerung bleiben. Während ich auf Mamas Schoß oder in ihren Armen hinten auf dem Rücksitz wimmerte, lenkte mein Vater das Auto meist nach Glurns, in das kleine mittelalterliche Städtchen, nicht weit von meinem Heimatort Schluderns, über Lichtenberg bis nach Prad, Spondinig und wieder zurück.
Mama versuchte, mich mit vielen Geschichten von meinen starken Schmerzen abzulenken und mir die Angst zu nehmen. Die Angst war mein ständiger Begleiter. Die Angst, dass die Schmerzen wieder beginnen, die Angst, dass es nie wieder aufhört, und die Angst vor der Angst und dass alles noch schlimmer wird, als es vorher war. Diese nächtlichen

Fahrten der Hoffnungslosigkeit gehörten auch zu jenen sehr skurrilen Dingen, die mich mit meinen Eltern auf ewig zusammenschweißten. Wir waren zu einem eingeschworenen Trio zusammengewachsen, das durch meinen Schmerz unabdingbar miteinander verbunden war. Es gab nichts, was diese Bande durchbrechen konnte. Einfach darum nicht, weil es nichts gab, was meine Krankheit zu heilen vermochte.
Wieder zu Hause angekommen schien der Schmerz vorbei, und meine Eltern packten mich erneut auf die Matratze vor dem Herd. Kaum aber lag ich wieder da und hatte Zeit nachzudenken, begann ich von Neuem zu wehklagen und aus allen nur vorstellbaren Poren zu wimmern. Denn der fürchterliche Schmerz hatte mich bereits wieder eingeholt.

Wie wir alle diese Nächte überstehen konnten, ist mir heute noch ein schier unlösbares Rätsel. Wir waren bei jeder Witterung und zu jeder Nachtzeit unterwegs, immer wenn es erforderlich war. Abgesehen von mir und meiner Krankheit, hatten meine Eltern auch noch einen Betrieb zu führen und sechs Kinder zu betreuen und zu erziehen. Unsere Situation erschien allen oft einfach nur total unverständlich, und auch wir fragten uns zahlreiche Male nach dem Warum.

Dennoch mussten mich meine Eltern sehr bald schon wieder in die Klinik nach Innsbruck bringen. Dort sollten mich die Ärzte wieder einmal gründlich durchchecken, um meine Leiden zu lindern. Die Räume, Gänge und Hallen sind in meinem Gehirn gespeichert, ganz wie sie sich damals präsentiert haben. Auch der Eingangsbereich, der Park, viele Ärzte und Schwestern, sind mir für ewig in Bildern erhalten geblieben. Ich habe noch immer den Geruch von Bohnerwachs und Alkohol in meiner Nase gespeichert, Desinfektionsmittel und Sorein, ein Mittel, das für alle Putzarbeiten herhalten musste, und den

Geruch der Infusionen, Salben und Spritzen habe ich aufgesaugt. Doch insbesondere einen ganz speziellen Geruch werde ich nie mehr vergessen. Den Geruch des Blutes. All das Blut, das ich im Verlauf meiner Krankheit verloren und durch irgendwelche Blutkonserven von irgendwoher wiederbekommen hatte, war mir wie ein Stempel in mein Erinnerungsvermögen eingebrannt worden. Mein Gehirn war auf Blut programmiert. Blut in jeder Form und Konsistenz. Blut hat einen sehr eigenen, einen sehr intensiven Geruch, den ich von Weitem rieche. Ich kann ihn regelrecht spüren, es ist mein Saft, der mir garantiert, weiterzuleben, zu atmen, all das zu spüren, was andere als selbstverständlich empfinden. Ich habe den Geruch des Blutes in mein Nervensystem, in mein Hirn, in meine Seele aufgenommen. Blut ist mein Lebenselixier. Und ausgerechnet Blut, das mich am Leben erhält, hat mir mein Dasein auch beinahe beendet. Aber der Reihe nach.

MEIN LIEBLINGSARZT

Für kurze Zeit hatte mich in Innsbruck einmal ein junger Arzt betreut, den ich sehr mochte. Er hieß Dr. Mitterstiller, und er hatte eine äußerst liebevolle Art, mit Kindern umzugehen. Er nahm sich immer die Zeit, Fragen zu stellen und zu beantworten, und er ging auf mich ein. Das war mir neu, weil das eher selten vorkam. Meist waren die Ärzte oberflächlich nett, doch immer gestresst, immer am Zeitlimit und wahrscheinlich mit zahllosen Gedanken und Taten gleichzeitig beschäftigt. Mitterstiller gab mir dieses Gefühl nie. Ganz im Gegenteil. Er schien, endlos Zeit zu haben. Er ging auf seine kleinen Patienten ein, kannte jeden beim Namen. Er sprach mit mir über meine Hobbys und Leidenschaften und nahm sich für meine Leiden und Ängste viel Zeit.

Mitterstiller war von schmächtiger Gestalt, trug eine dicke Brille und hatte eine hohe Stirn. Bestimmt war er nicht älter als Mitte dreißig. Man bezeichnete ihn in der Klinik als Senkrechtstarter, als aufstrebenden Arzt mit Zukunft, als einen, der fachlich äußerst kompetent war und vor allem auch menschlich punkten konnte. Eine sehr gute Mischung, die ihn zu einem beliebten Arzt machte. Nicht selten kommt es vor, dass Ärzte ihren Patienten auf einer rein sachlichen, fachkompetenten Ebene begegnen und den persönlichen Kontakt meiden. Vielleicht ist es eine Art Schutzfunktion und manchmal auch notwendig, um mit der oftmaligen Hilflosigkeit besser umgehen zu können. Für mich als Kind war es jedenfalls oft furchterregend, denn ich habe die Ärzte großteils als Automaten empfunden, die nur meine Krankheit sahen. Ich hatte das Gefühl, dass diese Männer in Weiß mich belügen und hintergehen würden, und ich fühlte mich in der Klinik gefangen.

Bei Dr. Mitterstiller aber fühlte ich mich sicher. Er war eine rühmliche Ausnahme, selbst als kleiner Markus verstand ich ihn als aufgeschlossen, weltoffen, und ich empfand ihn voller Demut. Er kümmerte sich um die Seinen, zeigte Präsenz und Interesse. Er ließ diejenigen, die auf ihn angewiesen waren, wissen, dass sie trotz ihrer Krankheit immer noch menschliche Individuen waren, die nicht nur aus der allgegenwärtigen Krankheit bestanden.

Kurz nach unserem letzten Treffen musste ich erneut in die Klinik, doch Mitterstiller war nicht mehr da. Wo er nur stecken mochte? Alle meine Versuche, ihn zu finden, blieben vergebens, und ich war sehr traurig, dass mir anscheinend keiner sagen konnte, wo „mein“ Doktor ist. Nach ein paar Tagen fand Tata heraus, dass der nette Arzt, den alle mochten, sich mit einer Überdosis das Leben genommen hatte. Ein Schock für mich. Obwohl ich noch sehr jung war und mit dem Wort Drogen überhaupt nichts anfangen konnte, verstand ich sofort, dass der Arzt unwiederbringlich weg war und dass er auf andere Art und Weise umgekommen sein mochte, als ich es bis dahin kannte. Ich mochte etwa fünf oder sechs gewesen sein, doch für mich war es schwer zu begreifen, dass er nie mehr wiederkommen sollte. Über das Thema Tod wurde daheim nicht viel gesprochen. Meine Eltern waren dem Leben zugewandt, vom Tod wollten sie nicht reden. Er wurde beiseitegeschoben wie alles andere Unangenehme. Auch mit mir sprach keiner darüber. Dieses Thema war im Hause Telser tabu.

Sehr lange Zeit gelang es mir nicht, den Sinn dieses Todes zu begreifen, auch hatte ich keinerlei Ahnung von Drogen. Ich war bisher niemals in meinem jungen Leben damit in Berührung bekommen. Dieser Doktor war nun durch Drogen umgekommen, doch ich konnte mir nichts darunter vorstellen. Auch heute, als Erwachsener, fällt es mir schwer, von diesem tragischen Selbstmord zu erzählen.

Als Kind hatte ich in der Klinik von Innsbruck oft gegen meine sehr starken Schmerzen angekämpft, wohl in der Hoffnung, irgendwann ein besseres Leben zu haben. Und ich musste mich gegen Tausende Regeln und Verbote stellen, die man mir durch meine Krankheit auferlegt hatte. Dieser Arzt aber, von dem ich geglaubt hatte, er hätte mit mir gemeinsam meinen Kampf aufgenommen, hatte in seinem eigenen Dasein nichts Lebenswertes mehr finden können. Natürlich begriff ich als kleiner Junge noch nicht viel davon, erst Jahre später, als das Leben mich vieles gelehrt hatte, stellte ich mir diese Fragen erneut. Und viele andere mehr.

Die Klinikaufenthalte, so langweilig sie sonst meist waren, boten ab und zu dennoch einige „Highlights“, die mir als Kind tiefe Eindrücke hinterlassen haben und anderen Gesunden verwehrt blieben. Eines Tages wurde ein völlig bandagierter Junge in mein Zimmer geschoben, der aus der Nähe von Innsbruck stammte. Sein Kopf war kaum sichtbar, so viele Verbände hatte man ihm verpasst und auch sein Gesicht war halb damit verdeckt. Er sah irgendwie sehr eigenartig aus, und ich empfand die Szene erst einmal filmreif. Der Bub hätte wohl eine Karriere als Skispringer vor sich gehabt, erzählte man mir bald. Hätte. Der Bandagierte mochte vielleicht dreizehn oder vierzehn gewesen sein, als wir uns durch einen äußerst tragischen Zufall begegneten. Andreas hatte einst vor Kraft gestrotzt, war ein kerniges Bürschchen gewesen und sehr gut trainiert für sein Alter. Sein blonder Schopf, der es geschafft hatte, aus den Bandagen hervorzuquellen, wippte, wenn er versuchte, seinen Kopf oder was davon übrig geblieben war, aus den Klinikpolstern zu erheben. Nach und nach bekam ich mit, was mit Andreas geschehen war. Er hatte sich beim Absprung von der Bergiselschanze, während der Vorbereitungen für einen wichtigen Wettkampf, einen seiner sehr langen Skier mit äußerster Wucht selbst ins Gesicht geschlagen. Dass er überhaupt noch lebte, grenzte an ein Wunder. Doch nun sah er fürchterlich aus. Seine Stirn war völlig eingedrückt, seine Schädelplatte demoliert, und auch von seinem ehemals sicher hübschen Gesicht war nicht mehr viel übrig geblieben. Das habe ich beim Verbandwechsel dann selbst feststellen können. Lediglich ein Teil seines blonden Haarschopfes war ganz geblieben.

Anfangs eilten noch sämtliche Sportfunktionäre an sein Krankenbett, seine Trainer, die Sportskollegen, die vermeintlichen Freunde, es fand ein Kommen und Gehen in unserem Zimmer statt, und ich war dankbar für die tägliche Aufregung und Abwechslung. Endlich war etwas los in unserem sonst oft so langweiligen Klinikalltag. Ich hatte bei meinen jeweiligen Einlieferungen ins Krankenhaus immer schlimme Schmerzen, und es dauerte oft Tage, bis die Infusionen auch wirkten, dennoch wurde ich stets von einer unsäglichen Langeweile geplagt. Nun aber hatte ich Andreas in meinem Zimmer. Als sich herausstellte, dass sein Genesungsprozess wohl etwas länger andauern würde, verringerte sich die Anzahl der Besucher um ein Vielfaches, und am Ende standen nur mehr seine Eltern und Familienangehörigen in der Tür. Andreas Zukunft schien besiegelt. Als Sportler schien er eine solche nicht mehr zu haben. Und als Mensch?

Andreas musste alles neu erlernen: das Sprechen, das Lachen und das Weinen, das Essen, das Gehen und das Schreiben. Anfangs konnte er sich nur per Zeichensprache verständigen. Er war sehr froh, in mir ein anderes Kind gefunden zu haben, das ihn seine starken Schmerzen und seine noch größeren Ängste zeitweise vergessen ließ, und ich war froh, in ihm so etwas wie einen Freund gefunden zu haben, denn seine Genesung zog sich ebenfalls in die Länge wie meine eigene, von der ich damals noch nicht wusste, dass sie nie zu Ende sein würde.

Andreas hatte die Chance, wieder annähernd der Alte zu werden, wenngleich auch vielleicht nicht ganz, doch immerhin. Ich war von Anfang an so, und nun begannen wir Gemeinsamkeiten zu suchen. Wir nutzten beide die Zeit, die uns vereinte, und überbrückten unsere Schmerzen und unsere Langeweile und unsere Ängste damit, uns gegenseitig eine Art persönliche Gebärdensprache beizubringen. Als ich dann entlassen wurde, war es uns gelungen, einige schlichte Zeichen erlernt zu haben. So etwa ein simples O oder ein L oder das I. Andreas ging es bereits etwas besser, als ich mich von ihm verabschiedete. Leider sahen wir uns nie mehr wieder. Vergessen habe ich ihn bis heute nicht.

Musste ich wieder einmal für längere Zeit in der Klinik bleiben, konnte ich dort auch den hausinternen Kindergarten besuchen. Doch fühlte ich mich dort nie besonders wohl, da ich die Sprache der Betreuerinnen kaum verstehen konnte. Unsere Dialekte unterscheiden sich etwas voneinander, und ich tat mich als kleines Kind schwer, alles zu begreifen. Viel lieber spielte ich im großen Klinikflur, wo die Ärzte und Schwestern immer geschäftig vorbeihasteten. Ab und zu gelang es mir sogar, irgendeinen Onkel Doktor zum Mitspielen zu animieren. Ich ließ meinen Ball einfach stets vor ihre Füße rollen, und wenn ich Glück hatte, nahm sich einer die Zeit, um ihn aufzufangen und ihn mir zurückzustoßen. Einmal konnte ich einen jungen Arzt für mein Spiel begeistern, er kickte mir den Ball erneut retour, doch einer seiner schweren Holzschuhe hatte sich selbstständig gemacht und flog in hohem Bogen gleich mit durch die Luft. Der Schuh traf wie ein bleiernes Geschoss eine große Hängelampe an der Decke, die sofort unter tosendem Lärm in Tausend Stücke zu Boden fiel. Ich machte zwar große Augen, brach dann aber in schallendes Gelächter aus und trollte mich wieder schleunigst in mein Zimmer zurück, da ich vermutete, dass gleich ein großes Donnerwetter wegen mir losbrechen würde.

Die Krankenschwestern hatten eine sehr lustige Eigenart: Sie betonten den Namen meines Heimatortes Schluderns immer so komisch, dass ich einige Zeit benötigte, um zu kapieren, was sie meinten. Sie sagten immer „Schluuu Derns“, wobei sie das U besonders stark hervorhoben. Ich empfand es wie eine Fremdsprache. Überhaupt war die Klinikwelt anfangs für mich skurril, auch seltsam steril. Diese Welt war für mich eine Welt neben der Welt. Surreal und nicht wirklich. Langsam jedoch gewöhnte ich mich daran. Ich lebte in einer Parallelwelt und arrangierte mich irgendwann damit. Keiner meiner Freunde konnte da mitreden. Sie alle hatten nur eine Welt. Ich hatte zwei, ja vielleicht gar drei Welten. Meine Welt daheim, mit meinen Eltern und Geschwistern, den Verwandten und Bekannten und den Freunden. Dann die Welt, in der ich mit meiner Krankheit gefangen war. Und zuletzt die Welt in der Klinik, die dazu da war, meine Krankheit zu erleichtern, zu besänftigen, vielleicht sogar zu besiegen. Wer wusste das schon?

Am Ende konnte ich viele Dinge des Klinikalltags am Geruch erkennen. Insbesondere der Alkohol, der dazu benutzt wurde, die Infusionsstelle vor dem Einstich zu reinigen, war mir unwiederbringlich in meine Nase gedrungen. Und ich verband diesen Geruch zeit meines Lebens immer mit den sehr unangenehmen Schmerzen, die mir jene dicken Infusionsnadeln beim Einstich verursachten. Auch an einige weitere Dinge, die mir, obwohl sie jeden Tag geschahen, erst Jahre später auffielen, waren mir ins Gedächtnis eingebrannt. So etwa, dass alle Krankenschwestern in ritueller Genauigkeit jeden Tag um dieselbe nachtschlafende Zeit vorbeikamen, uns weckten, um das Fieber zu messen. Warum sie praktisch mitten in der Nacht, so schien es mir jedenfalls, ins Zimmer stürmten und uns aus dem Schlaf rissen, war mir ein Rätsel. Denn egal, ob ich oder ein anderer tatsächlich einmal Fieber hatte, es änderte den Rhythmus dieser fleißigen Bienchen nie. Stets in ihrem klinischen Weiß gekleidet und mit dem blauen Häubchen auf dem Kopf, hatten diese flinken Wesen auch sonst den ganzen Tag dringende Erledigungen zu tätigen und schienen immer in Eile zu sein. Einige für mich eigenartige Geschichten sind mir im Gedächtnis geblieben, so etwa, wie die Schwestern mich immer mit „uns“ begrüßten (Wie geht es „uns“ denn heute?) oder von irgendwelchen „Stuhlgängen“ wissen wollten, die ich gehabt haben sollte. Heute muss ich über diese Dinge schmunzeln und erzähle sie gerne als Anekdoten weiter.

Jedenfalls hörten die ständigen Krankenhausaufenthalte nicht auf, bis ich etwa vierzehn Jahre alt war. Zu jener Zeit waren auch starke Nasenblutungen hinzugekommen, sodass sich meine Innsbruckfahrten mit den Jahren fast verdoppelt hatten. Diese neuen Belastungen stellten sich für mich als Bluter als sehr gravierend dar. Unter Umständen konnte starkes Nasenbluten auch mein Leben kosten. Einmal war es so schlimm, dass mein Vater mich ins Krankenhaus nach Schlanders bringen musste, was sonst eigentlich so gut wie nie mehr vorgekommen war.

Längst waren meine Eltern davon überzeugt, dass man in Schlanders nichts mehr für mich tun konnte.

Doch diesmal mussten sie uns irgendwie helfen, meine Blutungen waren durch nichts zu stoppen. In höchster Not beschloss der Oberarzt, schließlich meinem Vater Blut abzunehmen, um es mir zu verabreichen. Das Risiko, dass ich vor ihren Augen verbluten könnte, war immens.

Alle waren erleichtert, dass mein Vater dieselbe Blutgruppe besitzt wie ich. Doch niemand vermochte das Risiko einzuschätzen, was nach der Bluttransfusion geschehen könnte, wie mein Körper darauf reagieren würde. In Schlanders fehlten den besten Ärzten zur damaligen Zeit einfach die Erfahrungswerte mit einer solchen Krankheit, und darum rieten sie an, mich unmittelbar nach der Blutübergabe in die Klinik nach Innsbruck zu bringen.

Kein Arzt, kein Krankenwagen, niemand stand damals für solche Fälle zur Verfügung. Es oblag einzig der Verantwortung meiner Eltern, sich selber darum zu kümmern, dass ich anschließend schnell in sichere Hände geriet. Inzwischen hatte Vater wenigstens sein eigenes Firmenauto und musste nicht mehr das seines Bruders leihen. Keinem fiel ein, dass auch Vater nach dieser intensiven Blutabnahme erst einmal geschwächt sein könnte und eigentlich Ruhe gebraucht hätte. Alles drehte sich um mich, das Kind, das vom Pech verfolgt war und als Bluter ein schweres Los zu tragen hatte. Dass meine Eltern litten und oft am Ende selbst Beistand benötigt hätten, daran dachte niemand. Nicht einmal meine Eltern selber.

Also starteten wir nach der Transfusion und mein Vater lenkte halb bewusstlos das Fahrzeug, während Mama mit mir im Arm und vor Anstrengung ziemlich fertig auf dem Beifahrersitz saß. Zunächst schien alles gut, die Fahrt nach Innsbruck ging zügig voran. Doch an der Einfahrt zur Uniklinik passierte das Malheur. Vater musste vom Sekundenschlaf übermannt worden sein, er übersah die geschlossenen Schranken. Ein fürchterlicher Krach rüttelte ihn wach. Die Windschutzscheibe hing nur noch in Fetzen vom Blech. Nun waren nicht nur wir ramponiert, sondern auch unser Auto. Nicht einmal der Schock, den ich hierbei erlitt, konnte meine Blutung stoppen. Seit dem Verlassen der Klinik in Schlanders hatte ich ununterbrochen weitergeblutet. In diesem Moment war meinen Eltern das Fahrzeug total unwichtig, sie plagten andere Sorgen. Eiligst wurde ich in die Notaufnahme gebracht, und dort hielten mich zwei Ärzte und zwei Krankenschwestern an den Händen fest, während zwei weitere mir beide Nasenlöcher mit Unmengen von Watte vollstopften. Ich war fast schon hinüber.

Endlich konnte diese starke, lebensgefährliche Blutung gestoppt werden. Nach kurzer Analyse befand man, dass ich anschließend wieder nach Hause entlassen werden könnte. Wir alle waren kaum mehr ansprechbar. Dennoch wollten meine Eltern nichts wie heim. Ohne Windschutzscheibe fuhren wir wieder los. Im Wagen zog es an allen Ecken und Enden, doch das war das kleinere Übel an diesem Tag, an dem ich fast gestorben wäre.

Das Wattegeschoss, das nun in meiner Nase steckte und mir, so kam es mir vor, bis tief in den Hals reichte, erschwerte mir das Atmen. Ich empfand alles als äußerst unangenehm und schmerzhaft. Dauernd kratzte und rieb es mich tief drinnen in der Nase und im Hals und peinigte mich. Ein paar Tage musste ich das Unding aushalten, dann wurde es mir endlich entfernt. Das Herauszupfen des riesigen blutigen Bausches bescherte mir eine neue Fahrt nach Innsbruck, meine Eltern wollten nichts mehr riskieren, und die Tortur war wieder groß. Ich sehe heute noch diese endlos lange Wattewurst, die mir aus beiden Nasenlöchern gezogen wurde. Das befreiende Gefühl aber war riesig. Himmel! Ich konnte wieder atmen.

Nur einige Tage später stand eine weitere Visite an. Und dabei lernte ich den ersten Hämophiliker außerhalb meines eigenen Umfeldes kennen. Mein Dr. Mitterstiller hatte mir einmal erzählt, dass dieser junge Mann täglich in die Klinik kommen müsse, dort wurde ihm dann eine Infusion des Faktors VIII verabreicht. Somit wusste ich, dass er ein „starker Hämophiliker" war. Es sei ein großes „Glück" für mich, bei all dem Unglück, tatsächlich nur an der leichtesten Form dieser Krankheit zu leiden. Ich konnte gar nicht daran denken, wenn auch ich jeden Tag hätte herkommen müssen.

Welche Tragödien sich hinter Klinikmauern oft abspielen, können die meisten gesunden Menschen gar nicht nachvollziehen. Ihnen ist selten klar, welches Glück sie mit ihrer Gesundheit in ihre Wiege gelegt bekommen haben. Erst der kranke und eingeschränkte Mensch merkt, sobald die Normalität vorbei ist, was ihm fehlt oder was er verloren hat. Wie auch dergleichen wissen? Wie auch nur erahnen, wie im Voraus prognostizieren? Niemand ist froh über seine Gesundheit, solange er sie hat. Niemand denkt darüber nach, wie es wäre, alles zu verlieren. Veränderung, Erneuerung, Fortschritt und immer wieder Gleichmäßigkeit bringen den Menschen weiter. Neue Erfahrungen und Schmerzen und deren Überwindung. Auch ich musste schon in sehr jungen Jahren lernen, was das bedeutet, begriffen habe ich es erst sehr viel später.

Ich habe als Erwachsener erst begreifen gelernt, dass unser Tun oft in unserer Selbstgefälligkeit gefangen bleibt und der Glauben, dass immer alles gut und glücklich weitergeht und „normal" scheint, unerschütterlich ist. Wenn sich dann tatsächlich massive Veränderungen einstellen und nichts mehr so ist, wie es war, werden wir oft gezwungen abzuweichen von allem, was bis dato von uns festgehalten wurde. Nun erst schaffen wir Platz für Neues, Anderes. Einige erreichen diesen Idealfall. Andere zerbrechen an solch massiven Veränderungen, an sogenannten Schicksalsschlägen. Bei uns selber und bei anderen zu lernen, aber bringt uns weiter. Doch der Wandel begegnet uns vielfach schmerzhaft. Und oft funktionieren wir einfach nur, wie alle um uns einfach nur funktionieren. Ich erinnerte mich in meiner schlimmsten Zeit oft an diese komischen Plüschtiere, die uns Kindern so sehr gefielen und damals die Spielwarenindustrie erfolgreich hervorgebracht hatte. Diese Tierchen hüpften ein paar Meter, standen Kopf oder klatschten tanzend in ihre Patschhändchen. Eines hatten sie alle gemeinsam: Sie funktionierten (meist) und ratterten ihre Zeit ab, die wir ihnen kurz zuvor „aufgezogen" hatten. Sie waren fremd gesteuert und eigentlich unnütz und sinnlos. So fühlte auch ich mich oft. Die Zeit abratternd, fremd gesteuert, unnütz und sinnlos.

Dennoch konnte ich nicht einfach in eine Lethargie versinken und nur funktionieren. Und manchmal war ich nicht einmal in der Lage, meine Zeit einfach nur abzurattern, da ich durch diese Krankheit ständig mit Schmerzen konfrontiert war. Und meine Bluterkrankheit kannte weder Ferien noch Pausen. Bei mir glich kein Tag dem anderen. Ich konnte auch niemals Pläne machen, irgendetwas längerfristig im Voraus organisieren oder dergleichen, da sowieso immer alles anders kam. Es war ein tägliches Würfelspiel. Ein täglicher Hürdenlauf.

EINMAL AM MEER

Als ich acht Jahre alt war, gelang es meinen Eltern das erste Mal, mit mir einen Urlaub am Meer zu organisieren. Bereits die Vorbereitungen ließen eine ungeahnte Vorfreude in mir aufsteigen. Der Tag der Abreise nahte. Bevor wir mit dem Zug losfahren konnten, hatten meine Eltern meine lebensnotwendigen Medikamente in eine Kühlbox gepackt, die uns aus Innsbruck per Kurier bis an die Grenze geschickt worden war. Dort war die kostbare Fracht dann in einem Hotel zwischengelagert worden, bis sie schließlich endlich in unsere Hände gelangte. Welche Aufregung, welche Organisation. Auch die Zugfahrt war eine Premiere für mich. Nach rund fünf Stunden erreichten wir endlich Riccione. Doch, oh Schreck, als wir mit Sack und Pack am Bahnhof standen, bemerkten meine Eltern, dass die wertvolle Tasche fehlte. Wir konnten es nicht fassen. Wir wollten es nicht glauben. Unser wichtigstes Reisegepäck war weg. Größte Ratlosigkeit breitete sich aus. Schließlich entschieden meine Eltern, zu bleiben, es würde irgendwie gehen. Wir ließen uns ins Hotel bringen, unser heiß ersehnter Urlaub am Meer sollte endlich beginnen. Wohl war ihnen dabei nicht. Ganz im Gegenteil. Sie waren höchst aufgeregt. Für jene, die die Tasche gestohlen hatten, war sie ohne Wert, mir aber konnte deren Inhalt mein Leben retten.

Meine Eltern beeilten sich nun, sofortige Sicherheitsmaßnahmen für mich zu treffen. Sie besorgten mir zuallererst einmal Gummisandalen, die ich von nun an tragen musste, da ich mir am Strand oder im Wasser mit den scharfen Muscheln am Boden in die Füße schneiden konnte. Ich aber schämte mich, ich war acht Jahre alt und glaubte, alle würden mir ansehen, dass ich anders war. Diese Badeschlappen sahen einfach nur fürchterlich aus. Das Spielen am Strand und im Meer wurde mir damit völlig vergällt. Und auch sonst waren meine Eltern den ganzen Tag damit beschäftigt, mich zu behüten wie ihren eigenen Augapfel. Ich musste die ganze Zeit aufpassen, durfte kaum herumtollen, weil ich mich nicht verletzten sollte, und auch sonst wurde ich behandelt wie ein rohes Ei, denn noch immer war es nicht gelungen, schnell Ersatzmedikamente zu besorgen. Der Faktor VIII wurde in den Apotheken nicht als gängiges Arzneimittel geführt, er musste stets vom behandelnden Arzt im Krankenhaus verschrieben werden.

Es kam, wie es kommen musste: Am vierten Tag verletzte ich mich am Ellenbogen, die Schmerzen ließen nicht lange auf sich warten. Bald schon waren sie so stark, dass ich es nicht mehr aushalten konnte. Meine Eltern entschieden sich für die Heimreise, sie sahen keine andere Wahl, ich musste so schnell wie möglich mit meinem Medikament versorgt werden. Es gab keine Chance, es in einem örtlichen Krankenhaus besorgen zu können. So schien alles wie verhext in jenem Sommer. Doch auch zu Hause dauerte es dann noch einige Zeit, bis ich nach der befreienden Infusion wieder zu Kräften kam und endlich wieder normal leben konnte.

Immer wieder erzählte mir meine Mutter, wie sehr man mich als kleiner Junge verwöhnt hatte. So sei ich mit materiellen Gütern überhäuft worden, sie sollten mich etwas von meiner Krankheit ablenken. Natürlich bestand diese Welt vorwiegend aus Oberflächlichkeiten. Doch sie funktionierte ganz gut, und solange ich klein war, ließ ich mir mein Leben damit versüßen. Im wahrsten Sinne. Schokolade in allen Formen, Farben und Geschmacksrichtungen hatte es mir angetan. Süßigkeiten in rauen Mengen war ich imstande in mich hineinstopfen, ohne ein schlechtes Gewissen zu bekommen. Damals gelang es mir, jene riesigen Tafeln Schokolade in kürzester Zeit zu verdrücken, und nicht viel später erneut einen Heißhunger danach zu verspüren. Insbesondere weiße Schokolade hatte es mir als Kind sehr angetan.

Vielleicht suchte ich schon damals meine Sucht nach Leben damit zu kompensieren. Ich war von der schier unersättlichen Gier befallen, frei sein zu wollen, frei von dieser Krankheit, um ein normales Leben führen zu können. Es hatte sich ein Frust aufgebaut, der von dieser Krankheit genährt wurde, ein Stück Schokolade, so schien mir, verringerte diesen Frust für einen Moment, das hatte ich sehr rasch herausgefunden. Ich hatte als kleiner

Junge keine Ahnung von den biologischen Prozessen in meinem Körper, ich wusste einzig, dass mir diese süße klebrige Masse, die wunderbar im Mund zerschmolz, so sehr schmeckte, dass ich ihr recht bald schon nie mehr widerstehen konnte.

Doch die Folge davon waren meine furchtbar schlechten Zähne. Einige mussten mir, als ich noch sehr klein war, schon gezogen werden. Anschließend verpasste man mir eine Gaumenbrücke, die ich gemeinsam mit einer schrecklichen Schiene tragen musste, was ich als weitere Tortur empfand. Für diese Prozedur wurde ich erneut nach Innsbruck gebracht. An die Zeit hinterher mit Kartoffelpüree und Suppen kann ich mich noch lebendig erinnern. Ich hatte das Gefühl, ein altes, zahnloses Väterchen zu sei, dem man auch ganz besonders gern Spinat servierte, weil das grüne Zeug damals als sehr gesund und eisenhaltig eingestuft war, was sich später als übertrieben herausstellen sollte. Für mich als Bluter also das gefundene Essen, das es nun kiloweise in sich hineinzustopfen galt. Doch ich verabscheute Spinat zutiefst. Allein seine grüne Farbe widerte mich an, und sein penetranter Geruch verursachte Brechreiz bei mir.

Welche Überwindung, dieses Grünzeug auch noch schlucken zu müssen. Mehr als einmal kam alles wieder retour. Trotzdem schluckte und würgte ich mich damit durch die Jahre. So lustig es klingen mag, heute gehört ausgerechnet Spinat zu einer meiner Lieblingsspeisen. So mag wohl auch diese Eigenart aufzeigen, wie sehr ich mich mit meinem Leben arrangiert habe.

Gar einige Menschen versetzte ich mit meinem muskulösen Körperbau in Staunen. Sehr vielen Hämophilikern bleibt das verwehrt. Ich aber hatte auch diesbezüglich Glück. Die Krankenschwestern in der Klinik scherzten immer damit, dass die Vinschger Knödel mir einen sehr stabilen

Körperbau gegeben hätten. Ich liebte Knödel mindestens genauso wie meine Schokolade.

Da mein Vater eine eigene Tischlerei besaß, die mehrere Mitarbeiter beschäftigte und sehr viel Verantwortung abverlangte und meine Mutter auch noch meine Geschwister zu versorgen hatte, konnten sie, als ich älter wurde, während meiner Krankenhausaufenthalte nicht immer bei mir bleiben. Ich hatte mich notgedrungen daran zu gewöhnen, oft auch ganz alleine in der Klinik in Innsbruck zurückbleiben. Ab und zu konnte es sich Mama zwar einrichten, ein oder zwei Tage vorbeizukommen, doch es verlangte großes Organisationstalent und auch Opfer von ihr ab. Wenn sie nach Tagen in der Klinik bei mir, wieder heimkam, warteten stets meine Geschwister und viel Arbeit auf sie. War ich übers Wochenende da, kam die gesamte Familie sonntags zu Besuch. Dann brachten sie auch meine Oma mit. Mein Glück war, dass einer meiner Onkel ganz in der Nähe von Innsbruck lebte und mich so jeden Tag besuchen konnte.

ONKEL KLAUS

Dieser Onkel Klaus war dazu verdonnert worden, mich täglich zu besuchen und auf mich aufzupassen. Ich sollte die Gewissheit haben, dass irgendjemand von der Familie immer für mich da ist. So lange, bis meine Eltern wieder kommen konnten.

Onkel Klaus lebte in Völs bei Innsbruck und war schon etwas älter. Er erzählte mir immer vom Krieg, den er unter der Hitlerzeit erlebt hatte. Onkel Klaus musste diese Kapitel in seinem Leben als sehr traumatisch erlebt haben, denn er konnte nicht anders, als bei jeder Gelegenheit darüber zu sprechen.

Es verging kein Besuchstag, an dem er nicht vom Krieg erzählte. Mir wurde erst sehr viel später bewusst, wie viele Nachwehen so ein Krieg bei vielen Menschen verursacht hatte. Am Krankenbett bekam ich so viele Jahre nach dem Krieg immer noch jedes Detail von meinem Onkel erzählt, und ich reimte mir bald schon meine eigenen Geschichten darauf. Das Interesse meinerseits hielt sich nach ein paar „Sitzungen" zwar in Grenzen, ich konnte mit Schützengraben, Infanterie, Partisanen und derlei Begriffen nicht viel anfangen, doch ließ ich meinen Onkel reden, während ich mich darüber freute, nicht immer allein in meinem Zimmer ausharren zu müssen.
So musste ich irgendwie mit Onkel Klaus' Fanatismus zurechtkommen.

Einmal brachte Onkel Klaus einen Plattenspieler mit und zwei Boxen. Ich hatte ihn mehrmals darum gebeten. Mir war es möglich, in der Klinik meine Lieblingsplatten zu hören.

Viele, viele Kilometer trennten mich von daheim, und meine Eltern konnten mich, wie gesagt, oft nur an den Wochenenden besuchen. Deshalb hatte so manche Krankenschwester Mitleid mit mir, und gar einige scharten sich im Laufe der Zeit um mich und hatten mich sehr bald in ihr Herz geschlossen. An besonders guten Tagen durfte ich in ihr Krankenschwesterzimmer und mich dort wie daheim fühlen. Wir spielten Karten, sahen fern, lasen oder vertrieben uns die Zeit mit Kreuzworträtseln oder sonstigen Spielen. Am besten gefiel mir, wenn sie mir einfach eine Geschichte aus ihrem eigenen Leben erzählten. Es ging um Liebe, Freundschaft, Schule, Freizeit, Kameradschaft, Krankheit und Tod, es ging um das einfache Leben außerhalb der Klinik. Zu dieser Zeit mochte ich etwa zehn Jahre alt gewesen sein.
Wenn meine Eltern übers Wochenende vorbeikommen konnten, jedoch abends wieder heimreisen mussten, überkam mich dennoch eine Trübsinnigkeit. So waren die

Nachwirkungen dieser Elternbesuche für mich mitunter oft schlimmer, als wenn gar keiner gekommen wäre. Die Abschiede fielen mir schwer. Oft überkam mich das große Heulen, dann haderte ich wieder mit meinem Schicksal.

Zu Hause angelangt, musste ich meistens nach ein paar Wochen erneut in die Klinik. Dort war ich in den ersten Tagen fast immer ans Bett gefesselt. Die vielen Infusionen mit dem Faktor VIII durften nur sehr langsam ins Blut transferiert werden. Die Schmerzen schickten mich mitunter in die Hölle, hingen aber davon ab, welche Verletzung ich mir vorher zugezogen und wie stark ich dabei geblutet hatte. Dann hieß es abwarten. War das Gröbste erst einmal überstanden, gestaltete sich die Vorfreude auf eine baldige Heimkehr übermenschlich. Ich lebte im ständigen Wechselbad der Gefühle. Meine Kindheit bestand aus nichts anderem als aus dem Wunsch, mir nicht wehzutun und, wenn ja, die Klinikaufenthalte so kurz wie nur möglich zu halten.

In größtmöglicher Freiheit leben zu können, zu spielen, zu rennen, zu hüpfen, zu toben und immer diese Angst, sich keine gröberen Verletzungen zuzufügen, bestimmten mein Leben. War es aber doch wieder einmal geschehen, so drehte sich das ewige Karussell mit den Blutungen, Klinikaufenthalten, Infusionen und der immer wiederkehrenden Sehnsucht, endlich wieder heimzudürfen aufs Neue. Dann kam immer wieder die entsprechende Krankenschwester ins Zimmer geeilt, um mir die frohe Botschaft zu überbringen. Meine Eltern würden mich heute noch holen. Dieses Ritual bestimmte meine Kindheit und hielt mein Leben in eisernem Griff.

In solchen Momenten wartete ich im großen Klinikflur, der einen weiten Blick auf die Treppen freigab. Selbst mit geschlossenen Augen konnte ich die Schritte meiner Eltern von allen anderen unterscheiden. Ich war immer sehr aufgeregt, auch noch nach unzähligen Klinikaufenthalten, als ich ihre Schritte endlich auf den Treppen widerhallen hörte. Es handelte sich um ein altes Stiegenhaus mit breiten Steintreppen und einem geschwungenen Geländer aus Eisen. In der Klinik herrschte immer viel Bewegung, es fand ein reges Kommen und Gehen statt. Sehr viele Menschen schienen krank zu sein, und mindestens doppelt so viele schienen diese Kranken zu besuchen. Ich hatte mir im Laufe der Zeit meine eigenen „Begrüßungsrituale“ ausgedacht. Kaum witterte ich meine Familie unten am Treppenansatz, lief ich schnell zurück in mein Zimmer und versteckte mich unter meinem kleinen Gitterbett.

Ich vergaß auch nicht, mich in das hinterste Eck zu verkriechen und es dabei auch noch zu schaffen, das Gitter herunterzulassen, sodass meine Eltern mich jedes Mal suchen und dann herausziehen mussten. Es war ein lustiges Spiel für mich. Sie taten stets so, als könnten sie sich von einem zum anderen Mal nicht mehr an mein Versteck erinnern.

Bei einer unserer unzähligen Heimfahrten von der Klinik nach Schluderns wählte mein Vater ab und zu eine andere Strecke. Er tat es, um etwas Abwechslung in unser Leben zu bringen und mir eine Freude zu bereiten. Und so fuhr er an diesem Junitag, ich war etwa elf Jahre alt, nicht wie üblich über den Reschenpass, sondern wählte den Weg durch das Ötztal und dann über den Jaufenpass. Ich lag auf dem Rücksitz und war eingeschlafen. Oft war auch Mama mit mir hinten, doch dieses Mal saß sie vorne bei Tata. Plötzlich musste mein Vater in einer Kurve eine Vollbremsung machen, und ich flog, aufgeschreckt von dem Ruck, zwischen den Autositzen nach vorne. Ein Motorradfahrer war uns entgegengekommen, und mein Vater hatte, gottlob, sehr schnell reagieren können. Wir hatten noch einmal großes Glück gehabt. Wir waren alle unverletzt. Das dachten wir jedenfalls.

Nach ein paar Minuten spürte ich Schmerzen am linken Arm, die sich schnell zum Ellenbogen hinaufzogen. Bald waren sie so stark, dass ich zu jammern begann und meine Freude aufs Heimkommen wie weggeblasen war. Endlich daheim, stellten meine Eltern den Arm mit einer Schlinge ruhig. Und siehe da, irgendwann half es tatsächlich.

Nach jedem Klinikaufenthalt gab es in meinem Dorf immer ein großes Hallo. Auch meine Geschwister freuten sich jedes Mal aufs Neue, mich wieder gesund und munter zurückzuhaben. Behutsamkeit war bei uns unausgesprochenes Gesetz. Es mochte vielleicht sogar eine Überbehutsamkeit gewesen sein, mit der man mich immer wieder umgab. Ich wurde sehr oft wie ein rohes Ei behandelt, immer in der Panik, es aus Unachtsamkeit zu zerbrechen.

IM KINDERGARTENALTER

Als Mama mich damals im zarten Alter von drei Jahren im Kindergarten anmelden wollte, gab es einige Schwierigkeiten. Die Kindergartentanten, so nannte man die Erzieherinnen damals, fühlten sich mit meiner Krankheit überfordert, und aus diesem Grund weigerten sie sich, mich in einer Gruppe aufzunehmen. Deshalb musste ich weitere zwei Jahre daheim ausharren und blieb in der Obhut meiner Mutter. Wie Mama damit zurechtkam, ob sie der schwierigen Aufgabe gewachsen war, war niemals Thema. Und ob sie die Verantwortung übernehmen wollte und konnte, auch nicht. Ich war ihr Kind.

Dann endlich kam der ersehnte Tag, an dem auch ich in den Kindergarten durfte. Der Kontakt mit anderen Kindern wirkte positiv und belebend auf mich. Inmitten der anderen blühte ich auf. Nach all den Jahren ohne wirkli-

che Spielkameraden konnte ich jetzt kaum genug davon bekommen. Besonders gerne erinnere ich mich an Tante Margareth, die ein außergewöhnlich großzügiges Herz besaß und bemerkenswert fortschrittlich war. Eine besondere Affinität brachte sie Kindern in unserem kleinen Dorf entgegen, die „anders" waren. So auch mir. Margareth verstand es blendend, alle wie eine große Familie zu vereinen und Achtsamkeit bereits in den Kleinsten zu wecken. Wir fühlten uns in dieser Kindergartengruppe sehr wohl, und jedem hatte Tante Margareth beigebracht, auf den anderen gut aufzupassen. Eine frühe Erfahrung, die ich nie vergessen werde. Als sie wegging, kurz nachdem ich mich so sehr an sie gewöhnt und sie lieb gewonnen hatte, war das sehr schmerzlich für mich.
Mir blieben insbesondere Menschen in starker Erinnerung, die die alltägliche Routine durch ihren Abschied auf dramatische Weise unterbrachen. Ein Umzug nach Meran erschien uns Kindern damals wie ein Flug auf den Mond.

Meine große Schokoladen- und Süßigkeitsleidenschaft hatte auch weiterhin ziemlich negative Folgen. Meine Zähne waren bereits in der frühen Kindheit sehr schlecht. Also musste ich mit meinen sieben Jahren vor lauter Zahnschmerzen erneut in die Klinik nach Innsbruck. Dort konnte man mich erst unter Vollnarkose von meinen Zahnschmerzen befreien.

EINE REISE NACH ROM

Als ich etwa fünf war, zeigten mir meine Eltern Rom. Ein Ausflug in die Wiege der italienischen Kultur, sollte eine Abwechslung für alle bringen. Zugegeben diese Reise war von Anfang an eine völlig verrückte Idee, und sie gestaltete sich skurril. Kaum jemand in unserem Bekanntenkreis war bis dahin überhaupt jemals in Rom gewesen. Zu diversen deutschen Städten wie z. B. München, Berlin hatten wir irgendeinen Bezug, zu den italienischen Städten überhaupt nicht. Wir wussten gar nichts über Rom, und meine Eltern hatten keine Ahnung, was sie dort erwarten würde. Römische Feriengäste aus unserem Nachbardorf Prad am Stilfser Joch hatten sich vor Monaten schon in Vaters Möbelhandlung verirrt und sich dort in eine sogenannte Zirmkredenz verliebt. Es war ein Einzelstück, ein Stubenschrank aus jenem in Südtirol typischen Zirmholz, der mit seinen eingesetzten kleinen Milchglasscheibchen äußerst putzig und originell aussah. Dieser hatte es der wohlhabenden römischen Familie angetan. Sie rätselten hin und her, wie sie das kostbare Stück nach Rom bringen könnten, bis mein Vater sich schließlich ein Herz genommen hatte und ihnen versprach, die Kredenz selber hinzubringen. So war unsere Romreise zustande gekommen. „Eine gute Gelegenheit, einmal dort hinzukommen", frohlockte Tata, der das Ganze als willkommene Gelegenheit sah, endlich einmal im Leben in die „Hauptstadt" zu reisen. Mitten in einer heißen Sommernacht sind wir dann samt Südtiroler Kredenz gestartet.

Vater hatte mit den Käufern in weiser Voraussicht einen Treffpunkt kurz vor Rom vereinbart. Wir hatten nicht damit gerechnet, dass nur wenige Kilometer vor dem Ziel in einem Tunnel dieser Verkehrsunfall passierte. Wir wurden in eine Massenkarambolage verwickelt und steckten im Chaos. Es war schon das reinste Wunder, dass wir unverletzt aus diesem Blechknäuel aussteigen konnten. Mehrmals noch hörten wir es hinter uns krachen und dröhnen und bückten uns jedes Mal, so, als ob wir in Deckung gehen wollten. Dann war plötzlich Totenstille. Nun steckten wir in der Mitte eines zirka fünfzehn Kilometer langen Tunnels, und Mama geriet fast in Panik. Und immer wieder donnerten riesige Lkw an uns vorbei, und bei jedem hatten wir

Markus mit Töchterchen Stefanie (September 1993)

Markus, stolzer Pate bei der Taufe des kleinen Felix (27. März 1994)

Ein fröhliches Trio – Markus mit Tochter Stefanie und seiner zweiten Frau Patrizia (Mai 2008)

Markus und seine Lieblinge Pato und Sam (Mai 2009)

Paragliden mit Tandemlehrer Ossi (September 2009)

Es ist geschafft! Der Reschenseelauf als weiterer Meilenstein – hier mit Schwägerin Adele (Juli 2010)

Reschenseelauf mit Freund Emil Mitterer (Juli 2011)

Klettern mit Roland Losso (2011)

Beim Schneeschuhwandern mit Kurt, dem Freund von Tochter Stefanie (Jänner 2012)

Angst, er würde uns auf der Stelle überrollen. Wir beteten, diesem Inferno lebend entkommen zu können.
Es schien uns eine halbe Ewigkeit, bis endlich die Polizei vorbeikam, die den Verkehr regelte und damit begann, die Schäden an den Autos zu notieren. Doch unsere Probleme fingen jetzt erst an. Mein Vater konnte kaum Italienisch, von meiner Mutter ganz zu schweigen. Irgendwann und irgendwie hatten sich dann alle geeinigt, und jene, die es mit ihren Autos noch alleine schafften, konnten weiterfahren. Da wir aber längst weit über die verabredete Zeit hinaus waren, mussten meine Eltern sich etwas einfallen lassen, den Kunden trotz enormer Verspätung doch noch irgendwo treffen zu können. Zu guter Letzt schaffte es Vater, die römische Familie von einer Telefonzelle aus zu erreichen, denn Handys gab es damals noch keine. Nun hieß es rasch handeln.

Ich erinnere mich noch ziemlich deutlich daran, wie wir am gewaltigen römischen Kolosseum vorbeirauschten und dann sehr bald schon tatsächlich auf die italienischen Feriengäste aus Prad trafen, die endlich glückselig die Kredenz „tirolese“ in Empfang nehmen konnten. Sie begutachteten das Möbelstück wie ein Kind, und es fehlte nicht viel, dass sie vor lauter Rührung in Tränen ausgebrochen wären. Ich konnte nur staunen, für mich war das nichts anderes als ein Kasten. Wie nur konnte man wegen ein paar zusammengenagelter Bretter so ein Theater veranstalten? Mein Vater hatte durch diese Aktion ein paar italienische Kunden hinzugewinnen können, die ihm dann über Jahrzehnte hinweg treu geblieben waren.
Wir mussten in derselben Nacht noch unsere Heimreise nach Südtirol antreten – mit kaputtem Lieferwagen, total erschöpft und auch sonst von allen Emotionen und Eindrücken fix und fertig. Wieder einmal hatte sich mein Vater völlig verausgabt. Doch er drückte voll aufs Gaspedal, sodass wir tags darauf schon wieder in Schluderns eintrafen, wo die Geschwister und die Arbeit erneut auf

meine Eltern warteten. Während unserer berühmten Romreise waren wir haarscharf an einer Katastrophe vorbei geschlittert, und romantisch war sie auch kaum gewesen, doch ich konnte meinen Geschwistern noch lange davon erzählen. Von der Massenkarambolage in jenem Tunnel, von unseren Ängsten, überrollt zu werden, von der Polizei, die uns nicht verstand und wir sie schon gar nicht, von dem Chaos rundherum, den vielen kaputten Autos, den weinenden Menschen, den Verletzten und Verwirrten und wie froh ich nun sei, wieder im sicheren Heimathafen angelangt zu sein. Das Zuhause schien mir damals noch wie ein Paradies, in das man sich nach Bedarf immer wieder zurückziehen konnte. Ich war der Meinung, daheim wird alles gut. Welch erhebendes Gefühl.

MEINE EINSCHULUNG

Ich war sechs und sollte in die Schule. Die Herausforderungen für mich und alle, die mit mir zu tun hatten, sollten weitergehen. Meine Krankheit war nun für die Lehrer eine Herausforderung, die Angst machte. Meine erste Grundschullehrerin hieß Natalie Peer. Diese Frau entpuppte sich als Goldschatz. Immer noch empfinde ich tiefe Dankbarkeit für sie. Kurz vor meiner Einschulung hatte die Geschichte mit dem Nasenbluten begonnen, und sie sollte sich während der gesamten Schulzeit fortsetzen. „Frau Lehrerin, was soll ich tun, ich blute aus der Nase“, so meine Standardfeststellung. Frau Peer hatte mir hinter der Tafel eine zusätzliche Schulbank hergerichtet, auf der eine Decke mit einem Kissen lag. Hier konnte ich mich nach Belieben hinlegen, sollte meine Nase zu bluten zu beginnen. Und es kam sehr oft vor. Ich lag praktisch ständig auf dieser Bank hinter der Tafel und blutete vor mich hin, während die anderen vorne weiterhin dem Unterricht folgen konnten. Logisch bekam ich nur einen Teil davon mit, weil ich ständig mit meinen Blutungen beschäftigt war.

Einer meiner Mitschüler, Kurt Wenusch, begleitete und beschützte mich immer in der Schule und beim Spielen in der Pause. Ich musste in dieser Zeit ständig zum Zahnarzt nach Innsbruck in die Klinik. So bin ich auf all meinen Schulfotos der ersten Jahre immer ohne Zähne abgebildet. Doch Frau Peer verstand es meisterlich, mich vor sonstigen Verletzungen zu schützen.
Abgesehen davon wurde ich auch während der Grundschuljahre von Krankenhausaufenthalten nicht verschont. Das rechte Handgelenk bereitete mir wegen des vielen Schreibens immer größere Beschwerden. Was die Schul- und Hausaufgaben anging, erwiesen sich meine Mitschüler als wirklich mitfühlend und hilfsbereit. Und auch sonst unterstützten sie mich, wo sie nur konnten. Immer, wenn ich von einem Krankenhausaufenthalt zurück zur Schule kam, half mir einmal die eine und einmal der andere, den versäumten Stoff nachzuholen. Es waren viele, die mir in dieser Zeit mit Rat und Tat zur Seite standen, mir ihre Hefte und Mappen liehen, damit ich nachschreiben und nachlernen konnte. Und, oh Wunder, trotz meiner ständigen Abwesenheit fiel mir das Lernen damals gar nicht allzu schwer. Ich bemühte mich auch wirklich, ein halbwegs passabler Schüler zu sein.

In der vierten Klasse bekamen wir einen neuen Lehrer. Artur Wenusch hatte leider völlig andere Vorstellungen und auch eine total neue Umgangsform als unsere bisherige Lehrerin. Auch waren wir nun nicht mehr im Schulgebäude selbst, sondern im Pfarrsaal untergebracht mit all seinen Neuigkeiten. So gab es dort eine Gemeinschaftstoilette für Buben und Mädchen. Vor diesen Toiletten befand sich eine schwere Tür aus Eisen. Eines Tages geschah das Unfassbare. Meine Schulfreundin Sabine hatte sich den kleinen Finger in der großen Eisentür eingeklemmt. Es sah wirklich schlimm aus. Sabines Finger war fast völlig abgetrennt worden, er hing nur mehr an einem einzigen Fädchen von ihrer Hand, und es blutete unaufhörlich. Die Fließen im Toilettenvorraum waren voller Blut, es sah aus wie im Schlachthaus. Alle Kinder rannten dorthin, um sich das Gemetzel anzusehen. Mir war ganz schlecht vor Schreck. Sabine war steif wie ein Brett, konnte nicht einmal schreien. Stumm sah sie auf ihren Finger und stand unter Schock. Ich konnte nur an eines denken: Gottlob war Sabine nicht in meiner Situation. Sabine hatte trotz allem die Chance, aus dieser Geschichte ohne größere Blessuren herauszukommen.

Ob ich selbst einen solchen Unfall überlebt hätte?
Hätte so ein Unfall für mich womöglich den Tod bedeutet?
Lehrer Wenusch war auch sehr viel strenger, als Natalie Peer es gewesen war. Er strafte gerne und sehr viel härter, als es unserer Lehrerin jemals in den Sinn gekommen wäre. Ganz besonders gern teilte er Kokosnüsse aus. Das waren sehr schmerzhafte, feste Schläge direkt auf den Kopf, die mit der Faust verabreicht wurden. Lehrer Wenusch stand bereits am ersten Schultag heimlich paffend in der Ecke, und es dauerte nicht lange, bis er unserem Mitschüler Manfred, der sich besonders vor ihm fürchtete, die erste Kopfnuss verpasste. Und auch alle anderen kamen nicht ungeschoren davon.

Eine weitere Begebenheit aus meiner Grundschulzeit ist mir besonders in Erinnerung geblieben. Mein Vater kam einmal direkt ins Klassenzimmer. Weder der Lehrer noch der Direktor konnten ihn davon abhalten. In unserer Nachbargemeinde Prad am Stilfser Joch wurde gerade ein Ski-Europacuprennen ausgetragen, und mein Vater wollte unbedingt, dass auch ich alles hautnah erleben sollte. Dieses einzigartige Ereignis sollte auch ich nicht verpassen müssen, egal ob nun Unterricht stattfand oder nicht. Mein Vater hatte die Gabe, ein paar Dinge im Leben als übergeordnet wichtig zu sehen, sodass es ihm nicht schwerfiel, alle Hebel dafür in Bewegung zu setzen. „Es gibt ein paar Sachen, die muss man einfach tun, wenn man die Gelegenheit dazu hat", pflegte er dann zu sagen. Ich war begeistert von diesen Überraschungen in meinem Leben, das sonst fast ausschließlich von meiner Krankheit geprägt war. Und so genoss ich diese Stunden als Zuschauer und war wie geblendet von der fremden Skiwelt, von den vielen Filmkameras, den unzähligen Reportern, den Stars und Sternchen am Skihimmel und all den wichtigen Leuten, die auf der Piste und in Prad herumrannten. Was für ein Abenteuer in unserer sonst so ruhigen und ereignislosen Welt. Ich genoss es sehr, wenn meine Eltern immer wieder versuchten, uns Kindern und speziell mir eine Freude zu bereiten.

Bei Jahrgangstreffen unserer Schule bekomme ich auch heute noch augenzwinkernd immer wieder zu hören, ich sei der verwöhnteste Schüler der gesamten Schule gewesen.

HINEIN IN DIE PUBERTÄT

Nach der Grundschule wechselte ich in die Mittelschule nach Glurns. Auf die Busfahrt dorthin freuten wir uns wohl alle am meisten. In Südtirol wechseln Schüler nach der fünften Klasse in die erste Mittelschule. Damals gab es in der fünften Grundschule noch eine Abschlussprüfung, die ich, gottlob, mit Bravour bestand.

Jetzt sollte der sogenannte Ernst des Lebens beginnen. Wir waren elf und mussten nun fürs Leben lernen, so hieß es. In der Mittelschule würden die Weichen für später gestellt werden. Doch auch eine aufregende Zeit sollte beginnen. Viele neue Fächer und viele neue Lehrer würden uns begleiten.

Doch vor allen Dingen musste ich weiterhin laufend nach Innsbruck in die Klinik. Und dort verbrachte ich nach wie vor oft Wochen und Monate.

Insbesondere die Mädchen in meiner Klasse waren nach meiner Rückkehr immer sehr kooperativ. Sie schrieben mir Texte ab, sondierten Rechenaufgaben, klebten große Bilder in meine Mappe, zeigten mir auf imaginären Landkarten, wo Afrika, Amerika und Asien liegen, und brachten mir das Wurzelziehen bei.
Da gab es Manuela. Sie ließ mich morgens immer ihre Hausaufgaben abschreiben. Das geschah dann im Bus oder in aller Eile in der Klasse vor Stundenbeginn. Meine zum Teil starken Schmerzen im rechten Handgelenk waren dabei meine ständigen Begleiter, oft schaffte ich es, gar nichts mehr zu schreiben, und so waren Manuela und die anderen schon wieder gefordert. Sie schrieben auch meine Aufgaben mit.

Im zarten Alter von nicht einmal dreizehn Jahren wurde ich auch auf andere, neue, seltsame Dinge aufmerksam. Eine kleine Männlichkeit war erwacht, und sie sollte mich bald schon in ihren Bann ziehen. Insbesondere ein Mädchen aus Deutschland gefiel mir recht bald schon ganz besonders. Kerstin war vierzehn und ich fand sie umwerfend und hübsch.

Mein Schwarm hatte lange blond gelockte Haare, und das Mädchen war für sein Alter schon sehr gut entwickelt. Sie hatte keine Berührungsängste und nannte die Dinge immer beim Namen.
Kerstin brachte eine völlig fremde Welt in unser Dorf, und sie verstand es, ausgeflippt daherzukommen und uns alle mit ihrer Lustigkeit zum Lachen zu bringen. Alle fanden Kerstin toll. Und das Beste war, Kerstin fand mich toll. Ich wollte sie jeden Tag sehen, Kerstin war um einiges interessanter als Hausaufgaben. Wir hingen scharenweise an ihren Lippen und lechzten nach ihrer Aufklärung, die sie

aus der Jugendzeitschrift „Bravo“ direkt an uns weitergab („Bravo“ war damals die Aufklärungszeitung schlechthin). Wir vergingen fast vor Verzückung, und ich genoss es, wie alle anderen ein ganz normaler, pubertierender Jugendlicher zu sein. Ich war ziemlich verknallt in Kerstin, und alles andere war unwichtig geworden.

Gott sei Dank blieb wenigstens meine Hausaufgabenfreundin Manuela auf dem Boden, und ich durfte auch weiterhin bei ihr abschreiben. Und hatte ich einen besonders guten Tag, gelang es mir sogar, aus eigener Kraft einen positiven Test zu schreiben. Die Zeiten standen gar nicht so schlecht für mich.
Neben der vielen Zeit, die ich mit Kerstin verbracht habe, war ich auch noch sehr oft im Krankenhaus. Eigentlich hätte ich meine Zeit, anstelle mit Kerstin, mehr fürs Lernen einsetzen sollen. Da meine Hormone aber verrücktspielten, stand am Ende des Schuljahres in meinem Zeugnis: Der Schüler hat das Schuljahr nicht positiv absolviert, da er den Unterricht nur unregelmäßig besucht hatte. Er wird nicht zur Abschlussprüfung zugelassen. Diese Klasse musste ich wiederholen.

Zu dieser Mittelschulzeit spürte ich auch sehr oft innere Blutungen in meinen Gelenken, eine Heimsuchung ganz besonderer Art, von Verletzungen und Überanstrengungen ausgelöst. Genauso große Probleme bereiteten mir auch immer noch meine Handgelenke, speziell jenes, mit dem ich schreiben musste. Stieß ich irgendwo an oder wurde ich berührt, verstärkten sich die Schmerzen um ein Vielfaches. Ein normaler, gesunder Mensch kann sich nicht vorstellen, dass mir allein schon normale Berührungen wehtaten. Sehr weh. Und es gab nichts und niemanden, der mir helfen konnte. Nachts lag ich oft in den Kissen und wimmerte vor mich hin, die Schmerzen raubten mir den Schlaf und trieben mich oft an den Rand des Wahnsinns.

Auch meine Blutungen im Sprunggelenk machten mir mitunter wieder zu schaffen. Oft konnte ich tagelang nur auf einem einzigen Bein herumhüpfen. Da ich aber ein sehr ungeduldiger Junge war und mich kaum an die ärztlichen Regeln halten konnte, die absolute Ruhe bedeuteten, war ich schon sehr viel früher auf den Beinen, als ich sollte. Es kam vor, dass ich mit nur einem Bein einfach bis ins Dorfzentrum hüpfte, nur um mich mit Freunden zu treffen oder etwas Spaß zu haben. Meine Eltern waren schier verzweifelt. Dieses Hüpfen, so komisch es auch klingen mag, brachte eine enorme Belastung mit sich, die sich zehn Jahre später noch bitterlich rächen sollte. Eine sehr starke Arthrose im linken Sprunggelenk war die Folge, und eine weitere Operation stand an.

Vaters Tischlerei florierte, doch sie war immer noch sehr klein und bescheiden und im Elternhaus untergebracht. Dann beschloss Vater, unserem Haus eine neue Tischlerei anzugliedern. Alle seine Mitarbeiter waren mir sehr vertraut. In den Sommermonaten haben sie, wenn es das Wetter erlaubte, nach Feierabend hinter dem Haus immer Fußball gespielt. Für mich war klar, dass auch ich dabei sein musste. Doch logischerweise war ausgerechnet diese Sportart völlig ungeeignet für mich. Ich spielte trotzdem mit, doch leider verging kaum ein Spiel für mich ohne Verletzungen. Schwellungen und Blutungen waren nur das kleinere Übel, doch nach jedem Spiel lag ich kreischend und zähneknirschend auf dem Rasen und wimmerte vor Schmerzen vor mich hin. Nur nichts anmerken lassen, war mein erster Gedanke, spiel jetzt nur nicht das Weichei, so meine Gedanken. Ich wollte einfach nur normal sein. So normal wie meine Freunde auch, die lachend durch die Welt gehen und ohne irgendwelche Einschränkungen leben konnten.

Warum nur hatte es ausgerechnet mich getroffen? Diese Frage stellte ich mir in der Pubertät sehr oft. „Warum ausgerechnet ich?", nervte ich meine Mutter ständig. „Warum habe ich immer diese Schmerzen, warum muss ich immer Angst haben, dass etwas passiert, warum kann ich nicht wie andere sein, Mama?" Sie strich mir dabei oft tröstend über den Kopf und sagte: „Markus, du musst tapfer sein, es hätte noch viel schlimmer kommen können, stell dir vor, du würdest im Rollstuhl sitzen oder blind sein oder nicht richtig im Kopf, stell dir das einmal vor. Das kannst du doch sicher, oder?" Ich konnte mir überhaupt nichts vorstellen, was außerhalb meiner Welt lag. Ich war in meinem Körper gefangen, und von Vorstellungskraft in diesen Dingen war noch keine Spur. Ja, ich konnte mir vorstellen, wie ich leben könnte ohne diese Krankheit. Das fiel mir leicht. Ich hätte einfach all das tun können, was meine Freunde wie selbstverständlich jeden Tag taten. Meine Eltern sind Katholiken und haben die von Gott auferlegte Krankheit ihres Kindes irgendwann akzeptiert und versucht, das Beste daraus zu machen. Ihnen war bewusst, dass sie die Situation nicht ändern konnten, sondern höchstens verbessern, und sie taten alles, damit ich ein passables Leben führen konnte. Sie waren mehr als froh, dass alle weiteren Familienmitglieder von dieser Erbkrankheit verschont geblieben waren. Ich musste lernen, damit zurechtzukommen. Damit zu leben, es gab für mich keine andere Alternative. Und dass es mich „nur" mit der leichteren Variante dieser Krankheit erwischt hatte, war für sie ein weiteres Zeichen der Gnade Gottes. Doch ich konnte damals noch nicht allzu viel damit anfangen. Für mich war alles einfach nur Strafe, Strafe für etwas, was ich vielleicht hätte getan haben können.

„Soll ich vielleicht auch noch dankbar dafür sein, dass ich nicht Fußball spielen darf, nicht Ski fahren, dass ich immer nur zuschauen muss, wenn meine Freunde sich vor Tatendrang zerreißen und nicht wissen, wo anfangen und wo aufhören, weil sie den ganzen Tag so viel zu tun haben, dass sie kaum mehr Zeit zum Rasten oder zum Schlafen haben?", konterte ich aufmüpfig. „Soll ich vor Freude in die Luft springen, wenn ich zweimal im Monat in die Klinik nach Innsbruck muss und dort dann oft tagelang gar nichts tun kann, als abzuwarten, bis die Medikamente endlich wirken oder die da draußen endlich etwas Besseres für meine Schmerzen gefunden haben", brüllte ich meinen Eltern oft undankbar entgegen, mit einer großen Wut im Bauch. Ich war einfach nur wütend! Und zwar auf jene, die jahrelang geforscht und gesucht hatten, und ich meinte die Heerschar von Ärzten und das Klinikpersonal, das trotzdem nichts gegen meine Krankheit gefunden hatte und auch nichts gegen mein Leid unternehmen konnte.

Die größte Wut aber entwickelte ich unserem Hausarzt gegenüber, denn er ermahnte mich des öfteren, dass ich gehorchen solle. Seine Ermahnungen veranlassten meine Eltern, noch andere Aufpasser auf mich anzusetzen. In der Pubertät lehnte ich mich sehr oft gegen Gott und die Welt, gegen meine Krankheit und gegen alles auf, was meine Freiheit meiner Meinung nach einschränkte. Ich rebellierte gegen den Rest der Welt und fand meine Krankheit einfach nur ungerecht!
Ich konnte nicht begreifen, warum es ausgerechnet mich erwischt hatte. Warum hatte ich gar keine Abwehrmechanismen gegen meine Krankheit mitbekommen? Immer und immer wieder zeigte mir unser Doktor auf, wie viele Dinge für mich strikt verboten waren. Er hatte das in guter Absicht getan, doch diese Verbote gingen mir gehörig auf die Nerven. Ich wollte es nicht mehr hören, auch keine Verordnungen mehr und schon gar nicht mehr, dass jeder in meinem Umfeld alles besser zu wissen schien und mir x-beliebig gute Ratschläge geben konnte. Sehr viel hätte ich dafür gegeben, einmal einfach nur „normal" sein zu dürfen. Es war kein Leichtes, einem aufgeweckten und sportlichen Jungen alles zu verbieten, was Spaß machte. Ich hasste den Arzt dafür. Ich hasste ihn dafür, dass er meine Eltern immer wieder darauf hinwies, was alles pas-

sieren könnte. Ich verstand damals nicht, dass er es nur gut meinte.

Er war mein schlechtes Gewissen, das immer und alles bemerken sollte, was ich wieder einmal nicht eingehalten, beachtet oder auch nur missachtet hatte. Hatte ich blaue Flecken an den Beinen, Striemen an den Armen, blutete ich aus der Nase oder bekam ich unerklärliche Kopfschmerzen, mein Hausarzt wusste sofort Bescheid. Ich hatte nicht gehorcht, über die Stränge geschlagen und war seinen Anweisungen nicht gefolgt. Jeder im Hause Telser fühlte sich für mich verantwortlich. Wie nervig!

Und dann geschah etwas Positives. Es verschaffte mir einen enormen Lichtblick. Neben unserem Haus wurde gerade ein Neubau hochgezogen, dort wurde später dann auch ein Kaffeehaus eingerichtet. Die Familie aber, die direkt neben uns ins neue Heim zog, war lebendig, lustig und sportlich. Die vier sprühten vor Lebensfreude und unternahmen viel. Insbesondere beneidete ich sie um ihre Skisonntage. Mir hatten meine Eltern nämlich strikt verboten, überhaupt Ski zu fahren. Zu groß seien die Gefahr und das Risiko für mich. Nicht auszudenken, was alles passieren könnte, wenn ich stürzen, an einen Baum fahren oder einfach nur die Skier mit mir durchgehen würden. Im Prinzip würde es bereits reichen, wenn ich mir bei den unebenen Wellen einfach nur Prellungen zuziehen würde. Allein davon würde ich schon innere Blutungen bekommen. Doch ich wollte unbedingt Ski fahren. Das Unterfangen schien, etwas schwierig für mich zu werden. Es hieß also wieder kämpfen.

Ich bettelte monatelang immer und immer wieder. Dann hielt ich Lobpreisungen und gab Versprechungen ab, die ich alle einhalten wollte, wenn ich nur einmal, ein einziges Mal mitgehen dürfte. Ich zog alle Register, pries alles an was ich zu bieten hatte, ließ mir sämtliche Verhaltensregeln mehrmals aufzeigen, sagte immer wieder Ja und Amen und versprach auch, mich strikt an jegliche Anweisung der Familie nebenan zu halten. Ich war mir sicher, dass ich alles einhalten konnte.

Und der Freudentag kam. Eines Sonntags durfte ich tatsächlich mit Familie Wieser losziehen. Die Wiesers waren bereit, das Risiko auf sich zu nehmen. Ich war so aufgeregt wie schon lange nicht mehr. Meine Mutter richtete mir beim Abschied noch die Mütze zurecht, tätschelte meine vor Aufregung glühenden Wangen und gab mir erneut Tausend Ratschläge. Dann schlug sie die Hände über dem Kopf zusammen, weil ihr im letzten Moment doch nicht mehr so wohl war bei dem Gedanken. Doch es war zu spät. Ich saß bereits im Auto und freute mich wie ein Schneekönig. Nichts und niemand sollte mich heute davon abhalten, endlich mit den Skiern zu Tale zu brettern. Es sollte ein unvergesslicher Tag für mich werden.

Und es wäre auch fast alles gut gegangen. Fast. Wir fuhren die paar Kilometer hinauf zum Reschen bis ins Skigebiet Schöneben. Eine wunderschöne Wintersonne blizte vom Himmel, es war die Krönung des Tages, und mein Herz erwärmte sich dadurch zusätzlich. Beinahe im Zentrum startete der Lift, und ich war krank vor Erwartung und hüpfte mit tosender Freude in die Gondel. Die Nachbarsfamilie konnte mich kaum mehr einbremsen. Als wir bergwärts fuhren, verkündete ich großspurig alle Kunststücke, die ich vollbringen wollte, und Mama Wieser hatte Mühe, mich daran zu erinnern, was ich meinen Eltern versprochen hatte. Oben angelangt, eilte ich als Erster zum Hang, schnallte mir in Windeseile die Skier an und streifte rasch die Handschuhe über. Dann richtete ich mir die Mütze zurecht und sauste los, ohne auch nur noch ein Wort zu verlieren.

Nach drei Metern schon überschlug ich mich und steckte bis zur Hüfte im Neuschnee. Dieser Neuschnee war mein großes Glück. Es gab keine Verletzungen, der weiche Schnee hatte alles abgefedert. Jetzt erst begriff ich, dass Skifahren nicht so einfach war, wie ich gedacht hatte. Die Skirennfahrer, die ich mit Begeisterung Sonntag für Sonntag im Fernsehen verfolgt hatte und die mit atemberaubender Geschwindigkeit die „Streif“ in Kitzbühel oder die „Saslong“ in Gröden hinuntertobten, mussten wohl etwas länger geübt haben, als ich, naiv wie ich war, geglaubt hatte. Man konnte sich als „Skifahrer“ nicht einfach nur auf die Bretter stellen und losflitzen. Skifahren wollte gelernt sein. Das hatte ich jetzt kapiert.

In Windeseile stellte ich mich wieder auf die Beine, schließlich wollte ich mir bei den Wiesers keine weitere Blöße geben. Vater Wieser zeigte mir, wie man schlichte Bögen fährt und wie man es vermied, dabei laufend auf dem Hosenboden zu landen. Ich war ein gelehriger Schüler und erinnerte mich auch wieder an die Anweisungen meiner Mutter und an die meines Vaters sowieso, denn der war ohnedies dagegen gewesen, dass ich überhaupt mitgekommen war.
Nach meinem ersten sprichwörtlichen „Reinfall“ verging der Tag ohne größere Blessuren. Meine sehr vorsichtigen Stürze in den weichen Schnee hinterließen keine größeren Schäden. Doch eines hatte ich vergessen. Bei meinem ersten Überschlag hatte ich die Mütze verloren, die mir Mama kurz vor dem Start noch über die Ohren gezogen hatte.

Als sich der Tag zu Ende neigte, bemerkte ich schon ein leises Sumsen am linken Ohr. Auf der Fahrt vom Reschen nach Schluderns verstärkte sich dieses Sumsen zu einem berstenden Rauschen, das von Kilometer zu Kilometer ärger wurde, und als ich daheim aus dem Auto stieg, konnte ich die anderen kaum mehr verstehen und den Schmerz fast nicht mehr aushalten. In der Nacht bekam ich hohes Fieber, und Mama musste wieder einmal alle Hebel in Bewegung setzen und mir Medikamente besorgen, damit ich irgendwie Schlaf bekam.

Am nächsten Tag diagnostizierte mein Hausarzt eine saftige Mittelohrentzündung. Die gute Nachricht war, dass ich mir endlich einmal eine ganz normale Krankheit zugezogen hatte, eine, die mit meiner Hämophilie nichts oder nur am Rande zu tun hatte. Die schlechte Nachricht war, dass ich wieder einmal wochenlang krank sein sollte.

Eine negative Folge meiner eigentlichen Krankheit war natürlich auch, dass ich bei vielen Spielen meiner Geschwister nicht mitspielen durfte. Die Gefahr, mich zu verletzen, war latent vorhanden. Meine Eltern duldeten da keine Widerrede. Deshalb verbrachte ich sehr viel meiner Zeit bei unserem Nachbarn. Karl besaß einen großen Bauernhof, und ich mochte wohl zehn gewesen sein, als ich das erste Mal dort war. Alles auf seinem Hof faszinierte mich. Ganz besonders die großen Maschinen hatten es mir angetan. All diese Traktoren, diese Mähmaschinen, der Heulader und vieles mehr und auch die vielen Tiere auf dem Hof. Es gab dort Hühner, Kühe und Schweine, auch Hasen und Katzen. Bei uns daheim gab es so etwas nicht. Dieser Bauernhof war wie einen riesiger Abenteuerspielplatz für mich. Karl hatte mir auch eine Aufgabe übertragen: Ich sollte täglich die Hühnereier einsammeln. Bald schon fühlte ich mich sehr erwachsen und fand, eine wirklich verantwortungsvolle Arbeit übertragen bekommen zu haben.

Auch die vielen Enten am Teich neben dem Hof erschienen mir ziemlich exotisch, und immer, bevor ich zu ihnen ging, steckte ich ein Stück Brot ein, um sie zu füttern. Eine Ente war besonders groß und fett, und sie schien ohne Unterbrechungen fressen zu können. Sie konnte einfach nie genug bekommen und bald schon hatte ich einen

Namen für sie erfunden. Sie war mein „Siebenfraß“, und als Karl mitbekommen hatte, dass ich mir eine Liebling-sente auserkoren hatte, schenkte er sie mir eines Tages einfach. Er sagte: „Markus, pass gut auf deinen „Siebenfraß“ auf, denn ab heute gehört er dir.“ Ich war außer mir vor Freude und konnte es nach der Schule und in den Ferien kaum erwarten, immer wieder zum Ententeich zu laufen. Denn „Siebenfraß“ hatte mitbekommen, wer sein neues Herrchen war und wartete bereits auf mich. Selbstverständlich sammelte ich weiterhin gewissenhaft Karls Hühnereier ein. Ich durchsuchte jeden Winkel des Hofes, merkte mir die Verstecke sehr genau und fand bald heraus, dass sich das Federvieh ganz besonders gern im Heustadel aufhielt. So wühlte ich dort oft den gesamten Heustock um, doch es lohnte sich, denn die Ausbeute war ergiebig. Auf diesem Hof fühlte ich mich zum ersten Mal frei und lebendig.

An diesem Ort konnte ich noch viele unbekümmerte Tage verbringen, die mit dem Austrinken roher Hühnereier ihre eigenartigen Höhepunkte erreichten und bei meiner Mama das blanke Entsetzen hervorriefen. Ich erinnere mich an meinen ersten Rausch mit nur zehn Jahren nach heimlichem übermäßigen Bierkonsum während der Heuarbeit. Als man mich danach heimtragen musste, weil ich nicht mehr auf meinen eigenen Beinen stehen konnte, war die Aufregung wieder einmal mehr als groß.

MEINE FIRMUNG

Die Jahre auf Karls Hof vergingen wie im Flug, ich wurde größer, und irgendwann sollte meine Firmung über die Bühne gehen. Dies stellte ein ganz besonderes Highlight in unserer Familie dar. Ich spürte das, und so machte ich mir Gedanken, wer wohl mein Firmpate werden sollte.

Ich hatte Karl inzwischen so sehr ins Herz geschlossen, dass ich ihn mir auch als meinen Firmpaten vorstellen konnte. Eigentlich hatte ich es längst für mich beschlossen. Doch ich hatte nicht mit meinen Eltern gerechnet, die andere Pläne mit mir hegten. Sie wollten einem Kunden dieses Privileg einräumen, der öfters aus der Nachbargemeinde Laatsch vorbeikam, um in ihrer Werkstatt kleinere Arbeiten machen zu lassen. Was lag näher? So würde man Geschäftliches mit Privatem verbinden können. Ich zuckte auf bei diesem Gedanken, ich wollte nur Karl und sonst niemanden. Ich musste ihn also über meine Pläne informieren, damit er mir helfen konnte, sie zu verwirklichen.

Eines Tages ergab sich bei der Heuarbeit die Gelegenheit dazu. Wir saßen wieder einmal in trauter Zweisamkeit nebeneinander, als ich endlich all meinen Mut zusammenfasste und ihn fragte: „Karl, willst du mein Firmtäit *(Firmpate)* werden?“ Er lächelte mich an und sagte spontan „Ja, aber klar mein Letzer“. Letzer, das bedeutet in Südtirol „Kleiner“. Dass Karl mich „Letzer“ genannt hatte, beflügelte mich in diesem Moment besonders, sofort wollte ich heimlaufen, um die Neuigkeit meiner Mama zu erzählen. Doch sie reagierte völlig anders als erwartet. „Tata hat bereits Franz aus Laatsch gefragt, und da gibt es nichts zu diskutieren“, sagte sie. Sie argumentierte dann, dass er ein guter Geschäftspartner sei und insofern das Recht hätte, Pate für eines der Telserkinder zu werden. So war das damals. Alles wurde von den Erwachsenen bereits im Vorfeld als fertig deklariert. Der Taufpate wurde von den Eltern bestimmt, doch musste es beim Firmpaten auch so hierarchisch zugehen? Ich wollte das nicht einsehen. Also begann ich zu kämpfen.

Ich wollte nur Karl haben und Schluss. In den darauf folgenden Tagen bestand ich also hartnäckig darauf, nervte meine Mutter immer wieder damit, damit sie ja verstand, wie wichtig mir das Thema war. Irgendwann

gab sie schließlich schweren Herzens nach, begab sich in die Tischlerei und machte Franz klar, dass ihr eigensinniger Sohn bereits seine persönlichen Entscheidungen zur Firmung getroffen hatte. Ein großer persönlicher Sieg für mich. Mein sehnlichster Wunsch war in Erfüllung gegangen. Karl wurde mein Firmpate. Nun fieberte ich dem großen Tag entgegen. Dann sollte ich zu Karl endlich Täit sagen dürfen. Täit bedeutet Patenonkel.
Ich glaube, dass sich schon hier meine Kämpfernatur und mein Durchsetzungsvermögen gezeigt haben, die mir in meinem Leben immer wieder weitergeholfen haben.

Endlich war der große Tag gekommen. Nach dem kirchlichen Zeremoniell mit vielen Mitschülern aßen wir im Gasthof „Zum weißen Rössl" in Schluderns zu Mittag, und am Nachmittag war ein Termin beim Fotografen angesagt. An jenem feierlichen Tag war in der Nachbargemeinde Mals ein kleiner „Luna Park" stationiert, eine Kirmes also, den das fahrende Volk ein- bis zweimal im Jahr auch in unser abgelegenes Dorf brachte. Mein neuer „Täit" ließ sich von mir überzeugen, an diesem heiligen Tag ausgerechnet dort hinzugehen. Ich amüsierte mich prächtig. Karl bezahlte alles und war guter Dinge. In einer Ecke stand auch ein sehr eigenartiges Gerät, das ich bis dahin noch nie gesehen hatte: Es war riesengroß, so schien mir wenigstens, und ein kleiner Lederball pendelte darauf hin und her. Auf diesen Lederball konnte man nach Belieben eindreschen, je mehr, umso besser. Ein Messgerät zählte dann die Kraft des jeweiligen Hiebes nach irgendwelchen Regelwerken ab. Logisch, dass auch mein neuer Täit den starken Max spielen und den Kasten testen wollte, also warf er die entsprechende Münze, den „Gettone", in den Kasten. Sofort sauste der Lederball mit voller Wucht herunter, und Karl war bereit, das Maximum an Kraft aus sich herauszuholen. Er boxte wie besessen auf den kleinen Lederball ein und legte eine mir bis dato unerklärliche Unbarmherzigkeit an den Tag.

Wir standen gespannt vor dem Kasten und stierten auf Karl. Plötzlich hörten wir, wie tief in ihm drinnen etwas auseinanderkrachte, und schon verzerrte sich sein Gesicht vor Schmerzen. Die ganze Kirmesgesellschaft blickte zu uns herüber, so gellend hatte mein Täit aufgeschrien. Dann stöhnte und japste Karl nur mehr nach Luft. Als sein Zustand auch Minuten später nicht besser wurde, rief mein Vater den Krankenwagen. Im Spital von Schlanders wurden zwei Rippenbrüche festgestellt. Die Ärzte verpassten Karl einen dicken Verband und gaben ihm den Rat mit nach Hause, sich zu schonen. Ein Bauer und schonen. Was die wohl damit gemeint hatten?

Ein verrückter Tag ging zu Ende, und trotz aller Widrigkeiten gehörte er zu den besten meines bisherigen Lebens. Auch mein „Täit" trug die Auswirkungen mit Fassung und genauso würdevoll seine wochenlangen Schmerzen. Irgendwann war alles wieder gut, und so nahm mich der Täit nach seiner Genesung sogar mit zur Jagd. Ich war begeistert. Natürlich durfte auch Karls hervorragend ausgebildeter Jagdhund Ulf nie fehlen. Dieser Ulf war ein ganz besonderes Tier und seine Nase legendär.
Eines Tages hatte ich, ohne zu fragen, das Taschenmesser meines Vater „ausgeliehen", und ich wusste beim besten Willen nicht, wie es geschehen konnte: Jedenfalls war das kostbare Stück am Abend nicht mehr in meiner Hosentasche. Mir war schon ganz schlecht, wenn ich an Vaters Reaktion dachte.

Nach dem Verlust hatte ich mich nicht mehr nach Hause getraut, sondern war zum Täit gelaufen. Karl ließ mich ein Taschentuch meines Vaters holen und schickte Ulf damit in den Wald. Er gab dem Hund das Kommando „Apport!" (französchisch: Bring es her!) und schon schnüffelte Ulf kurz an dem Fetzen Stoff, dann lief er los. Sein Geruchssinn zeigte ihm den Weg. Ich schickte inzwischen unzählige Stoßgebete gen Himmel, denn es war nicht schwer, sich

auszumalen, was mein Vater mir sagen würde, wenn ich ohne sein kostbares Messer heimkommen würde.
Doch das Wunder geschah: Nur eine Viertelstunde später kam der Hund tatsächlich mit dem Taschenmesser im Maul aus dem Wald gelaufen. Mir fiel ein Felsbrocken vom Herzen. Ulf blickte mich treuherzig an und lies das Messer direkt vor meinen Füßen fallen. Für mich war dieser Ulf einfach nur sensationell, und ich liebte diesen Hund. Hunde sind für mich bis heute ein wichtiger Bestandteil meines Lebens. Insbesondere meine Blindenhunde haben mir später mein Leben wesentlich erträglicher machen können. Karl und mich schweißten solche Dinge von Tag zu Tag mehr zusammen. Ich empfand ihn als Lichtgestalt in meinem jungen Leben, und dass ausgerechnet er mein Täit war, erfüllte mich mit besonderem Stolz. Auch sonst war er im Dorf eine Respektsperson, hatte die Ämter für Jagd und Fischerei inne und konnte in vielen weiteren Dingen mitreden.

In den Neujahrstagen ließ ich es mir nicht nehmen, als Erster zum Täit zu laufen, um ihm alles Gute für das gerade angefangene Jahr zu überbringen. Karl drückte mir jedes Mal 50.000 Lire in die Hand, viel Geld für damalige Zeiten. Natürlich hatte ich damit gerechnet. Mit strahlenden Augen verließ ich den Hof.

Heute noch, wenn ich meinem Täit im Dorfgasthaus begegne, tauchen immer wieder die schillernden Bilder auf. Als Mensch, der seit vielen Jahren blind ist, kann ich mich natürlich nur mehr an die erinnerten Bilder längst vergangener Tage festklammern. Ich sehe ja nicht, wie sich die Welt seither verändert hat.
Was mir besonders guttat damals, war, dass Karl mich immer als „normales“ Kind behandelt und mir nie das Gefühl gegeben hatte, sehr krank zu sein. Er bestärkte mich sogar in seiner Gewissheit, dass ich alles machen konnte wie andere Kinder auch. Er gab mir das Vertrauen in mich

selber, das mich meine Krankheit oft völlig ausblenden und mich auch die starken Schmerzen oft vergessen ließ. Mein Täit behandelte mich wie seinen eigenen Sohn. Vielleicht auch deshalb, weil er und seine Frau keine Kinder bekommen konnten.
Heute lebt Karl allein, seine Frau hatte ihn vor Jahren schon verlassen. Seit einiger Zeit leidet er an einer schweren Krankheit, die er mit sehr viel Kraft trägt. Er ist schwerhörig geworden, und sein Hörgerät benützt er nicht immer. Vielleicht will er einfach nur Ruhe vor der Welt da draußen haben, weil er sich in seiner Welt da drinnen wohl- und geborgen fühlt. Deshalb ist es etwas schwierig geworden, mit ihm ein Gespräch zu führen. Man stelle sich vor, ein Blinder und ein Tauber wollen miteinander sprechen. Es ist irgendwie zum Lachen und fast ein Ding der Unmöglichkeit. Aber hat er seinen „Apparat", wie er das Hörgerät nennt, einmal mit dabei, dann können wir über alte Zeiten plaudern, das freut mich ganz besonders. Wenn nicht, schweigen wir in gewohnter Vertrautheit und genießen unser Zusammentreffen trotzdem.

WIEDER SCHULE

In Südtirol, in ganz Italien, gab es damals die Schulpflicht bis zum fünfzehnten Lebensjahr. Egal, wie immer man seine Schulzeit auch verbracht hatte, ab dem fünfzehnten Lebensjahr konnte man die Schule verlassen, sofern man nicht eine Oberschule besuchen oder eine Lehre machen wollte.

Wenn es nach mir gegangen wäre, hätte ich die Schule, nun 15-jährig, hingeschmissen. Ich hatte von der Institution Schule endgültig die Nase voll. Mir schwebte ein Handwerk vor, als Automechaniker etwa könnte ich arbeiten und gutes Geld verdienen. Dazu würde ich keinen

Abschluss benötigen. So dachte jedenfalls ich. Nicht aber meine Eltern. Sie bestanden darauf, dass ich wenigstens den Mittelschulabschluss über die Bühne bringen sollte, was sich später als weise Entscheidung herausstellen würde. Ihre praktische Art zu denken, sah für mich irgendwann einmal einen Bürojob vor, eine Arbeit, die für mich sehr viel weniger gefährlich sein würde als irgendeine handwerkliche Tätigkeit, bei der ich mich laufend verletzen konnte.

So kam es, dass ich, nachdem ich schon über fünfzehn war, immer noch zur Mittelschule ging und mir die Fahrt nach Glurns ein weiteres Jahr bevorstand. Diesmal hieß mein Klassenlehrer Antonio Rossi. Er war als sehr strenger Lehrer bekannt, dem man nachsagte, dass er oft schlechter Laune war und die Schüler dies auch deutlich zu spüren bekamen. Ich persönlich verdanke Herrn Rossi, dass er es verstand, mich zu überzeugen, dass ein guter Schulabschluss wichtig sei und speziell ich Zeugnisse brauchte, mit denen ich dann im Berufsleben punkten könnte. Und das spornte mich ein wenig an.

Am Ende der Abschlussprüfung hieß es: „Der Schüler hat die Abschlussprüfung bestanden, es wird ihm aber dringend abgeraten, eine höhere Schule zu besuchen."

Heute noch muss ich darüber schmunzeln, und ab und zu fallen mir dann bedeutende Persönlichkeiten ein, die wie ich Nieten in der Schule waren. Doch sie haben es dann auf anderen Wegen geschafft, der Welt zu zeigen, dass eine großartige schulische Laufbahn nicht immer das Maß aller Dinge sein muss. Es kommt nicht immer nur auf Noten an. Was sagen schon Noten über einen Menschen aus? Über seine soziale Kompetenz, seine emotionale Intelligenz? Über sein ganzes Sein? Ganz besonders sympathisch ist mir in diesem Zusammenhang Albert Einstein, der, gelinde ausgedrückt, auch so ein Enfant terrible für seine Lehrer gewesen sein soll. Oder Albert Schweitzer.

Jedenfalls war ich nun endlich ein Mittelschulabgänger mit Zeugnis. Und darauf war ich stolz.

DER FAKTOR VIII

Es mochte Außenstehenden kaum aufgefallen sein, doch meine Eltern mussten sich in all dieser Zeit eigentlich ständig große Sorgen um mich machen. Auch wenn es mir ein paar Tage gut ging, so beschäftigte unsere Familie immer die Frage: Wie kann dieser Bub ohne größere Schäden einigermaßen frei weiterleben, groß werden und sein späteres Leben selber in die Hand nehmen? Immer noch war es nicht möglich, den Faktor VIII, den ich zum Überleben dringend brauchte, auf einfache Weise zu erlangen. Immer noch mussten wir nach Innsbruck in die Klinik, wo mir das Medikament intravenös verabreicht wurde. Die zahllosen Fahrten dorthin waren anstrengend und aufwendig, kosteten viel Zeit und Energie und zermürbten. Sie brachten uns jedes Mal an die Grenze unserer Belastbarkeit.

Die ständige Angst und die Sorge um das Medikament standen jahrelang im Zentrum des familiären Geschehens. Alles drehte sich darum, ob ich bestmöglich medikamentös versorgt war. Unser ganzes Denken, Handeln und Leben galt einzig und allein dem Zauberwort Faktor VIII. Dieser Faktor VIII bestimmte mein Leben und daher auch das Leben meiner Familie. Wir sprachen täglich darüber. Ich verstand als Kind die ganze Aufregung nicht ganz, doch ich wusste sehr genau, dass der Faktor VIII für mich ein lebensnotwendiges Mittel war, um den Kampf gegen die ständigen Schmerzen fortsetzen zu können. Ich denke, niemand, der es nicht selbst erlebt hat, kann sich nur annähernd vorstellen, wie viel Energie und Kraft es kostet, ein Leben mit einer Krankheit zu managen. Mit einer Krankheit, die verspricht, niemals besser zu werden oder gar aufzuhören. Alltage in solchen Leben verlaufen völlig anders als der Alltag in einem normalen Leben – für den Betroffenen und für die Angehörigen ebenso.

Dann schien eines Tages der entscheidende Durchbruch auch bei uns passiert zu sein. Ich war vielleicht vierzehn, als uns die frohe Botschaft aus der Apotheke von Mals erreichte. Das für mich lebenswichtige Blutplasma (Faktor VIII) war endlich auch dort eingetroffen. Mit einer Verschreibung durch den Hausarzt konnten drei bis vier Einheiten abgeholt und dann daheim im Kühlschrank gelagert werden. Diese Neuigkeit sollte mein Leben verändern. Endlich Schluss mit all den Fahrten nach Innsbruck? Kaum zu glauben. Ich würde nur mehr einen Hausarzt brauchen, der sich getraute, mir die Infusion zu verabreichen. Ich war überglücklich!
Leider gab es damals nicht viele Ärzte, die sich das zutrauten, und ohne einen Arzt, der sich zu jeder Zeit dazu bereit erklärte, mir die nun lagernden Infusionen zu geben, würde die neue Errungenschaft für mich keinen Sinn ergeben.

Ich hatte Glück. Der im Dorf sehr beliebte und mir so fürsorglich zugewandte Gemeindearzt Dr. Johann Waldner scheute sich nicht, mir zu helfen. Die Welt war für mich in diesem Augenblick wieder in Ordnung. Und in Waldners Assistentin Anna Liesa Wiedmer war mir ein weiterer Glückstreffer beschieden. Sie hatte ihre Ausbildung als Krankenschwester an der Uniklinik Innsbruck genau zu jenem Zeitpunkt absolviert, an dem ich laufend dort gewesen war. Also kannten wir uns bereits, und Anna Liesa war mit diesen sehr speziellen Infusionen vertraut. Ich dankte meinem Schicksal für diese wunderbare Fügung. Was für ein Segen! Die Zeit in der Kinderklinik würde ich kein bisschen vermissen. Waren die Fahrten nach Innsbruck endlich vorbei, die Torturen und Schmerzen, die mir ewig im Gedächtnis eingemeißelt bleiben würden, all die einsamen Tage und Nächte in einem kahlen Zimmer und anfangs, als ich noch sehr klein war, mit einem hochgezogenen Gitterbett und dem Infusionsständer daneben? Waren auch die Stunden vorbei, die ich ohne meine Eltern und Geschwister, ohne Freunde verbrachte, doch dafür mit oft abstrusen irrealen Gedanken und den qualvollen Schmerzen, während ich auf meine Infusionen wartete, auf die Ärzte und Schwestern, auf die Erlösung meines Leidens, auf irgendetwas, was meine Situation verbessern, und wenn nicht dies, dann wenigstens verändern sollte? Dieser Klinikalltag war in mein Gehirn eingebrannt, verewigt. Es gab für mich in all den Jahren kaum einen Monat ohne diese Klinik und das ganze Drumherum, es gab für mich kein normales Dasein eines Kindes und schon gar nicht das eines Heranwachsenden.

Mein Alltag war einzig von der Krankheit bestimmt gewesen, die mich in ihrem eisernen Griff gefangen hielt und mich ständig daran erinnerte, dass ich niemals ein normales Leben würde führen können. Obwohl es durchaus auch Momente des Vergessens gab, Momente des Lichts, des Glücks, so wurde ich doch bei vielen Gelegenheiten zwangsläufig von Freunden, Bekannten und Verwandten immer wieder aufs Neue auf mein Leid aufmerksam gemacht. Es ging einfach nicht anders, über was sonst hätten sie sprechen sollen, über was sonst mit mir diskutieren als über meinen Alltag? Mein Alltag bestand einfach aus all diesen Einzelteilen. Sie glaubten, mir damit einen Gefallen zu tun, doch für mich war es oft einfach nur der Albtraum pur, und darum hatte ich eine gewisse Aversion gegen diese Art entwickelt, die ich als Bevormundung verstand. Ganz besonders als ich in die Pubertät kam, hatte ich die Schnauze voll von alledem. Dies sollte sich nun durch eine wundersame Fügung ändern. Endlich zum Besseren. Ich konnte es erst gar nicht fassen.

Ich habe Anna Liesa sehr viel zu verdanken. Sie war nach unserem Hausarzt mein Engel, meine Rettung, mein Schicksal in diesen Tagen, Wochen und Monaten, die nun folgen sollten. Anna Liesa hatte einen Mann aus Schluderns geheiratet und lebte mit ihrer Familie nun hier. Sie kannte mich, sie kannte meine Eltern und mein Umfeld. Sehr bald schon erklärte sie sich bereit, immer und überall vorbeikommen zu wollen, wenn es nötig wurde. Und ich selber durfte in ihr Haus kommen, sollte ich sie einmal dringend brauchen. Tag und Nacht.
Anna Liesa verkörperte für mich die Seele eines Menschen, rein äußerlich schien sie eher unscheinbar mit ihrem schwarzen schulterlangen Haar und einer kleinen Stupsnase, die mir als Kind sofort aufgefallen war. Auch war sie eher klein und ihre Figur trotz der beiden Kinder sehr schlank. Sohn Benny besuchte damals die Volksschule, Tochter Angelika den Kindergarten. Anna Liesa war innerlich stark und groß. Sie zeigte Präsenz durch ihre sympathische Art. Ihr Mann war als Handwerker tüchtig, die Familie genoss Ansehen im Dorf und war beliebt. Diese Familie demonstrierte Sicherheit und Wohlbehagen und hielt stets, was sie versprach. Vielleicht war Anna Liesa auch im ersten Moment gar nicht bewusst gewesen, auf was sie sich eingelassen hatte. Doch sie schien nie etwas bereut zu haben, mir gab sie dieses Gefühl jedenfalls nie.

Und sehr bald schon sollte sich herausstellen, dass Anna Liesa sich mit mir tatsächlich ein Kreuz auf ihre Schultern geladen hatte. Mitten in der Nacht mussten wir oft aufbrechen, da ich die Schmerzen nicht mehr aushalten konnte. Und Anna Liesa war immer eiligst auf den Beinen, sprach nicht viel um den heißen Brei herum und ging sofort ans Werk, um mir baldige Besserung zu verschaffen. Ich kann mich noch sehr gut daran erinnern, wie mich meine Eltern die steilen Treppen zu ihrer Wohnung hinauftrugen, da ich vor Schmerzen nicht mehr laufen konnte. Oben stand dann bereits sie an der Schwelle und hielt die erlösende Spritze in der Hand, mit der sie mir geschwind Linderung verschaffen wollte.

Damals waren die Infusionsnadeln noch wahnsinnig dick, sie erreichten den doppelten Umfang der heutigen Nadeln. Der Einstich in die Vene tat höllisch weh, ich hatte jedes Mal große Furcht davor. Und die Dauer der Infusion war mit zwanzig Minuten schier infernalisch. Bis man mir endlich alles in die Blutbahn geschossen hatte, vergingen weitere kostbare Minuten. Es war kaum zum Aushalten, allein diese Zeremonie schien mir unendlich lange, ich durfte mich nicht bewegen und musste den Arm stillhalten. Und war dann endlich alles fertig und wir wieder daheim, begannen jedes Mal endlose Stunden des Wartens. Oft dauerte es einen ganzen Tag bzw. eine ganze Nacht, bis endlich die Wirkung eintrat. Dennoch, allein die ersten zwanzig Minuten erschienen mir wie Stunden, warum nur konnten zwanzig Minuten so ewig dauern? zwanzig schier unerträgliche Minuten, in denen ich oft Tausend Tode gestorben bin. Heute wird die gesamte Prozedur in kürzester Zeit abgewickelt. War die innere Blutung stärker als vermutet, sprach ich auf die erste Infusion oft gar nicht an, und ein weiterer Besuch bei Anna Liesa tags darauf war angesagt.

Aufgrund all dieser Tatsachen entschieden meine Eltern endgültig, dass eine handwerkliche Ausbildung für mich überhaupt nicht in Frage kommen konnte. Das Leben als Handwerker würde viel zu gefährlich für mich werden, das Risiko sei kaum kalkulierbar. Ich sollte mir den Gedanken an einen solchen Job ein für alle Mal aus dem Kopf schlagen. Mir passte das ganz und gar nicht. Ich träumte immer noch davon, Mechaniker zu werden.

So wurde ich in der Handelsschule angemeldet, dort sollte ich bei den Kontoristen unterkommen. Das war eine Ausbildung zum Sekretär. Großer Gott, mir war ganz übel, meine schulische „Karriere“ sollte somit weitergehen. Es kam, wie es kommen musste: Ich blieb wieder sitzen. Meine Lehrer sagten mir Faulheit nach, doch ich empfand die Sache logischerweise komplett anders. Neben meiner Krankheit, der ich mich zwangsläufig widmen musste, gefiel mir meine Fünfziger-Vespa, in der ich all meine Freizeit investierte. Ich montierte ein Radio samt Boxen, einen erhöhten Sitz und eine Rückenlehne auf das gute Stück und lackierte es in auffälligen Farben. Zu guter Letzt frisierte ich auch noch den Motor auf, und mein ehemals kleines Mofa war zu einem unkenntlichen Kanonenrohr mutiert. Mein Stolz war grenzenlos.

Für derlei Kreativität hatte unsere Polizei allerdings hohe Strafen angedroht. Dennoch konnte ich nicht anders, als damit ab und zu in aller Herrgottsfrühe zur Schule nach Mals zu fahren. Die Welt sollte ja sehen, wie geschickt ich gewesen war. Alle meine Freunde, ja das ganze Dorf sollten sehen, wie gekonnt ich mit einem Stück Blech umgehen konnte und auch, dass ich, wenn man mich nur lassen würde, ein ganz hervorragender Mechaniker geworden wäre.

Stattdessen drückte ich die Schulbank. Logischerweise schwänzte ich den Unterricht auch in diesem Schuljahr erneut ununterbrochen, genau genommen war es eigentlich ein kollektives Schwänzen meiner gesamten Clique. Der harte Kern bestand aus Michael Thurner, meiner Freundin Felicia und meiner Cousine Astrid sowie Mitläuferin Susanne. Vormittags fuhren wir öfters mit dem Zug nach Meran, dort zogen wir durch die Straßen der Stadt oder hingen in irgendwelchen Kneipen herum, kurzum, wir stahlen dem lieben Gott den schönen Tag. Manchmal aber begaben wir uns einfach nur ins Dorfcafé „Zerzer“, das damals im Nachbardorf Mals den Ruf genoss, so etwas wie der Jugendtreff schlechthin zu sein. Uns erschien dies alles sehr viel aufregender, viel lebendiger und toller als die langweiligen Stunden im Klassenzimmer.

Fazit: Ich durfte also auch in der ersten Klasse der Kontoristen eine Ehrenrunde drehen. Doch in den darauf folgenden Jahren klappte es dann irgendwie, und ich kam weiter bis zum heiß ersehnten Abschluss in der dritten Klasse.

MEINE ERSTE ARBEIT

Mit fünfzehn konnte ich meinen ersten Ferienjob ergattern. Darauf war ich mächtig stolz. Felicias Onkel war in der Firma Hoppe als Vorarbeiter beschäftigt, und so verhalf er mir zu einer Sommerarbeit. Ich war euphorisch und begeistert von meinen Aufgaben, ich sollte den Verpackungsraum sauber halten und Schrottware zurück in die Gießerei bringen, damit sie erneut eingeschmolzen werden konnten. Vor Feierabend musste ich mit der großen Kehrmaschine den Boden polieren. Insbesondere wenn Friedrich Hoppe, der Seniorchef, zu Besuch kam, sollte alles blitzblank geputzt und die Schrottware kurzfristig verschwunden sein.

Ich hatte großes Glück und schien in jungen Jahren schon so etwas wie eine soziale Kompetenz entwickelt zu haben. Mit meinem guten Händchen für viele Belange gelang es mir, mich gut in die Belegschaft einzugliedern und mich auch mit den Arbeitskollegen bestens zu verstehen. Ich war noch ein halbes Kind, doch schien es mir leicht, Gelerntes rasch anzuwenden und mich auch sonst gut anzupassen. Damals hatten wir eine gemeinsame Freizeitkasse, die uns, sobald das Geld beisammen war, einen Ausflug ermöglichen sollte. Als es endlich so weit war, gönnten wir uns eine Fahrt nach Luzern in die Schweiz, um dort das „innovative Verkehrshaus" zu inspizieren. Das war Nostalgie pur, gepaart mit Neuem, auch zukunftsweisenden Ideen. So bewunderten wir zum Beispiel das System der sogenannten

Rohrpost in den großen Betrieben oder Krankenhäusern. Wir alle hatten sehr viel Spaß und ich ganz besonders. Auch gesundheitlich ging alles glatt in diesen Tagen, ein wahres Geschenk für mich. Fast schon hätte ich meine Krankheit vergessen.

In den darauf folgenden Sommerferien bekam ich bei Hoppe leider keinen Job mehr, und meine Bemühungen bei meiner Arbeitsuche führten mich schließlich zur Firma Polyfaser nach Prad am Stilfser Joch. Am ersten Arbeitstag sollte ich beim Ausformen eines Schwimmbadeckteiles helfen. Man gab mir einen großen Gummihammer, und damit sollte ich mit großer Wucht auf diese Form reinhauen. Ich plagte mich ab und gab mir Mühe, doch es wollte nicht gelingen. Das musste meine Chefin beobachtet haben. Sie stand plötzlich neben mir: „Mein guter Junge", sagte sie, „da musst du schon kräftiger zuschlagen." Dann nahm Elda selber den Gummihammer in die Hand und schlug mit einer unbändigen Kraft auf das Teil ein. Ich war starr vor Staunen, als ich sah, wie die Form vor uns auseinanderbrach. Elda war eine außergewöhnliche Frau, stark wie ein Bär, die immer gern mit anpackte. Das beeindruckte mich nachhaltig – und sollte mein Frauenbild auch noch sehr viel später beeinflussen. Ich selbst war immer noch ein ziemlich mickriges Bürschchen. Mir gefiel, dass hier die Chefin selber Hand anlegte.

Die Klebstoffe, die ätzenden Dämpfe, die kraftraubende Arbeit, hatten mir aber dennoch zu schaffen gemacht, sodass ich am Ende des Sommers ziemlich erleichtert war, es geschafft zu haben. Ich war auch ein bisschen stolz auf mich. Im Herbst ging ich zum allerletzten Mal zurück in die Schule nach Mals, wo ich in der Handelsschule endlich meinen Abschluss machen konnte. Doch anschließend bekam ich die verhoffte Arbeitsstelle in einem Büro nicht gleich, sodass ich wieder in der Verpackung bei Hoppe landete.

DER TOD KLOPFT AN

Nach einem bunten Herbst und einem sehr langen Winter kam endlich der ersehnte Sommer, der für uns weitere Höhepunkte zu bieten hatte. Wie so oft zuvor fuhren wir Jugendliche mit unseren Motorrädern hinauf zum Tschutthof. Das war einer jener Berghöfe oberhalb unseres Dorfes, der Sommerfrischappartements für Feriengäste anbot. Der Tschutthof lag auf einem steilen Hang und war von wildromantischem Zauber. Großstädter liebten diese Urlaube auf dem Bauernhof, dort konnten sie herrlich entspannen und sich vom stressigen Stadtleben erholen. Meist hatten sich junge Familien aus Deutschland oder anderen Nachbarländern mit ihren Söhnen und Töchtern hier oben einquartiert. Und wir Jungs hatten es besonders auf die Töchter dieser Familien abgesehen, die zwischen vierzehn und achtzehn Jahre alt waren. Da es mit „meiner“ Freundin Felicia zurzeit wieder einmal nicht so besonders lief, freute ich mich ganz besonders auf neue Abenteuer mit deutschen oder holländischen oder belgischen Schönheiten. Das Leben hatte so viele tolle Facetten zu bieten. Und ich war mittendrin.

Einmal hatte ich es ziemlich bunt getrieben: Ich flirtete gleichzeitig ziemlich heftig mit zwei Mädchen, die beide Karin hießen. Die eine war Schweizerin, die andere kam aus Deutschland. Das Liebeswirrwarr gipfelte darin, dass ich beiden nach ihrer Heimreise heiße Liebesbriefe schrieb, diese aber falsch adressierte, sodass die eine, die mir weniger zugetan war, die Briefe der anderen bekam und umgekehrt. Das Schlamassel war vorprogrammiert und endete damit, dass mir beide Mädchen das „Liebes-aus“ verkündeten.

Den wirklichen Kick aber gaben wir Jungs uns auf der Heimfahrt vom Tschutthof ins Tal nach Schluderns. Es ging für uns immer darum, wer am schnellsten unten sein würde. Die Straße führte sehr steil bergab, und wir sausten immer mit Leerlauf ins Tal. Dieser Nervenkitzel, wenn wir in die steilen Kurven schossen, brachte uns Adrenalin pur. Wir genossen das unfassbare Gefühl der Freiheit, wenn uns der Wind um den Kopf blies oder das Haar eines der Mädchen auf dem Rücksitz an unseren Ohren kitzelte. Das ganze Dorf redete darüber, wie gefährlich die Straße zum Tschutthof sei und wie wahnsinnig wir waren, von dort oben wie die Irren hinunterzupreschen. Als unsere Himmelfahrtskommandos meinem Vater zu Ohren kamen, verbot er mir meine Fahrten zum und vom Tschutthof augenblicklich. Doch ich war nun in einem Alter, in dem ich nicht mehr auf ihn hörte, und schon tags darauf fuhr ich mit meinen Freunden wieder hinauf. Es sollte schrecklich enden.

Wir schrieben den 17. August 1981. Wie ein niemals endender stechender Schmerz hat sich dieses Datum in mein Herz gebrannt. Wieder einmal waren wir „oben" gewesen und hatten neue Mädchen kennengelernt und viel Spaß gehabt. Es war ein heißer Sommertag gewesen, voller Eindrücke, voller Erlebnisse, voller Neuigkeiten. Wir waren guter Dinge und aufgekratzt. Am Abend bretterte ich mit Hermann, meinem Freund auf dem Rücksitz meiner Vespa, wie immer im Leerlauf die steile Straße hinunter. Wir wollten erstens wieder einmal Benzin sparen und zweitens uns dem Kick des Verbotenen hingeben. Auch Kurt war wieder mit von der Partie, er hatte sein eigenes Motorrad. Uns beide verband eine besondere Freundschaft, er war es gewesen, der mich schon in der Grundschule immer beschützt hatte, der mir immer zur Seite gestanden hatte. Ich liebte Kurt, er war mein bester Freund.

Gegen halb acht Uhr abends hatten wir die letzte Kurve vor unserem Dorf erreicht. Kurt fuhr uns voraus. Wie fast alle anderen Kurven hier, war auch die letzte sehr unübersichtlich. Doch es ging wieder einmal darum, als Erster in

Schluderns zu sein, und niemand dachte daran, das Tempo zu drosseln. Jeder von uns wollte siegen.

Gerade eben hatten wir Kurt aus den Augen verloren, als wir schon diesen fürchterlichen Knall hörten. So, als ob etwas in der Luft zerbersten würde. Dann war es still. Totenstill. Uns schien, als ob ab da alles in Zeitlupe ablaufen würde. Als wir sehr kurze Zeit später am Ort des Geschehens eintrafen, hing Kurts Motorrad an der Leitplanke, er aber war nirgends zu sehen. Dann erst entdeckten wir einen Körper oder das, was von ihm übrig geblieben war, regungslos unter einem Traktor, der mitten in der Kurve stand. Dieser Traktor war bis ganz oben mit Heu beladen, und unmittelbar davor stand ein regungsloses altes Bäuerchen, vom Schock erstarrt. Hermann kniete sich hinunter zur Leitplanke und fing laut an zu beten. Ich näherte mich in Panik dem alten Mann, der immer noch wie angewurzelt mitten auf der Straße stand. Nun kniete auch ich mich nieder und sah geradewegs in Kurts Gesicht, das sich mir, blutverschmiert wie es war, zugewandt hatte. Sein Blick war leer. Auf seiner Stirn klaffte eine riesige Wunde, aus der eine klebrige Masse hervorquoll. Er war starr und gab kein Lebenszeichen mehr von sich, sein rechtes Bein hatte sich derart verrenkt, dass es über seine linke Schulter bis hin zu seinem Rücken ragte. Ein schrecklicher Anblick.
Ich war wie gelähmt vor Schreck und Angst. So etwas hatte ich noch nie gesehen. Jetzt war ich nur noch besessen von einem einzigen Gedanken: nichts wie weg und heim. Ich wusste nachher nicht mehr, wie ich mich aufgerappelt hatte, wie ich mich überhaupt von der Stelle rühren konnte, ich konnte mich nur noch daran erinnern, wie mich ein einziger Gedanke trieb: weg von hier, einfach nur weg. Ich musste weder geschrien noch sonst etwas gesagt haben, sondern einfach nur gelaufen sein. Ich erinnere mich, wie ich auf einer Abkürzung meiner Tante und dem Rettungswagen begegnet war. Doch ich wusste nicht mehr, was ich tat und was in mir vorging. Ich war vom Trauma

getrieben. Alle Gedanken in meinem Kopf drehten sich im Kreise. Was nur sollte ich meinen Eltern sagen? Und den Eltern von Kurt? Dann überkam mich wieder ein Hoffnungsschimmer, und ich bildete mir ein, dass alles, was ich gesehen hatte, nicht wahr sein konnte und vielleicht doch nichts Schlimmes passiert sei. Sicher hatte ich alles nur geträumt oder mir einfach nur eingebildet. Alles würde wieder gut werden. Markus, das da oben ist nicht wahr, dein Gehirn spielt dir einen dummen Streich. Vielleicht ist es deine Krankheit oder sind es die Medikamente, redete ich mir ein.

Völlig verschwitzt und total fertig kam ich daheim an. Dort lief ich wie ein wildes Tier vor dem Stubenfenster auf und ab. Immer und immer wieder. Sicher eine ganze Stunde lang. Immer noch zitterte ich am ganzen Körper, ganz so, als ob mich frösteln würde. Nach einer halben Ewigkeit dann kam derselbe Krankenwagen wieder von der Straße herab, die er vorher hinaufgefahren war. Er fuhr ganz langsam, diesmal ohne Blaulicht und Sirene. Ich wusste nicht, was ich davon halten sollte, und versuchte, mir immer wieder den Gedanken einzureden, dass sich nun vielleicht doch noch alles zum Guten gewendet habe. Kurt würde wieder aufgestanden sein, sich den Staub von den Klamotten gewischt und dann das blutverschmierte Gesicht abgeputzt haben, sein schreckliches Bein würde er wieder in die richtige Position gebracht und dann alle ausgelacht haben, denen er einen solchen Schreck eingejagt habe. Er war immer schon ein Schelm gewesen und hatte keine Mühe, alle zum Narren zu halten. Ja, genauso würde er sich auch jetzt verhalten haben. Er würde einfach nur alle genarrt haben.

Dennoch ließ mir das schreckliche Bild von Kurt unter dem Traktor keine Ruhe, es hatte sich in mein Gehirn eingebrannt, ich konnte es nicht mehr aus meinem Kopf verbannen. Kurt starrte mich auch noch Stunden nach den

Geschehnissen mit weit aufgerissenen Augen an. Und das Blut in seinem Gesicht schien unaufhörlich weiterzufließen. Die Masse, die auf dem Teer gelegen hatte, war ein Teil seines Gehirns. Dieses Bild in meinem Kopf war so furchtbar, dass ich es nicht schaffte, irgendjemandem davon zu erzählen. Meine Panik war so übermächtig, so furchtbar, ich konnte sie nicht in Worte fassen. Meinen Eltern gab ich nur ausweichende Antworten, ich konnte nicht darüber sprechen, ich konnte die Tragödie nicht akzeptieren.

An jenem Abend ging ich sehr früh ins Bett. In der Nacht wachte ich mehrmals auf, um mich zu übergeben, und im Schlaf wurde ich von schrecklichen Albträumen heimgesucht. Dauernd sah ich Freunde, die so aussahen wie Kurt und unter irgendwelchen Heuladern, Traktoren oder Lkw lagen, blutüberströmt, das Gehirn offen und nach Atem ringend, und sie streckten die verkrümmten und verdrehten Hände nach mir aus und flehten um Hilfe. Ich aber floh aus Angst und Entsetzen und ließ sie allein in ihrem Unglück zurück und hatte einfach nur Panik, an den Ort des Geschehens zurückzukehren. Am frühen Morgen wachte ich völlig fertig und schweißgebadet auf und wusste nicht, ob ich lebte oder bereits gestorben war. So elend fühlte ich mich. Dann kam meine Mutter zu mir ins Zimmer, und alles war wieder völlig real. Mama berichtete, dass etwas sehr Schlimmes passiert sei.

„Kurt ist tot, Markus“, sagte sie traurig und dachte wohl mehr an seine Mutter, mit der sie befreundet war. Alle Mütter und Eltern fühlen in solchen Momenten miteinander. Es ist immer schrecklich, wenn Eltern ihre Kinder verlieren, entsetzlich deprimierend, wenn Kinder vor ihren Eltern sterben. Das widerspricht einem ungeschriebenen Naturgesetz, normalerweise sterben Eltern vor ihren Kindern, das ist die natürliche Reihenfolge, gemäß der die Welt eigentlich funktionieren sollte. In diesem Moment drehte sich mir der Magen erneut um, und ich glaubte, mich erneut übergeben zu müssen. Doch dann konnte ich endlich mit der Wahrheit herausrücken, da ich schier zu zerplatzen drohte, und gestand meiner Mutter endlich, dass ich selbst dabei gewesen war.

Die darauf folgenden Tage waren einfach nur entsetzlich für mich. Im Dorf gab es die schlimmsten Gerüchte über den Unfallhergang und die Zeit danach. Eines davon war, dass Teile von Kurts Gehirn am Unfallort herumgelegen seien. Für mich war dieser Gedanke immer noch nur sehr schwer zu ertragen, insbesondere darum, weil ich Kurt ja gesehen und seine riesige Wunde am Kopf immer noch vor Augen hatte.
Kurt wurde, wie es bei uns Brauch war, in seinem Elternhaus aufgebahrt. Jeder im Ort konnte jederzeit in die große Stube seines Heimathauses treten, wo der Sarg stand, von zahlreichen roten Nelken umrahmt, um dort von Kurt Abschied zu nehmen. Die Zeremonie war sehr berührend und unsagbar traurig. Wir jugendlichen Freunde wussten nicht, wie wir uns gegenüber den Eltern, Geschwistern und Angehörigen verhalten sollten. Wir waren aufgrund unseres eigenen Schmerzes und unserer Ohnmacht selbst wie gelähmt und hatten keinerlei Erfahrung in „Wie verhalte ich mich, wenn ein Freund stirbt oder tödlich verunglückt?“ und schon gar nicht darin, wenn wir selbst uns auch noch mitschuldig fühlten.

Wir waren ja alle dabei gewesen, und alle hatten es uns gesagt und prophezeit in den vergangenen Monaten. „Irgendwann wird es böse enden, eure Höllenfahrten vom Tschutthof nach Schluderns sind mörderisch, und ihr werdet sie alle bitter bereuen und dafür bezahlen müssen“, so hieß es. Und nun hatten wir bitter bereut und auch bitter bezahlt. Unser Freund Kurt war eines grausamen Todes gestorben, und wir wussten nicht, wie wir uns seinen Angehörigen, ja dem gesamten Dorf gegenüber verhalten sollten und wie es insgesamt ohne Kurt weitergehen konnte.

Alle, die uns sämtliche Katastrophen vorhergesagt hatten, hatten Recht behalten, und den Albtraum, den wir jetzt lebten, konnte niemand mehr rückgängig machen. Es war geschehen, Kurt war tot, und wir litten unsagbare Qualen. Ich hatte nie etwas Schrecklicheres erlebt, nie etwas Fürchterlicheres. Notfallseelsorge oder sonstige psychologische Hilfen gab es damals noch nicht. Meine Freunde und ich, wir waren auf uns allein gestellt.

Unser Jahrgang hatte zur Beerdigung einen großen Kranz flechten lassen und zahllose Blumen bereitgestellt. Im Dorf und weit darüber hinaus zeigte man sich tief bestürzt über Kurts Tod, und auch ich konnte mich mit dem Gedanken, dass ich ihm nie mehr wieder begegnen würde, nur sehr schwer abfinden.

All diese Erfahrungen waren sehr schmerzhaft für mich gewesen. Bis heute kann ich den Umstand seines Todes nicht begreifen. Und immer noch, wenn ich von Unfällen mit Todesfolge höre oder lese, denke ich an Kurts Tod. Und ab und zu gelingt es mir, doch auch schöne Erinnerungen an ihn wachzurufen.

Nach dieser Tragödie suchte ich Trost bei Felicia. Bald nach diesem schrecklichen Tag fuhren wir beide jeden Abend in der Dämmerung mit meiner Vespa hinauf zum Parkplatz der Churburg. Die Churburg ist ein altehrwürdiges Schloss, das seit Jahrhunderten trotzig oberhalb von Schluderns thront.

Bei uns jugendlichen Verliebten war dieser Platz dort oben sehr gefragt, er schien uns friedlich und dennoch aufregend. Dort haben wir uns dann im Schatten des Mondes getroffen, um stundenlang Händchen zu halten, uns Liebkosungen ins Ohr zu flüstern und uns letztendlich aneinanderzukuscheln und zu schmusen.

Felicias Eltern hatten auch nichts dagegen, dass wir uns bei ihr daheim trafen. Immerhin war ihr Onkel damals selbst frisch verheiratet und regelrecht entzückt, dass sich hier ein neues Glück anzubahnen schien. Bald darauf kündigte sich bei ihnen eine kleine Tochter an, und als sie da war, durften wir sehr oft mit Janina, so hieß der Wonneproppen, spazieren gehen. Auch bei mir daheim war man begeistert, dass auch wir schon „Eltern spielten", und meine Eltern deuteten dies als Übung für eventuelle spätere eigene Sprösslinge und Enkelkinder an. Und als Möchtegernehepaar machten Felicia und ich bereits damals eine passable Figur.

ALTE SCHMERZEN

Ich hatte zu dieser Zeit meine Ersatzspritzen immer daheim im Kühlschrank aufbewahrt und konnte über die Apotheke in Mals, meiner Nachbargemeinde, jederzeit Nachschub beziehen. Die Fahrten in die Uniklinik nach Innsbruck gehörten endgültig der Vergangenheit an. Die starken Schmerzen aber blieben. Weil ich nun die Medikamente immer bei der Hand hatte, konnten die Schmerzen, die immer noch von den innerlichen Blutergüssen herrührten, viel schneller gelindert werden. Das war ein wahrer Segen, denn allein die Gedanken an die vielen Klinikaufenthalte ließen mir immer noch die Schauer über meinen Rücken gleiten.

Leider war zwischenzeitlich mein Vertrauensarzt in Pension gegangen, doch ich durfte, gottlob, weiterhin zu Anna Liesa in die Wohnung kommen, die mir immer noch den Faktor VIII spritzte. Meinem ehemaligen Hausarzt folgte ein neuer, und ich begab mich gleich am ersten Tag seines Dienstes zu ihm in die Praxis, um mit ihm über meine prekäre Situation zu sprechen. Mir war das sehr wichtig, auch wollte ich erfahren, ob auch er bereit sein würde, zu jeder Stunde angerufen zu werden, damit ich meine lebensnotwendigen Medikamente weiterhin gespritzt bekommen könnte. Ich wollte dem Arzt auch erklären, welche starken Schmerzen ich auszuhalten hatte und dass ich die Infusionen so schnell wie nur möglich benötigte, sie seien für mich lebenswichtig.

Anfangs fühlte ich mich auch von diesem Arzt in meiner Situation verstanden. Selbstverständlich könnte ich ihn anrufen, sobald ich Hilfe benötigte, sagte er, und ich war beruhigt. Doch bald schon schien es mir, als sei er mit meinen ständigen, gesundheitlichen Problemen überlastet und er hatte natürlich auch viele weitere Patienten zu betreuen. Ich war ein anspruchsvoller Patient. Doch mein Leben hatte mir beigebracht, dass ich um meine Belange kämpfen musste, und das tat ich.

Und dann erinnere ich mich noch sehr genau daran, dass 1985 in den Medien erstmals über die Immunschwäche Aids berichtet wurde. Auch im Fernsehen zeigte man Reportagen über diese neue, heimtückische Krankheit. Sie sollte einen sehr seltsamen Verlauf haben, höchst gefährlich und ansteckend sein und vor allen Dingen – tödlich. Die Informationen waren anfangs eher diffus, keiner konnte sich etwas Genaues darunter vorstellen. Für mich war dies alles kaum Grund zur Aufregung. Ich wollte mich nicht betroffen fühlen, obwohl auch immer mehr die Bluter neben den Homosexuellen als Risikogruppe genannt wurden. Ich verdrängte diese Fakten ganz einfach.

Erst sehr allmählich begann ich, darüber nachzudenken. Denn es hieß nun immer lauter, dass die Krankheit auch durch Blutkonserven übertragen werden könnte. Ich aber hatte doch nie fremdes Blut bekommen, und so wähnte ich mich lange in Sicherheit. Dennoch gärte der Gedanke in mir wie Gift und ließ mir irgendwann kalte Schauer über den Rücken laufen.
Meine Schwester Gisella, die mittlerweile Krankenschwester geworden war, fragte mich immer öfter, ob ich einen

Aids-Test gemacht hätte. Ich bejahte in diesen Momenten immer stur, und sie schien beruhigt. Je mehr Zeit verging, desto mehr schlich sich in mir die Angst hoch, auch konnten die Medien gar nicht mehr aufhören, darüber zu berichten. Vom raschen Tod der HIV-Infizierten war da die Rede, und mir gelang es inzwischen nicht mehr, ruhig zu schlafen – aus Furcht vor diesem Virus. Ich hatte kaum mehr eine ruhige Minute, in mir brodelte es weiter, und schließlich nahm der Gedanke an die Krankheit ganz von mir Besitz. Bis heute ist es mir ein Rätsel, wie ich es überhaupt geschafft hatte, mit dieser Ungewissheit weiterzuleben. Ich musste den Gedanken ganz einfach in die hinterste Ecke meines Bewusstseins verbannt haben. Immerhin war ich inzwischen verheiratet und hatte eine einjährige süße Tochter.

DIE HOCHZEIT

Bis die Tage der schrecklichen Angst vor Aids ganz von mir Besitz genommen hatten, feierten Felicia und ich noch eine rauschende Hochzeit. Anschließend waren wir noch in den Flittertagen, denn sie Flitterwochen zu benennen, wäre übertrieben gewesen. So kurz erschienen sie uns und waren sie letztendlich auch. Das machte aber gar nichts, denn unser Ehehimmel hing noch lange Zeit voller Geigen.

Vor unserer Hochzeit waren wir bereits einige Jährchen zusammen, wo sich die Wege von mir und Felicia immer wieder für einige Zeit getrennt hatten. Jeder von uns erlebte seine eigenen Eskapaden, – und dennoch fanden wir immer wieder zueinander. So beschlossen wir nach sieben Jahren unserer On-und-Off-Beziehung, schließlich zu heiraten. Wir beide waren einfach von der Idee besessen, dass wir zusammenpassten wie sonst niemand auf diesem Kontinent. Es musste das Schicksal gewesen sein, das uns immer wieder zusammengeführt hatte, so dachten wir voller Euphorie, und nun wollten wir dem Ganzen einen Sinn geben. Welche romantische Vorstellungen wir damals noch hatten. Am Tag unserer Hochzeit waren wir tatsächlich verliebt wie nie zuvor, und unsere Höhenflüge kannten keine Grenzen. Und wir träumten von mindestens drei bis vier Kindern.

Bald schon hatten wir ein Datum, das für uns wie geschaffen schien. Den 20. Mai 1989 hatten wir für den Start ins gemeinsame Leben ausgesucht. Alles schien perfekt, es sollte der schönste Tag unseres Lebens werden. Mein Vater hatte mir mein Erbe vorzeitig übergeben: Es war die Wohnung im dritten Stockwerk meines Elternhauses, und wir machten uns gleich daran, den Umbau zu gestalten, damit wir bald schon ein Nest für uns allein haben konnten.

Felicia und ich fieberten unserer Hochzeit entgegen, wir waren trunken vor Glück, selbst als meine Schwiegermutter ziemlich offensichtlich zeigte, dass sie mir gegenüber voller Skepsis war. Meine Krankheit würde nur Probleme mit sich bringen, meinte sie. Dies sei nichts für ihre Tochter. Wir aber ließen uns nicht aus der Ruhe bringen und wollten einfach nur mit allen Freunden, Verwandten und Bekannten feiern. Wir wollten ganz klassisch in der Kirche von Schluderns heiraten. Alles lief nach Plan, und schon die Vorbereitungen waren voller Aufregungen und wunderschön.

Wir beide schwebten wie auf Wolken und wähnten uns im Himmel. Meine zukünftige Frau hatte sich für ein Kleid aus weißer Spitze mit langem Schleier entschieden, das extra aus der Schweiz geholt werden musste.

Mit dem Ausbau der Wohnung indes ging es nicht so weiter wie geplant. Der Termin unserer Hochzeit rückte näher, doch wir mussten feststellen, dass wir bis dahin nicht einziehen konnten. So machten wir uns auf die Suche nach einer Übergangswohnung, und bald schon wurden wir bei einem kleinen gemütlichen Heim fündig. Wie die Schneekönige freuten wir uns: Endlich zusammenziehen und für uns zu sein, war das höchste der Gefühle. Bei den Hochzeitseinladungen zeigten wir uns sehr großzügig, alle Verwandten, Bekannten und Freunde sollten dabei sein, zusätzlich der gesamte Sportverein, und auch die erweiterte Mannschaft würde uns an unserem schönsten Tag begleiten. Erst zwei Tage vor dem Hochzeitstermin konnten wir endlich einige private Dinge in unser neues Nest einräumen. Die Zeit wurde knapp.

Felicia und ich haben eigene Holzkästchen als Tischdekoration selbst angefertigt, und die in der Mitte ineinander verschlungenen Ringe sollten als Zeichen unserer Verbundenheit gelten. Unsere Verliebtheit ließ uns in dem Glauben, dass uns das Glück ewig begleiten würde. Wenn ich heute daran denke, wie schön die Welt für uns war – gut und unbeschwert und frei von Schicksalsschlägen und schlimmeren Krankheiten und Negativitäten. Wir haben nicht einmal den Gedanken daran verschwendet. Selbst Jahre später beschlich mich, wenn ich daran denken musste, noch immer eine tiefe Traurigkeit, die mich lange begleiten sollte, und ich hätte oft viel darum gegeben, Teile dieses Lebens und insbesondere dieses Befindens noch einmal spüren zu können.

Heute freilich, wohl wissend, dass alles vergänglich ist, alles fließend und man nichts festhalten kann und Dinge ihre eigene Zeit haben, habe ich begriffen, warum mich diese Traurigkeit und Melancholie des einst Dagewesenen immer wieder einholten.

Dann endlich war der große Tag gekommen. Ich wurde bereits um vier Uhr früh geweckt, da alle meine Freunde

vor der Haustür standen und zum Böllern gekommen waren. So nennt man diesen Brauch in Südtirol, der am noch sehr frühen Hochzeitstag vollzogen wird. Dabei wird ganz einfach in aller Herrgottsfrühe ein höllischer Krach veranstaltet, von Gaskanonen verursacht, der nicht nur den Bräutigam samt Eltern und Geschwistern aufweckt, sondern die gesamte Nachtbarschaft dazu. Die Böllerfreunde wurden anschließend von meinen Eltern zu einem großzügigen Frühstück eingeladen.
Nach zwei Stunden zog die muntere Truppe weiter, um auch bei Felicia vorbeizuschauen, die nun ihrerseits an der Reihe war.
Um viertel vor elf hörte man in ganz Schluderns und weit darüber hinaus die Hochzeitsglocken läuten.

Es war ein romantischer Tag, unser Hochzeitstag. Da meine Schwägerin Claudia auch im Kirchenchor sang, begann die Feier in der festlich geschmückten Kirche zur heiligen Katharina mit einem uns sehr bekannten Lied. Felicia und ich hielten uns an den Händen und hatten Tränen der Rührung in den Augen. Während der gesamten Trauung sang der Chor seine wunderbaren Weisen, und als Abschluss stimmte Claudia dann solo das Ave-Maria an, bei dem uns erneut wohlig ums Herz wurde. Dann schworen Felicia und ich uns ewige Treue und Liebe in guten wie auch in schlechten Zeiten, und keiner von uns dachte in diesem Augenblick daran, dass dieses Versprechen nur ein paar Jahre später bereits gebrochen werden sollte. Wir glaubten an diesem Tag, in diesem Moment, einfach felsenfest an unser unendliches Glück, dass es sogar weit darüber hinaus halten würde. Wir konnten uns nichts Besseres als diese, unsere Hochzeit hier vorstellen.

Wie auch hätten wir, hätte ich erahnen sollen, welche Schicksalsschläge mich nur wenige Jahre später treffen sollten.

Nach unserer Hochzeitsreise auf der griechischen Insel Mykonos gingen die Umbauarbeiten am neuen Heim weiter, und ein halbes Jahr später konnten wir in den oberen Stock meines Elternhauses einziehen.
Ich war zu dieser Zeit sportlich sehr engagiert und mit meinem Fußballverein viel unterwegs. Samstags ging es entweder auf unserem Heimfußballplatz hoch her, oder ich war mit Freunden bei einem Auswärtsspiel. Anschließend wurde gefeiert bis spät in den Abend. Als Linienrichter fühlte ich mich unabkömmlich und wichtig, und so vergaß ich oft die Zeit und auch, dass daheim eine Frau auf mich wartete. Erst sehr viel später war mir bewusst geworden, welch großen Freundeskreis ich damals gehabt hatte. Und wie viel Zeit ich mit meinen Freunden verbracht hatte. Alles schien mit einem Schlag weit weg. Meine Freunde, mein altes Leben, mein ganzes Dasein war weg. Ja selbst meine Zeit war eine ganz andere geworden.

Mit Felicia gab es zunehmend Diskussionen, sobald ich zum Sportplatz loszog, denn sie langweilte sich längst schon, mich andauernd dorthin zu begleiten, und so waren Hermann und ich sehr oft und sehr viel allein unterwegs. Wir bildeten ein tolles Gespann, das sich köstlich unterhielt, viel lachte und feierte und sich auch sonst so gut wie alles anvertraute. Bereits vor der Hochzeit waren wir ein inniges Team gewesen und, wir taten alles, dass es auch nachher so blieb. Hermann wusste so viel aus meinem Leben und ich so viel aus seinem. Wir hatten das Gefühl, dieselbe Kragenweite zu haben und uns gegenseitig vertrauen zu können. Wir bildeten ein eingeschworenes Team, das durch dick und dünn ging, so glaubte ich. Deshalb traf es mich besonders schwer, als sich alles änderte, als das Schicksal mich besonders hart anpackte.

STEFANIE

Bald schon, nach der glamourösen Hochzeit, begannen Felicia und ich, uns Gedanken über unsere Familienplanung zu machen. Wir hatten uns ja drei bis vier Kinder gewünscht, und etwas Übung im Babysitten hatten wir bereits, da wir sehr oft auf Janina aufpassen konnten, das Kind ihres Onkels Erich. Wir liebten uns ohne Verhütung und hofften, schon sehr bald eine freudige Schwangerschaftsnachricht zu erhalten. Und tatsächlich war es im Dezember 1990 so weit. Felicias Periode blieb aus, doch vorerst blieben wir gelassen. Wir wollten nichts überstürzen, sondern einfach auf Nummer sicher gehen. Erst im Februar 1991 entschlossen wir uns zu einem Besuch bei meinem Vertrauensarzt in der Schweiz, Dr. Cuno Gurdino. Die Spannung war entsprechend groß, als Felicia ihren Bauch frei machte und sich vor das Ultraschallgerät auf die Untersuchungsmatte legte.

Ich stand direkt neben ihr und verfolgte gespannt die Aufzeichnungen des Apparates. Tatsächlich vergingen nur wenige Minuten, bis Dr. Gurdino uns anstrahlte: „Herzlichen Glückwunsch“, sagte er, „ihr werdet bald Eltern.“ Ich umarmte meine Frau zärtlich, und dann weinten wir beide vor Glück. Wir waren überzeugt, dass nichts mehr schiefgehen konnte, der erste Schritt war getan. Auf dem Nachhauseweg gab es für uns kein anderes Thema als das Baby in Felicias Bauch. Wir konnten es nicht fassen, dass dieses winzige Wesen dort heranwuchs und wir dafür verantwortlich waren. Alles Glück der Welt schien auf unserer Seite.

Erst einmal wollten wir „unsere“ Schwangerschaft geheim halten. Nur Tante Basl-Anna sollte davon erfahren. Es war jene Tante, die viele Jahre bei uns daheim verbracht hatte, uns Kindern wie eine zweite Mutter war und auch unsere neuen „Geschwister“ Michael und Alexander mit großgezogen hatte. Nun lag Basl-Anna sterbenskrank in

der Klinik, und wir wollten ihr die Neuheit erzählen, da es uns wichtig und richtig schien, sie rechtzeitig einzuweihen, weil wir fürchteten, dass sie den Tag der Geburt vielleicht nicht mehr erleben würde. Basl-Anna sollte sich wenigsten an der frohen Botschaft erfreuen können. Bei einem unserer nächsten Krankenhausbesuche verkündeten wir also, dass wir ihr etwas „sehr Schönes" zu sagen hätten. „Basl-Anna, wir bekommen ein Baby, in ein paar Monaten ist es so weit", teilten wir der alten Frau freudestrahlend mit. Basl-Anna nahm die Nachricht apathisch wahr, nickte dann lediglich mit ihrem wackeligen Kopf hin und her und sagte: „Aha, dann woll."
Es war einfach nur herrlich, in solch himmelhochjauchzenden Sphären gleiten zu können.

Die restlichen Vorsorgeuntersuchungen absolvierte Felicia dann im Krankenhaus von Schlanders, und ich begleitete sie, wann immer ich es mir nur irgendwie einrichten konnte. Ich fühlte mich jetzt schon als stolzer Vater. Der Geburtstermin wurde für den 10. August 1991 festgelegt, und wir fieberten dieser Zeit aufgeregt entgegen.
Auch bei den verschiedensten Schwangerschaftskursen begleitete ich meine Frau. Damals war ich so gut wie der einzige Mann in der Runde, doch das ließ mich nicht davon abbringen, Felicia weiterhin zu unterstützen. Auch ich wollte lernen, wie man ein so kleines Wesen richtig in den Armen hält, wie man es wickelt, ihm das Fläschchen gibt, ich wollte wissen, wie lange man warten muss, bis das Bäuerchen kommt, und was man tun muss, wenn sich der Schluckauf einstellt und nicht wieder aufhören will. Der Schwangerschaftskurs wurde von einer Jahrgangsfreundin organisiert. Zita Wiedenhofer war jahrelang als Hebamme tätig, und unsere Freundschaft hatte nun durch die Schwangerschaft meiner Frau einen neuen Höhepunkt erreicht.

Die Monate vergingen wie im Flug, Felicia wurde rund und runder, und ich fand sie mit jedem Tag schöner und begehrenswerter. Ich war so stolz auf meine Frau. So stolz auf alles, was sie als Schwangere leisten musste. Zita versuchte in ihren Vorträgen auch den immer noch sehr wenigen anwesenden Männern beizubringen, dass die Geburt eines Kindes keine Kleinigkeit sei und auch Komplikationen auftreten könnten. Ein ganz spezieller Hinweis blieb mir lustigerweise besonders lange im Gedächtnis. Zita sagte zu uns: „Liebe Väter, bitte vergesst nicht, etwas zu essen, bevor ihr mit der zukünftigen Mutter in die Klinik kommt, es kann manchmal einige Stunden, ja sogar Tage dauern, bis das Kind da ist." Diese Botschaft erschien mir so seltsam, so eigenartig, so bizarr.

Dennoch ließ ich mir auch während Felicias Schwangerschaft mein Feierabendbierchen freitags im Nachbardorf nicht nehmen. So geschah es dann oft, dass sie daheim auf mich wartete, während ich mit Kollegen meine Bierchen kippte und die Zeit vergaß. Eines Abends hatte ich es wieder einmal etwas übertrieben. Auf dem Heimweg war ich mitten in der Nacht von der Fahrbahn abgekommen und fand mich dann im Straßengraben wieder. Niemals zuvor war ich so schnell wieder nüchtern geworden. Da stand ich nun vor meiner schrottreifen Karre und starrte mit glasigem Blick vor mich hin. Sehr lebhaft erinnerte ich mich, dass ich kurz zuvor eine Leitplanke gestreift hatte und schließlich an einem Betonpfeiler zum Stehen gekommen war. Als sich mein Auto selbstständig gemacht hatte, krallte ich mich ziemlich verzweifelt am Lenkrad fest, dann hatte ich nur mehr auf den ultimativen Knall gewartet.

Wie durch ein Wunder konnte ich trotz allem unverletzt aus der schrottreifen Karre steigen. Als sich endlich ein paar Scheinwerfer näherten, fuchtelte ich wie wild herum, bis mich der Fahrer in der stockfinsteren Nacht ausmachte und scharf abbremste. Ich erzählte verlegen von einem Windstoß, der mich von der Straße gefegt hätte. Der Mann hatte Mitleid mit mir und brachte mich nach Hause, wo mich eine hochschwangere, völlig aufgelöste Felicia in die Arme schloss. Der definitive Schock aber folgte erst tags darauf. Unser fast neues Auto, ein Fiat Tipo, den wir erst kurz zuvor erstanden hatten, war bei dem Crash total ruiniert worden. Totalschaden. Der Wagen glich einer zusammengefalteten Blechdose. Dass ich völlig unverletzt aus diesem Haufen Schrott ausgestiegen war, grenzte an ein Wunder.

Der Geburtstermin näherte sich. Auch über den Namen unseres Nachwuchses hatten wir uns bereits Gedanken gemacht, doch wir wussten immer noch nicht, ob wir sehr bald schon ein Mädchen oder einen Jungen in die Arme schließen konnten. Wir wollten es auch gar nicht wissen. Nur so viel, dass ich mir entweder eine Desiree oder einen Manuel wünschte. Auch Hermann fieberte mit uns mit. Er war im Falle eines Buben als Taufpate im Gespräch.
Die heißen Sommertage machten Felicia nun zusehends zu schaffen. Tagsüber ging sie kaum mehr aus dem Haus, so versuchten wir, unsere Spaziergänge auf den Abend zu verlegen. Dann war es kühler und angenehmer für sie. Als stolzer, werdender Vater hatte ich bei meiner Firma auch vorsorglich um Urlaub ab dem 10. August angesucht.

Je näher der Termin rückte, desto nervöser wurden wir. Als sich wenige Tage vor der errechneten Zeit immer noch nichts regte, begannen wir, unsere Spaziergänge auszudehnen. Am 10. August machten wir abends wieder einmal eine Runde zu Fuß in unserem Dorf und genehmigten uns ein Eis. Gegen zehn Uhr kamen wir heim, und Felicia beschloss, ein heißes Bad zu nehmen, ganz so, wie man es uns im Schwangerschaftsvorbereitungskurs beigebracht hatte. Doch es wollte sich partout nichts rühren. Also setzte Felicia ihre Bäder auch frühmorgens tapfer fort und gegen halb neun Uhr morgens spürte sie endlich erste Anzeichen von Wehen. Wir konnten es erst gar nicht fassen, doch die Wehen kamen bald schon in immer kürzeren Abständen.

Meine Frau hatte seit vielen Tagen schon ihr Köfferchen gepackt, Neu-Eltern haben immer das Gefühl, dass alles sehr schnell gehen müsste und man es womöglich nicht mehr bis in die Klinik schaffen würde. Auch bei uns stieg die Nervosität jetzt ins Unermessliche. Und komischerweise fiel mir zu guter Letzt auch noch Ritas Ratschlag ein. Deshalb briet ich mir schnell ein Spiegelei auf dem heimischen Herd und schlang es hastig hinunter in der Hoffnung, nun für alle Fälle gewappnet zu sein. Noch heute lache ich darüber herzlich.

Vom Krankenhausparkplatz aus beobachteten wir mit Freude, dass ausgerechnet Hebamme Zita heute Dienst hatte.

Um halb eins Uhr mittags war es dann endlich so weit– unser Kind wurde geboren. „Schaut her, ihr habt ein kleines Mädchen“, sagte Zita. Dann hörte man noch, wie sie dem Neugeborenen einen kleinen Klaps auf den Po gab, was damals noch üblich war, um die Reflexe zu prüfen, und schon brüllte das Baby los wie am Spieß. Fast gleichzeitig sagten Felicia und ich: „Hast du gehört, wir haben ein Töchterchen.“ Es wird Stefanie heißen. Ich blieb noch einige Zeit bei meiner erschöpften Felicia und verabschiedete mich dann von ihr und der Kleinen. Auf dem Krankenhausparkplatz erst fiel mir auf, dass ich immer noch den sterilen Nylonüberzug über meine Schuhen gestülpt hatte, den ich im Kreißsaal tragen musste. Mir kam zum Schmunzeln, und ich wollte jetzt nur noch, so schnell ich konnte, allen meinen Lieben die frohe Botschaft überbringen. Mächtig stolz und nicht weniger nervös fuhr ich gleich Richtung Schluderns. Es war ein Sonntag, den ich nie mehr vergessen sollte. Der Sonntag, an dem meine Tochter geboren wurde. Daheim drückten mich meine Eltern und Geschwister an sich und gratulierten mir überschwänglich zu unserer Stefanie. Ohne auch nur einen Bissen hinunterzubringen, begab ich mich anschließend zu den Schwiegereltern und zu Felicias Schwester, die bereits als Taufpatin feststand. Und am Nachmittag verspürte ich schon wieder Sehnsucht nach meinen beiden Schätzen, die im Krankenhaus auf mich warteten.

Am Abend aber war großes Feiern angesagt. Im ganzen Dorf hatte sich die Nachricht wie ein Lauffeuer verbreitet. Eine gute Bekannte, sie heißt Roswitha, und mein Freund Hermann, hatten schnell etwas improvisiert, und viele weitere Freunde nahmen die Gelegenheit ebenfalls beim Schopfe.

Als ich Felicia und unseren Sonnenschein nach einigen Tagen nach Hause holen konnte, war das „Hallo" daheim erneut groß. Stolz spazierten wir dann mit unserem Kinderwagen durch das Dorf und zeigten allen unseren Familienzuwachs. Und ich begann sogleich große Pläne zu schmieden, was ich mit meiner Tochter alles unternehmen würde, sobald sie etwas größer wäre. Im Sportverein wollte ich Stefanie auch präsentieren, sie sollte auf meinem Schoß sitzen oder in meinen Armen spielen. Ich war ganz vernarrt in mein Baby, niemals hätte ich mir auch nur im Entferntesten vorstellen können, dass all meine Träume bald schon wie Seifenblasen zerplatzen würden.

Als ich nach vierzehn Tagen meine Arbeit wieder aufnehmen musste, nahm ich den langen Weg auch über die Mittagspause in Kauf, nur um bei meinen Lieben sein zu können. Stefanie wuchs und gedieh, und nach einigen Monaten begann sie sich aufzustützen und auf ihren eigenen kleinen Füßen zu stehen. Um die Mittagszeit stand die Kleine dann auf dem Balkon und lugte zwischen den Holzsprossen auf die Straße hinunter, in sehnsuchtsvoller Erwartung ihres Papis. Und bald schon konnte Stefanie mir im Hausgang mit zaghaften Schrittchen entgegenlaufen. Mein Töchterchen sah aus wie ein kleiner, blonder Engel. Goldene Haare umrahmten ihr zartes Gesichtchen, das immer ein strahlendes Lachen trug. Felicia band ihr die Haare, sobald sie lange genug waren, mitten am Kopf zu einer kleinen Palme zusammen, die sich dann in seidenen Fäden auf ihr hübsches Gesichtchen ergossen. Stefanie plapperte und gluckste sehr bald schon vergnügt, wenn sie mich sah oder wir ihr wieder einmal einen Wunsch erfüllten. Wir hatten sehr viel Freude mit unserem Kind und waren glückselige Eltern, die jede freie Minute mit ihm genossen. Wenn ich mit unserer Kleinen durchs Dorf spazierte, hatte ich oft das Gefühl, schier vor Stolz platzen zu müssen.

Wenn Stefanie etwas größer sein würde und es ihre körperliche Entwicklung zuließ, würden wir gemeinsame Fahrradtouren unternehmen, sie vorne bei mir im Kindersitz, und dann würde sie trällern, singen und lachen, bis sie nicht mehr konnte und ich würde so lange herumfahren, bis es ihr keinen Spaß mehr machte. Auch sonst würden wir viel Freizeit miteinander verbringen. Und später könnte ich ihr selber das Radfahren beibringen, und bald schon würde Stefanie ohne Stützräder fahren und das ganze Dorf unsicher machen können. So träumte ich dahin, und auch sonst fielen mir Tausend Sachen ein, die ich mit meinem Töchterchen tun könnte.

DAMOKLESSCHWERT AIDS

Unsere Idylle hielt noch eine Weile an, doch als Felicia und ich in unser neues Heim gezogen waren, tauchte das Thema Aids schon wieder, und diesmal in einer ungeahnten Häufigkeit, auf. Und dann starb der damals sehr bekannte Sänger der Rockgruppe Queen, Freddy Mercury, an dieser ominösen Krankheit am 23. November 1991, und alle Zeitungen schrieben davon und machten die Krankheit zum Thema. Und immer wieder und öfter wurden nun die Homosexuellen und die Bluter als Hauptbetroffene benannt. Sie sollten zur Risikogruppe schlechthin zählen.

Mir drängte sich erneut die Frage auf, ob ich auch darunter sein mochte. Ich beobachtete nun meinen Körper sehr genau und ob er sich dahin gehend verändert hätte oder ob sich sonst Anzeichen finden würden, was mich zur Risikogruppe zählen könnte. Sehr lange habe ich mich vom Gedanken blenden lassen, dass bei mir alles in Ordnung sein müsste. Ich konnte doch um Himmels willen gar nicht krank sein.

In diesem Glauben festzementiert, hatte ich auch keinen Moment daran gezweifelt, von einer Familienplanung abzusehen, wenngleich ich auch von mehreren Leuten auf das Risiko wegen meiner Bluterkrankheit angesprochen worden war. Ich fand den Gedanken völlig absurd, ja abartig. Ich war doch kein Aids-Infizierter. Ich doch nicht. Wie nur kam die Welt überhaupt auf derlei Ideen? Doch es wurde hinter meinem Rücken schon lange getuschelt.

Ich war bis dahin felsenfest davon überzeugt gewesen, dass Aids sich nur Homosexuelle und jene Menschen holten, die ungeschützten Geschlechtsverkehr mit Frauen in den Bordellen vollziehen. Auf die bis dahin bekannten Nebenwirkungen wie etwa starkes Husten, Brechreiz mit Lungenentzündung, Fieber, Lymphknotenschwellungen allerdings achtete ich insbesondere dann, wenn es mir auch sonst nicht besonders gut ging. Waren wir irgendwo unterwegs, wo Aids thematisiert wurde, versuchte ich, mich herauszuhalten, oder ich blieb einfach stumm wie ein Fisch. Das war meine Art, darauf zu reagieren. Mit Nichtreaktion.

Bis zu diesem Zeitpunkt hatte ich mich auch noch nie mit Dr. Gurdino in der Firma über meine Risikosituation unterhalten und dies, obwohl ich sehr gut mit ihm befreundet war. Ich verspürte in all den vergangenen Jahren sehr große Schmerzen an meinem linken Sprunggelenk, da aufgrund meiner Krankheit meine Knochen sehr viel anfälliger geworden waren als die gesunder Menschen. Als wir endlich ein genaueres Röntgenbild anfertigen ließen, stellte sich eine akute Arthrose heraus. Diese Zeit habe ich hauptsächlich als Phase der großen Schmerzen in Erinnerung. Es waren lange Strecken, die Gurdino mir mit starken Kortisonspritzen erleichtert hatte. Ich besuchte ihn mehrmals im Monat in seiner Praxis, und er verabreichte mir die nötige Dosis. Einmal habe ich bei ihm auch ein Blutbild machen lassen, und insgeheim hatte ich Panik, dass automatisch auch ein Aids-Test mit dabei wäre. In der Folge wagte ich es nicht mehr, mich bei Gurdino blicken zu lassen. Bei all jenen Leuten, die mich weiterhin nach Aids befragten, beschwichtigte ich.

Als es dann in unseren Nachbargemeinden erste Todesfälle durch die „neue" Krankheit gab, wurde ich immer aufgeregter. Anfangs hatte ich mich vom Gefühl einlullen lassen, dass alles so weit weg sei und dieses Thema uns hier in meinem Dorf nicht betreffen würde. Doch nun war es da. Das totbringende Übel. In unmittelbarer Nähe.
Ich war frisch verheiratet, hatte ein kleines Kind und eine junge und hübsche Frau daheim und wollte mir all dies nicht durch schlimme Gedanken kaputt machen lassen.

Doch bald nach Stefanies Geburt begann es, in meiner Ehe zu kriseln. Mir fiel auf, und es war eigentlich schon lange nicht mehr zu leugnen, dass mein sexuelles Verlangen mehr und mehr nachließ. Ich, der immer vor Kraft und Potenz gestrotzt hatte, zeigte nun tatsächlich Schwierigkeiten, erregt zu werden. Das war eine furchtbare Erkenntnis. Die wohl für jeden Mann wichtigste Nebensache der Welt schien nicht mehr zu funktionieren. Jedenfalls nicht mehr so, wie ich wollte. Von Monat zu Monat wurde ich impotenter. Auch wenn ich es nicht wahrhaben wollte, doch es zeigte sich augenscheinlich. Und parallel dazu vollzog sich ein gewaltiger Gewichtsverlust, und ich wurde immer verzweifelter.

Die Zeit, in der ich mich endlich dank meiner Schwester, die ja Krankenschwester war und jetzt zudem einen Arzt als Partner hatte, dazu durchringen konnte, eine genauere Untersuchung machen zu lassen, war überreif. Die Angst freilich schnürte mir tagelang vorher schon die Kehle zu. Die Angst vor der Diagnose, die Angst vor Aids.

Ich kann mich an den Tag noch genau erinnern, als ob es gestern gewesen wäre. Es war der 17. Dezember 1992. Um sieben Uhr früh hatte ich bereits den Termin. Ich sollte nüchtern im Meraner Krankenhaus erscheinen. Sicherheitshalber riet man mir an, etwas Kleidung mitzunehmen, sofern ich auf der Männerstation aufgenommen werden müsste. Pünktlich erschien ich im Krankenhaus, wo mich mein Schwager schon erwartete. Ich war sehr aufgeregt. Helmuth versuchte, mich zu beruhigen. Unter seiner Anweisung wurde mir eine Menge Blut abgenommen. Mein Schwager schäkerte noch mit mir herum. Er bemühte sich sehr um Auflockerung der Situation und wollte, dass ich nicht alles so ernst nehme. Vielleicht war es das gar nicht. Ich hielt mich, an meine Sporttasche geklammert, im Warteraum auf und harrte dort der Dinge, die da womöglich noch auf mich zukommen würden. Eine Untersuchung folgte der nächsten, dann wieder Warten. So verging der ganze lange Tag. Es war bereits Abend, und ich wusste immer noch nicht, wohin mein künftiger Weg vielleicht gehen würde.

Endlich, gegen zwanzig Uhr, holte mich mein Schwager aus dem Wartezimmer, in dem ich seit vielen Stunden fast bewegungslos gesessen hatte. „Wir müssen zum Primar", sagte er ernst. Mir steckte ein dicker Kloß im Hals, und die Panik kroch erneut in mir hoch. Die Art, wie Helmuth das gesagt hatte, klang mehr als beunruhigend, sie war bedrückend und sehr traurig.

Der Primar saß mir im Ärztezimmer gegenüber und suchte nach Worten. Die Situation erschien mir sehr seltsam, sehr unecht. Irgendwie war alles komisch nun und ganz so, als ob es gar nicht um mich gehen würde, so, als ob hier von irgendjemanden gesprochen würde, nur nicht von mir. „Wir haben leider festgestellt, dass Sie HIV-positiv sind“, sagte der Primar dann. Die Blutuntersuchungen, die mehrfach ausgewertet worden waren, daher die lange Zeit des Wartens, hätten dies letztendlich leider eindeutig ergeben. Mein Schwager nahm mich nun unvermittelt ganz fest in die Arme und hielt mich lange Zeit umklammert. Dann verständigte er meine Schwester, die zu dieser Zeit Dienst in der Kinderabteilung hatte. Ich saß nur einfach da, wie gelähmt und unfähig einen klaren Gedanken zu fassen oder sonst etwas zu tun. Man brachte mich in ein Untersuchungszimmer, wo ich auf meine Schwester warten sollte. Ich hatte es in meinem Innersten längst gespürt. Doch glauben wollte ich es trotzdem nicht. Gisella kam bereits weinend ins Zimmer gelaufen, so, als ob sie geahnt hätte, welch schlimme Krankheit ich seit Langem in mir trug. Auch sie nahm mich in die Arme, und nun weinten wir gemeinsam sehr lange. Warum gerade ich? Was passiert hier mit mir? Wohin bringen sie mich jetzt? Helmuth versuchte uns, so gut es ging, zu trösten, und sagte, dass ich auf dem schnellsten Weg in die Infektionsabteilung nach Bozen müsse. Gisella und ich hielten uns immer noch schluchzend umschlungen, als die Fahrer der Ambulanz ins Untersuchungszimmer kamen und mich aus den Händen meiner Schwester fast gewaltsam losreißen mussten.

Ich konnte vor Schock weder sprechen, noch weinen, nach mich bewegen. Nein, schrie es tief in mir drin, das konnte, das durfte einfach nicht sein. Ich konnte doch kein Aids haben. Was hatte ich getan? Was hatte ich falsch gemacht? Ich war nicht homosexuell, war in meiner Ehe stets treu gewesen, versuchte, so gut ich nur konnte, zu leben und hatte mittlerweile eine kleine Tochter. Nein, schrie es auch aus mir heraus, ohne dass ein Wort von meinen Lippen kam. Nein, das muss ein riesiger Irrtum sein, ich will das nicht, und ich kann das nicht. Ich war nicht in der Lage, das nun auch noch auszuhalten. Hatte ich nicht schon genug? Und war ich jetzt nicht endlich glücklich gewesen? In den vergangenen Jahren nach unserer Hochzeit? Nein. Nein. Nein. Das hier wollte ich nicht, das konnte ich nicht auch noch ertragen.

Und dann überkamen mich Tausende Fragen. War das alles meine Schuld? Warum habe ich mich nicht früher testen lassen? Woher kam diese Krankheit überhaupt? Warum hatte ich mich infiziert? Und warum ich? Was war mit meiner Familie? Was mit meiner Frau? Mit meiner Tochter? Waren sie nun alle krank? Mussten wir alle sterben?

In Bozen ging es mir noch schlechter. Immer wieder lief mir die pure Angst kalt den Rücken hinunter, mich überfiel der blanke Wahnsinn, der Horror hatte Einzug in mein Leben gehalten. Wie nur sollte ich weiterleben? Und lebte ich überhaupt weiter? Wenn ja, wozu und wie lange? Meine Gedanken jagten im Kreis und überholten sich selbst. Es gab nur noch Negativitäten in meinem Leben. Was vorher gut war, wurde nun durch die alles vernichtende Diagnose zerstört. Alles war einfach nur mehr schwammig und nicht mehr wahrnehmbar. Ich konnte genauso gut auch heute sterben. Ja, besser wäre, ich würde jetzt gleich sterben.

Auf der Infektionsabteilung war ich ganz allein mit meinen Gedanken, mit meiner ganzen Verzweiflung, meinem ganz persönlichen Kalvarienberg. Und die Frage „Warum gerade ich?“ drehte sich wie ein Karussell im Kreise und auch „Was geschieht mit meiner Frau und meiner Tochter?“. Ich wähnte mich in zwei Gefängnissen. Dem Gefängnis hier und jenem in mir selbst. Es war die Hölle.

Nur kurze Zeit später betrat ein Mann im grünen, sterilen Kittel und und Mundschutz meine „Zelle“. Dr. Pistoia stellte sich mir in italienischer Sprache vor und wollte mir freundlich Antworten geben auf verschiedene Fragen, die ich habe. Doch ich hatte große Schwierigkeiten, da mein Italienisch nicht ausreichend war. Jetzt erst begriff ich, dass ich hier unter Quarantäne gestellt war, ganz so, als ob ich eine furchtbar ansteckende Krankheit hätte. Alle Krankenschwestern, die mein Zimmer betraten, trugen sterile Kleidung und vermieden tunlichst den persönlichen Kontakt mit mir. Ich war ein Aussätziger. Hätte ich in diesem Moment eine Pistole gehabt, ich hätte mir wohl den finalen Kopfschuss gegeben. Nicht einmal umbringen konnte man sich hier also.

In der darauf folgenden Nacht ließ man mich alleine. Ich fühlte mich so, als ob ich mich eines schweren Vergehens schuldig gemacht hätte, dass man so mit mir umging. Man war sich damals wohl nicht bewusst, was es für einen Patienten bedeutete, eine solche Diagnose erhalten zu haben und dann in die Verdammnis verbannt zu werden, ohne Kontakt zur Außenwelt, ohne Hoffnung auf die Zukunft, ohne Gespräche mit irgendjemandem. Ja, so fühlte ich in diesem Moment der totalen Verzweiflung. Ich schlief die ganze Nacht nicht, tat kein Auge zu und dachte über mein Leben nach. Was hatte ich getan? Hatte ich gelogen, betrogen, war ich fremdgegangen, hatte ich gemordet, anderen ihre Zukunft geraubt, vergewaltigt, zu wenig gebetet, zu viel gebetet, gelästert oder was? Mir fiel nichts Wesentliches ein, was dazu gepasst hatte. Natürlich hatte ich gelebt und war sicher nicht immer nur nett gewesen, hatte viele Fehler begangen, die vielleicht auch anderen geschadet hatten – doch bestimmt nicht bewusst. Ich hatte mich im Rahmen meiner mir bekannten Möglichkeiten und erlernten Muster bewegt. Und doch hatte ich große Schuldgefühle. Sie lähmten mich. Warum wusste ich nicht. Mich überkam einfach nur eine abgrundtiefe Angst. All die Horrormeldungen, wie schlimm diese Krankheit sein sollte und dass sie einem keine Chance zur Heilung und zum Überleben gab, kamen mir in den Sinn. Es war die pure Hölle.

Ich hatte mich durch Blutplasma aus Afrika angesteckt, das erzählte man mir viel später. Damals hatte man das Blutplasma noch ohne irgendwelche Bedenken importiert, und es wurde auch noch aus menschlichem Blut gewonnen. In Afrika war Blutplasma besonders günstig, Millionen Menschen spendeten, oder es wurde ihnen einfach ohne deren Wissen „abgezapft“. Die Pharmaindustrien verdienten sich damit dumm und dämlich. Die Firma hieß Imuno, und sie handelte weltweit mit Blutplasma. Der Preis, den ich und andere zahlen mussten, war hoch. Wir hatten uns durch ihr Plasma mit HIV-infiziert. In Deutschland gab es Sammelklagen gegen diese Machenschaften und Ende der Achtzigerjahre auch Erfolge und Schadenersatzzahlungen seitens der Pharmafirmen. Doch bei uns in Italien liefen die Prozesse sehr mühevoll, um am Ende irgendwann zu versanden. Es kümmerte hierzulande jene, die damit ihr Geld gemacht hatten, damals noch sehr wenig, was mit den „Opfern“ geschehen würde. Die „Kunden“, darunter auch ich, hatten kaum eine wirksame Handhabe dagegen. Ich wusste nicht einmal, wann ich infiziert worden war, und hatte somit keinerlei Chance, der Ursache auf den Grund zu gehen. Es interessierte auch niemanden. Doch mein Leben war zerstört. So glaubte ich damals. Die wenigen Sammelklagen in Italien endeten fast immer mit fatalen Folgen für die Infizierten. Noch ehe sie überhaupt zu Wort kommen konnten, waren die meisten schon an Aids verstorben. Die Krankheit und die Gewissheit über diese himmelschreienden Ungerechtigkeiten hatten ihnen die letzte Kraft geraubt. Nur sehr wenige wurden entschädigt, die meisten mussten neben der Krankheit auch noch die Häme der Mächtigen über sich ergehen lassen. Auch ich hatte in dieser Zeit den Glauben an das Gute im Menschen verloren. Heute wird Blutplasma gentechnisch hergestellt, die Gefahr ist gebannt, wenigstens in dieser

Hinsicht. Es gibt schon lange keine Aids-Infizierten durch „echtes" Blutplasma.

Und dann kamen immer diese wiederkehrenden Gedanken in diesen endlos langen Stunden: Wie geht es meiner Frau und meiner Tochter? Waren die beiden auch krank? Waren sie durch meine „Schuld" auch infiziert? Ich war am Ende meiner Kräfte. Die Stille der Abteilung und die Ungewissheit über meine Situation haben sich in mein Gedächtnis einbetoniert, auf meiner ganz persönlichen Festplatte gibt es Rillen, die ein Leben lang dort präsent sein werden. Kein Mensch kann das einfach nur wegstecken. Ich bin in dieser Nacht ein anderer geworden.
Eines weiß ich: Meinem schlimmsten Feind würde ich diese Stunden in der „Zelle" nicht wünschen.

Natürlich hatte meine Schwester noch am selben Abend meine Frau alarmiert und auch meinen Eltern Bescheid gesagt, und so kamen tags darauf alle angestürmt. Doch keiner durfte in mein Zimmer. Sie konnten lediglich über die Sprechanlage mit mir kommunizieren. Man hatte ihnen glaubhaft gemacht, dass ich eine dermaßen starke Lungenentzündung habe, dass es viel zu gefährlich sei, direkten Kontakt mit mir aufzunehmen. Sie wussten also noch nichts von der Ungeheuerlichkeit meiner Diagnose. Unter heutigen Gesichtspunkten eine absolut fatale Situation.

Irgendwann in den nächsten Tagen durften dann endlich meine Frau und meine Eltern in das Krankenzimmer. Immer mussten sie sterile Kleidung und Mundschutz tragen. Sicher kann sich kein Außenstehender vorstellen, was das bedeutet und wie die Betroffenen sich dabei fühlen. Ich saß zu der Zeit im Rollstuhl, da ich bereits zu schwach war, um zu gehen. Aber das Allerschlimmste für mich war, dass bis auf meinen Schwager und meiner Schwester noch immer kein Mensch wusste, was ich wirklich hatte, dass ich nun auch noch „HIV-positiv" war. Meine Angehörigen durchlöcherten mich zwar mit Fragen, was mit mir aber wirklich passierte, begriff ich selber nicht. Ich hatte eigentlich vom Moment der Wahrheit an nur mehr den Tod vor Augen. Ich war überzeugt, binnen kürzester Zeit sterben zu müssen.

Damals musste ich mir auch einen Vertrauensarzt auf der Abteilung aussuchen, denn dieser sollte sich dann weiterhin mit meinem Krankheitsbild befassen. Es kamen Dr. Oskar Milland oder der Primar Prof. Soundso in Frage. Sie waren die einzigen deutschsprachigen Ärzte hier, und insofern fiel mir die Entscheidung nicht schwer. Dr. Milland war mein Kandidat, und heute noch weiß ich, dass ich die absolut richtige Entscheidung getroffen habe. Etwas Besseres hätte mir in dieser Situation nicht passieren können.

ALL MEINE GEDANKEN

„Wie sage ich es meiner Frau, die alleine mit unserer eineinhalbjährigen Tochter zu Hause sitzt?", so eine meiner zahlreichen Fragen. „Was wird aus unserer Zukunft?", so ein weiterer Gedanke. Das Allerschlimmste aber stand mir noch bevor: Der Aids-Test meiner beiden Lieben. Und: Bin ich schuld, wenn auch sie HIV-positiv sind, weil ich den Test nicht früher gemacht hatte. Irgendwie gingen die Tage vorbei, und ich fasste mich. Ich wurde lethargisch, doch ein kleines Überlebensflämmchen brannte noch in mir. Da Weihnachten vor der Tür stand, habe ich meinen neuen Arzt Dr. Milland gebeten, mich über die Feiertage nach Hause gehen zu lassen. Er behauptete, eine Ausnahme machen zu wollen.

Daheim dann stellte ich fest, dass meine Felicia immer noch nichts von meiner schlimmen Diagnose mitbekom-

men hatte. Ich fühlte mich sehr unwohl in meiner Haut und wusste nicht, wie ich mich verhalten sollte. Am Weihnachtstag wollte ich ihr endlich alles beichten.
Wir saßen in der Stube, und ich bat meine Frau, sich neben mich zu setzen. Sie war sehr überrascht und fragte mich dauernd, ob es schlimme Nachrichten geben würde. Ich konnte nicht anders, als zu bejahen, und schließlich brach es aus mir heraus: „Felicia, ich bin HIV-positiv. Man weiß nicht, wie lange das schon so ist, und auch nicht, ob ich euch angesteckt habe", hakte ich nach. Unsere heile Welt brach augenblicklich in sich zusammen. Sie starrte mich entgeistert an und konnte keine Worte finden. Dann endlich fragte sie: „Was ist mit uns?" Und gab sich selber eine Antwort: „Auch wir müssen schnellstmöglich einen Test machen lassen." Felicia durchlöcherte mich dann mit vielen weiteren Fragen und wollte von mir wissen, was geschehen würde, wenn auch sie und unsere Tochter Stefanie positiv seien. Stefanie war noch so zart und so klein. Ich wusste keine Antwort. Wie sollte ich auch?

Auch seien wir verpflichtet, diese Horrormeldung unseren unmittelbaren Nachbarn mitzuteilen, meinte meine Frau. Nun arbeitete es in ihr, und wie Maschinengewehrsalven ratterten die Gedanken hintereinander hinunter. Ratatata. Ratatata. Meine Schwester hatte es mittlerweile meinem Vater beigebracht, von meiner Mutter versuchten wir, die Wahrheit, so gut es ging, fernzuhalten. Meine Arbeitskollegen erkundigten sich nun aufgrund meiner langen Abwesenheit und der Nachricht, dass ich mich auf der Isolierstation befunden hätte, immer eingehender. Doch ich blockte ab und erzählte irgendwelche Geschichten. Niemand sonst sollte je erfahren, wie es wirklich um mich stand. Zu dieser Zeit war Aids noch eine todbringende Krankheit, und jeder, der damit zu tun hatte, musste unweigerlich nur kurze Zeit später, selber daran sterben. Auch der Mythos des Außenseiters haftete an jedem Infizierten, und die anderen fragten sich sowieso ständig, was der

Betroffene wohl angestellt haben mochte, dass ihm „so etwas“ widerfahren sei.

Kurz nach Weihnachten wollten mich die Ärzte wieder im Krankenhaus sehen, und ich musste zurück. Zurück in diese dunklen Höhlen, die auf mich so bedrohlich wirkten. Gleichzeitig sollten auch meine Frau und meine Tochter den Test absolvieren. Welcher Horrortrip. Damals musste man noch viele Stunden auf die Blutabnahme und dann Tage auf das Ergebnis warten. Es war kaum auszuhalten. An diese Stunden und Tage kann ich mich, wie an nichts sonst, noch sonnenklar erinnern. Es waren die schlimmsten Stunden meines Lebens gewesen. Gemeinsam mussten wir schließlich zu Dr. Milland, der uns den Befund persönlich mitteilen wollte.

„Ihre Frau und ihre Tochter sind gesund“, sagte der Arzt, „der Befund ist negativ.“ Ich blickte ihn ungläubig an und war sicher, mich verhört zu haben. Alles hatte ich erwartet, nur das nicht. Ich hatte mich fast schon mit allen Katastrophen dieser Welt arrangiert und war mir sicher, die größte Hölle auf Erden in Empfang zu nehmen. Doch nun dieses Geschenk, dieses Wunder. Meine Lieben waren gesund, und ich traute mich gar nicht, noch einmal danach zu fragen. Obwohl ich es eigentlich immer und immer wieder hören wollte, ich hätte nicht genug davon bekommen können, tausendmal zu hören, dass Felicia und Stefanie durch mich nicht angesteckt worden waren. Oh, welch gute Nachricht! Meine Lieben waren unversehrt geblieben. Sie konnten ganz normal weiterleben. Sie mussten nicht, wie ich, alles Kreuz dieser Welt auf ihre Schultern nehmen, alle Negativitäten in Kauf nehmen, alle möglichen weiteren Tests über sich ergehen lassen, Medikamente schlucken, Infusionen und, und, und. Ich war so erleichtert, ich hätte eigentlich vor Freude in die Luft springen wollen. Doch letztendlich holte mich die Wirklichkeit wieder ein. Meine Wirklichkeit. Denn ich selbst war sterbenskrank.

LAURA

Mein Krankenhausaufenthalt zog sich in die Länge. Wenn nicht gerade eine Visite anstand oder eine Krankenschwester sich in meinem Zimmer aufhielt, verbrachte ich die Zeit damit, aus dem Fenster zu starren. Auf dem Krankenhausgelände gab es einen sonderbaren Käfig, in dem einige Schäferhunde eingesperrt waren. Mir erschien dies sehr eigenartig, warum nur hatte man diese Hunde dort verbarrikadiert? Nachts schlugen die Hunde ständig an und machten einen furchtbaren Krawall. Niemand hier konnte richtig durchschlafen. Jede Nacht gab es das Gekläffe dieser Hunde. Als ob meine eigenen Gedanken mir nicht schon genügend zugesetzt hätten. Ich mochte Hunde und Tiere generell immer sehr gerne, doch nun war mir alles zu viel geworden. Ich beschäftigte mich Tag und Nacht mit meinem eigenen Dilemma, und nachts kamen noch die Hunde hinzu.

Die Frage, wie es mit meiner kleinen Tochter weitergehen sollte, kursierte am meisten in meinem Kopf. Und Tausend weitere Gedanken strömten durch mein Gehirn. Doch Antworten fand ich keine. Gepaart mit den Hunden in der Nacht, trieb mich diese eigenartige Vermischung beinahe in den Wahnsinn hier auf dieser Quarantänestation des Krankenhauses. Die Nächte endlos lang, der Morgen kalt und grau, und die Stille im Flur jagte mir Angst ein. Sie war genauso wenig auszuhalten wie die Hunde, wie meine Traurigkeit, meine Hoffnungslosigkeit, meine tiefe Depression.

Ein kleines Mädchen, es war knapp vier Jahre alt, wurde nebenan aufgenommen. Laura trug schulterlange blonde Locken und sah aus wie ein kleiner Engel. Das Kind erinnerte mich sehr an meine eigene Tochter. Ich konnte das Mädchen tagsüber von meinem Zimmer aus gut beobachten, sein Krankenlager befand sich direkt gegenüber dem meinen, wir waren praktisch nur durch zwei Glasscheiben getrennt. Auch den Gang der Krankenstation konnte man von meinem Zimmer aus gut überblicken. Ich durfte ja nicht raus, mein Immunsystem war im Keller, und eine Lungenentzündung hatte mir zusätzlich den Rest gegeben. Wenn nun Laura durch den Gang lief, ihre Locken schüttelte und ihr herzerfrischendes Lachen an den Wänden widerhallte, freute ich mich besonders. Doch ich litt auch, weil mir in meinen Fantasien meine Stefanie entgegenlief.

Laura hatte im Nu die Herzen aller hier erobert und war innerhalb kürzester Zeit der Sonnenschein der Station. Alle Krankenschwestern und Patienten freuten sich, wenn das kleine Mädchen irgendwo sichtbar oder hörbar war. Ich fragte mich so oft, warum die Kleine denn hier sein mochte. Einmal habe ich mir ein Herz genommen und eine Krankenschwester danach gefragt. Die junge Schwester tat sich schwer, mir eine Antwort zu geben. Nach einigem Hin und Her sagte sie mir, dass auch die kleine Laura HIV-positiv sei und ihre Mutter, die drogensüchtig war, sie angesteckt hatte. Lauras Mama war schon lange tot. Ich war zutiefst erschüttert, welch grausames Schicksal dieses Kind zu erleiden hatte. Es war doch total unschuldig. Wieder einmal mehr verstand ich die Welt nicht mehr. Wie nur konnte der liebe Gott so ungerecht sein und diesem kleinen Engel hier so großes Leid zufügen? Laura musste in ihren jungen Jahren noch viel Schlimmeres erfahren, als ich es tun musste. Ich fühlte mich ohnmächtig und war einfach nur sprachlos aufgrund von so viel Leid. Und ich zweifelte wieder einmal an der Welt und deren Gerechtigkeit. Und an Gott.

Eines Tages war die kleine Laura verschwunden, ich vermisste sie, und auch die anderen auf der Station fragten sich, wo sie nur stecken mochte. Also nahm ich mir ein Herz und fragte nach. Schwester Veronika sah mich traurig an, und ihr standen die Tränen in den Augen: „Unser

Engele ist vor ein paar Tagen gestorben", stammelte sie. „Laura hat am Tag vor ihrem Tod noch gesagt, dass sie heute noch bei ihrer Mama sein wird", ergänzte Veronika.

Das war wieder einer jener Momente, wo ich mit meinem Schicksal haderte. Der liebe Gott musste bei mir erneut für alles herhalten. Denn wie nur konnte er zulassen, dass ein so kleines Mädchen so hart bestraft wurde, fragte ich ihn. Sollte ich der Nächste sein? Der Begriff „Tod" hing erneut wie ein Damoklesschwert über mir. Ich konnte meine Gefühle kaum in Worte fassen. Es war alles so unfassbar, so unbegreiflich. Heute noch habe ich dieses kleine Mädchen, diese kleine Laura, tief in meinem Herzen eingeschlossen. Ich denke noch oft an sie. Sie war die erste HIV-Patientin, die ich, nun selbst HIV-infiziert, kennengelernt hatte, und zugleich die Erste, von der ich wusste, dass sie diese Krankheit nicht überlebt hatte.

Auch im Januar war ich im Krankenhaus. An solchen Orten hat man ausreichend Zeit, über vieles nachzugrübeln, so etwa auch immer wieder, wie ich das ganze Drama endlich meinem Arbeitgeber beibringen sollte. Irgendwie hatte ich mich bis dahin immer herausreden können mit meiner Hämophilie. Doch die Angst, dass alles andere bald schon herauskommen würde, schnürte mir die Kehle zu. Meine Blutwerte verschlechterten sich tagtäglich, und jeder wusste, dass man mit Begriffen wie „HIV-positiv" damals sehr vorsichtig umgehen musste. Die Gesellschaft fackelte nicht lange und schloss solcherlei erkrankte Personen sofort aus. Eine Horrorvorstellung für mich, da ich ja so lange gekämpft hatte, überhaupt anerkannt und integriert zu werden.

Auch unser damaliger Gemeindearzt mahnte an, äußerstes Stillschweigen über meine HIV-Infektion walten zu lassen, da mein Vater sonst womöglich die Tischlerei schließen müsse. Omertà war in unsere Familie gezogen. Eine sehr schwierige Situation in einem Dorf, wo jeder alles von jedem weiß. Aus heutiger Sicht erscheint diese „Vorsichtsmaßnahme“ mehr als lächerlich. Doch damals erzeugte das Wort Aids oder HIV-positiv allein schon die pure Panik. Es war wie im Mittelalter die Pest. Niemand wollte etwas damit zu tun haben.

Im Krankenhaus indes versuchten es die Ärzte mit zahllosen Infusionen, und man verschrieb mir entsprechende Therapien, die mir eine enorme Ladung an Tabletten bescherte. Genau genommen musste ich nun zweimal täglich zehn Stück einnehmen. In der Woche war es also die beträchtliche Anzahl von 140, im Monat 560 Tabletten. Was sonst sollte unsereiner auch tun, man war bereit, alles zu unternehmen, was die Ärzte anpriesen. Mir fiel nichts anderes ein, als der Schulmedizin zu vertrauen, ich kannte ja nichts anderes, und außerdem wollte ich immer noch leben, also musste ich gehorchen.

Immer wieder wurde mir Blut abgenommen. Neben all dieser Torturen war das Allerschlimmste für mich aber immer noch der Gedanke, wie meine Umwelt mit meiner Krankheit umgehen würde, wenn es sich erst einmal herumgesprochen hatte. Es gab damals tatsächlich noch sehr viele Freunde, die sich nach meinem Befinden erkundigten und auch wissen wollten, wann ich denn wieder zur Arbeit käme. Ich log weiter. Aus reiner Verzweiflung. Dann bekam ich auch noch einen Virus, das ich meinem sehr angegriffenen Immunsystem zu verdanken hatte. Dieses Herpesvirus, im Volksmund auch Schafblattern genannt, hatte mir gerade noch gefehlt, doch mein geschwächter Körper konnte sich nicht mehr dagegen wehren. Mein Schwager Helmuth brachte mir ein Nintendo-Spiel zum Zeitvertreib. Damit sollte ich meine Zeit im Krankenhaus etwas überbrücken, etwas erträglicher machen. Mir war es recht. Wenn nur endlich alles vorübergehen würde.

Während dieser Zeit, ich mochte wohl eine Woche im Krankenhaus gewesen sein, bekam ich einen Zimmergenossen. Gualtiero war Italiener, stammte aus Mailand und war homosexuell. Vorbei war es nun mit dem Nintendo-Spielen, Gualtiero wollte den ganzen Tag lang nur italienische Zeichentrickfilme im TV sehen. Ich wusste nicht, ob ich darüber glücklich, traurig oder wütend sein sollte. Meine Gefühlswelt war völlig durcheinander. Nicht nur, dass ich davon kaum etwas verstand, ich traute mich auch nicht, zu fragen, ob ich den Fernseher auch ab und zu für meine Spiele benutzen könnte. Keine Ahnung, warum ich in der Klinik immer so schüchtern war, es stellte sich heraus, dass ich als Kranker völlig anders reagierte als sonst. Ich hatte kaum Selbstbewusstsein. Gualtiero war da ganz anders, er strotzte nur so davor. Und trotz dieser Unterschiede sollte uns sehr bald schon ein gemeinsames tragisches Schicksal vereinen.

Jedes Mal, wenn mich meine Frau und meine Eltern besuchten, flossen die Tränen in Strömen. Wir alle hatten sehr große Angst vor der Zukunft. Es kamen auch sonst gar einige Leute an mein Krankenbett, und ich freute mich über deren Anteilnahme und Abwechslung, doch ich sehnte mich sehr nach meiner Tochter Stefanie, die nie mitkommen durfte. Die Ärzte rieten von Kleinkinderbesuchen ab.

Nach zwei Wochen befanden sie, dass ich zwar nach Hause durfte, doch aber wöchentlich vorbeikommen musste, um mir die nötig gewordenen Infusionen für die sehr schlechten Werte der Lymphozyten und Thrombozyten verabreichen zu lassen. Auch wollten die Ärzte meine Lungenentzündung endgültig in den Griff bekommen.
Während meine Blutwerte laufend überprüft wurden, musste ich zeitgleich in einem abgeschotteten Raum inhalieren, um meine Luftwege frei zu halten. Niemand durfte während dieser Prozedur das Zimmer betreten. Dies war aus Ansteckungsgründen untersagt. Für mich war das eine

anstrengende und auch erniedrigende Prozedur: Ich wusste nie, was geschehen würde und wann ich fertig war. Ich verdammte diese elende Diagnose und mit ihr alle Therapien, Inhalationen und sonstigen Torturen, die ich nun zusätzlich über mich ergehen lassen musste.

Wieder zu Hause, war die Situation erneut sehr angespannt. Immer wieder hing die Botschaft dieser neuen Krankheit wie Nebel im Raum. Ich – wir konnten nichts unternehmen oder tun, was nicht auch von der Krankheit belastet worden wäre. Die unbeschwerte Zeit mit meiner Frau, mit meiner Familie war vorüber. Und zahlreiche offene Wunden an meinen Händen, die von der Immunschwäche herrührten und die Folge meines nun völlig zerrütteten Immunsystems waren, verstärkten diese drückende Stimmung noch zusätzlich. Ich durfte damit nicht in Kontakt mit meinem Töchterchen kommen. Wir durchlebten so etwas wie die Vorhölle im eigenen Wohnzimmer. Denn die Hölle sollte erst noch kommen. Ich lebte nun ständig in Angst, auch meine Frau und speziell meine anderthalbjährige Tochter zu infizieren, mit all den Rissen und Schrammen an den Händen, die ich nun hatte.

Und die Fragen unserer Freunde und Arbeitskollegen gingen weiter. Sie wollten wissen, warum ich immer wieder im Krankenhaus war. Als ich behauptete, ich hätte eine sehr starke Lungenentzündung, war das nicht einmal gelogen. Doch mich belastete die Situation enorm, vor allen Dingen, weil ich immer noch nicht wusste, wie ich damit in der Firma umgehen sollte. Ich brauchte nun fast doppelt so viele freie Tage wie sonst. Mein Immunsystem war sehr stark angegriffen, und deshalb musste ich immer wieder in die Klinik. Anfangs nahm ich mir immer Urlaub, doch auf die Dauer konnte das keine Lösung sein, immer lügen zu müssen. Der offene Umgang mit Aids und das automatische Recht auf Therapie und Pflege folgte erst viele Jahre später. Zu jener Zeit, als auch ich meine Diagnose erhalten hatte, versuchten Patienten diese Krankheit, solange es ging, zu vertuschen, aus Angst vor Repressalien. Mich belastete ganz besonders, dass ich auch meinen besten Freunden und Arbeitskollegen, also all jenen, die ich besonders ins Herz geschlossen hatte, nicht die Wahrheit sagen konnte, dass ich niemanden außerhalb der Familie als Ansprechpartner hatte. Ich musste meinen neuen Zustand wie einen Kokon tief in mir drinnen einschließen und sorgsam darauf achten, dass nichts nach außen drang. In meinen schlimmsten Albträumen tauchten immer wieder neue Menschen auf, die mich mit Fragen durchbohrten und dann, dass sie von anderen erfahren hatten, an welcher Krankheit ich wirklich litt. Und alle zogen sich dann von mir zurück. Ich wusste damals noch nicht, dass diese Albträume bittere Wahrheit werden würden.

Als wir in der Familie darüber berieten, wie es mit mir weitergehen sollte, kamen wir auf die Idee, dass ich bei Hoppe kündige und meine Brüder mich in der Tischlerei, die sie mittlerweile vom Vater übernommen hatten, anmelden sollten. So sollte ich die Chance haben, bei weiteren Visiten und Krankenhausaufenthalten, die sicher nicht ausbleiben würden, weniger Fragen beantworten zu müssen.

Bald schon kam die Gürtelrose hinzu. Ich bemerkte diese sehr schmerzhafte und unangenehme Krankheit, als auf der rechten Gesichtshälfte ein Ausschlag sichtbar wurde, der sich sehr rasch ausbreitete. Die Diagnose war eindeutig. Sofort knallte man mir Infusionen mit dem starken Medikament Zovirax in die Venen. Und es half tatsächlich.

Doch erneut war ein ganzer Monat vergangen, den ich in der Firma fehlte. So wollte ich schleunigst zurück zur Arbeit, doch der Gedanke der Kündigung stand jetzt endgültig im Raum. Mein Immunsystem war dermaßen angekratzt, dass die Gefahr einer weiteren Infektion latent vorhanden war und es nur mehr eine Frage der Zeit sein würde, bis ich wieder fehlte. Die Beziehung zu Felicia wurde von Tag zu Tag problematischer. In mir hatte sich der Gedanke manifestiert, dass sie mich nicht mehr so lieben würde wie am Anfang. Ich bildete mir ein, dass meine Frau sich immer mehr von mir zurückzog, und dass sie große Angst hatte, sich anzustecken. Bei jedem Annäherungsversuch wandte sie sich ab, und wenn ich ihr einen Kuss geben wollte, hielt sie mir lediglich ihre Wange hin. Und bald war es keine bloße Einbildung mehr, Felicia begann sich tatsächlich von mir zu entfernen. Unsere Beziehung glich immer mehr der einer zwischen Bruder und Schwester.

Felicia weigerte sich, mich innig zu küssen. Damals hieß es, dass man HIV sogar durch Speichel übertragen könnte, also musste ich dafür Verständnis haben. Ich wollte meine Frau schützen und auch mein Kind, ich musste ab nun darauf wohl auch verzichten. Genauso wie auf sexuelle Kontakte.

Im Juni 1993 war ich endgültig so weit, meinen Job in der Schweiz zu kündigen. Schweren Herzens, da mir meine Arbeit immer sehr großen Spaß gemacht hatte und auch Abwechslung in meiner eh schon tristen Situation bescherte, schrieb ich die Kündigung. Ich konnte mich aber nicht dazu überwinden, sie gleich abzuschicken. Irgendwie wollte ich mir noch eine Schonfrist geben. Also steckte ich den fertigen Brief in ein Fach meines Schreibtisches. Ein paar Tage Aufschub taten mir gut und sollten meine Seele trösten. Während nun der Brief in der Schublade steckte wie ein unaufschiebbares Übel, fuhr ich frühmorgens immer mit dem Auto zur Arbeit. Da war es mir nur kurze Zeit später, als ob mit meinen Augen etwas nicht in Ordnung sein würde. Ich sah abwechselnd nur noch trüb und manchmal ganz verschleiert, sodass ich beinahe in einen Unfall verwickelt worden wäre. Ich war von der Fahrbahn abgekommen und im Straßengraben gelandet.

Was war bloß los? Am Arbeitsplatz angekommen, schob ich die Schuld auf meinen sicher niedrigen Blutdruck, rief aber vorsichtshalber doch bei meinem Arzt an, um einen Termin zu vereinbaren.

NUN KAM DIE DUNKELHEIT

Dr. Gurdin wollte mich gleich sehen und verabreichte mir Medikamente für meinen Blutdruck. Doch die Anzeichen verschlechterten sich drastisch, und im Laufe desselben Tages konnte ich auf einem Auge immer schlechter sehen, und am selben Abend war es so katastrophal, dass ich mich nicht mehr mit dem eigenen Auto nach Hause traute. Ich bat einen Arbeitskollegen, mich heimzufahren.

Dort maß ich ununterbrochen meinen Blutdruck, da ich langsam in Panik geriet. Ich blinzelte und blinzelte immer wieder, doch sehen konnte ich davon auch nicht besser, mein Blutdruck indes war in Ordnung.
Nach einer langen bangen Nacht meldete ich mich am folgenden Morgen gleich in der Infektionsabteilung im Krankenhaus von Bozen an. Ich wollte wissen, was mit mir los war und ob meine Seheinschränkung vielleicht nur vorübergehend und im besten Falle vielleicht gar nicht von Bedeutung war. In Bozen schickte man mich sofort zu einer augenärztlichen Visite, und der behandelnde Arzt nahm die Sache sehr ernst. Ich wurde stationär aufgenommen und bekam ein Einzelzimmer.

Nun war meine Verwirrung perfekt. Ich konnte mir nicht erklären, was mit meinen Augen los war. Erneut begann man mich mit Zovirax vollzustopfen, zudem standen jede Menge neue augenärztliche Visiten an. Doch sonderbarerweise kam nie irgendetwas Genaueres zutage. Es musste wohl wieder eine Infektion sein. Man legte mir ziemlich bald nahe, mich damit abzufinden, dass ein Auge wohl nicht mehr zu retten sei. Welch neuer Schock. Doch ich fasste mich diesmal relativ schnell und tröstete mich mit dem Gedanken, dass es Menschen gebe, die mit einem einzigen sehenden Auge auch ganz gut leben würden. Dabei fiel mir mein Arbeitskollege Oliver ein, der mir immer erzählt hatte, dass er auch auf nur auf einem Auge sehen könne. In diesen Tagen in der Klinik habe ich von meinem Zimmerfenster aus immer den Berg davor betrachtet, den ich mit dem noch intakten Auge klar erkennen konnte. Dieser Gedanke hat mich aufgerichtet und mir wieder Mut gegeben. Ganz so schlimm wie anfangs vermutet, konnte es gar nicht sein.

Daheim aber war man erneut voller Aufregung. Die Ungewissheit machte alle unruhig. Erneut eine sehr schwierige, eine belastende Zeit für alle in der Familie. Um mich nicht mit meinem Schicksal allein zu lassen, bekam ich jeden Tag Besuch von meinem Bruder Edwin und Schwägerin Isolde sowie meiner Schwester Gisella. Und auch meine Arbeitskollegen meldeten sich wieder telefonisch. Ich aber war mit meinen Gedanken daheim bei meinem Kind. Stefanie war gottlob noch zu klein, um die ganze Dramatik zu begreifen. An diese Zeit zurückzudenken, ist immer noch sehr schwierig für mich. Eine große Traurigkeit hatte sich damals über mich und über alles ausgebreitet, was mich umgab, und genau diese Atmosphäre spüre ich heute noch, wenn ich daran denke. Es war wie ein tiefes, schwarzes Loch, das mich in die Tiefe zieht und aus dem es kein Entrinnen zu geben schien. Heute noch spüre ich körperlich, wie schlecht es mir bei diesen Gedanken geht. Die Zeit der Aids-Gewissheit und meiner Erblindung hatten mein Herz, meine Seele, in eine hohle Kammer verwandelt, die Erinnerung daran lässt mich immer noch frösteln.

In den darauf folgenden Nächten bekam ich es in der Klinik mehr und mehr mit der Angst zu tun. Draußen auf dem beleuchteten Klinikkorridor flackerte das grelle Neonlicht in mein Zimmer hinein, Nacht für Nacht. Ich war so paranoisch, dass ich dieses Flackern, das lediglich einem Wackelkontakt der Glühbirne zuzuschreiben war, als schlechtes Omen für mich selbst wertete. Nach jeder Augenvisite wurde man auf der Station hektisch und verabreichte mir jedes Mal erneut intravenös Zovirax. Doch es wurde von Tag zu Tag schlimmer, mit dem Augenlicht verlor ich mehr und mehr die Orientierung, und die Fortbewegung wurde immer schwieriger. Ich konnte zeitweise kaum mehr etwas erkennen. Als mir langsam bewusst wurde, dass ich vielleicht erblinde, brach meine Welt Stück für Stück in mir zusammen. Hatte ich mich zunächst mit dem Gedanken getröstet, dass ich womöglich an einem Auge erblinden würde, sah die Sache nun völlig anders aus. Sie war sehr viel dramatischer, als ich es mir je hätte in meinen schlimmsten Albträumen vorstellen können. Beide Augen waren von der rätselhaften Krankheit betroffen.

Meine Gedanken kreisten nur mehr um drei Dinge: Ich war von Geburt an Hämophiliker, gut, damit hatte ich mich längst arrangiert. In der Folge war ich HIV-positiv geworden, durch ein sehr wahrscheinlich aus Afrika importiertes Blutplasma. Und jetzt sollte ich auch noch erblinden? Nein, nein, nein, hämmerte es in mir. Das konnte nicht sein! Das wollte ich nicht und überhaupt: Wer konnte all dies aushalten? Ich sicher nicht!

Was hatte ich verbrochen, dass mich all dies traf? Welches schlimme Schicksal hatte ausgerechnet ich zu tragen? Und warum? Schon wieder plagten mich all diese entsetzlichen Fragen. Und damit nicht genug. Auch meinem Zimmergenossen Gualtiero hatte dasselbe Leid ereilt. Es war sehr beklemmend, dass ausgerechnet zwei Personen, die ein Zimmer geteilt hatten, binnen kürzester Zeit beide vollständig erblindeten. Erst viel später erfuhr ich, dass Gualtiero nach dieser Diagnose dermaßen in Depressionen versunken war, dass er nicht mehr aus dem Krankenhaus wollte. Er igelte sich ein und wollte mit niemandem mehr etwas zu tun haben. Ich war da schon etwas besser dran, ich hatte meine Familie und sonst liebe Menschen, die mich aufrichteten. Gualtiero schien niemanden mehr gehabt oder niemanden mehr an sich herangelassen zu haben.

Seine Ärzte waren ratlos, und kein Psychologe, kein Therapeut konnte ihn mehr aus seinem Schneckenhaus hervorholen. Er hatte sich aufgegeben, litt still vor sich hin und nichts und niemand konnte ihn mehr zu etwas bewegen. Gualtiero verstarb nur kurze Zeit später. An gebrochenem Herzen.
Auch ich kämpfte während dieser schlimmen Zeit im Krankenhaus mit mir selber. Aber ich kämpfte immerhin. Am traurigsten machte mich aber, wenn ich daran dachte, dass ich alle bereits geplanten Erlebnisse mit meinem Töchterchen nicht mehr ausführen könnte, sollte ich tatsächlich völlig erblinden. Mir fiel das Fahrradfahren ein. Ich hatte mich lange schon darauf gefreut, mit Stefanie im Kindersitz zum Fußballplatz zu radeln. Dort wollte ich dann meine geliebten Fußballspiele verfolgen, während Stefanie vergnügt aus dem Kindersitz quietschte. Oder mit ihr auf den Berg wandern, schwimmen gehen, laufen, spielen, Spaß auf der Kirmes haben, sie in den Kindergarten bringen und später in die Schule. Mir wurde ganz schlecht, wenn ich nur daran dachte, was ich mit meinem Kind alles versäumen würde. Ich aber wollte ein guter Vater sein.

Und immer wieder holten mich die Gedanken an meine geliebte Arbeit ein. Wie nur sollte ich in Zukunft arbeiten? Von was leben? Auch das Autofahren konnte ich vergessen. Es waren noch Millionen andere Dinge, die zum täglichen Leben gehörten und die ich dann nicht mehr würde tun können. Für meine Angehörigen war ich eine enorme Belastung, wenngleich ich spürte, dass sie alles taten, um mir zu helfen.

Mittlerweile war es Juni geworden. Und mein Zustand hatte sich nicht gebessert. Ganz im Gegenteil. An bestimmten Tagen konnte ich nur mehr sehr verschwommen sehen, an anderen Tagen etwas deutlicher.
Den 20. Juni 1993 werde ich mein Lebtag nicht vergessen. Es war der Tag der Gewissheit. Ich hatte mich ganz eigenständig zu einer weiteren Augenvisite außerhalb der vielleicht eingeschlossenen Meinungen der Krankenhausärzte, bei Dr. Klotz angemeldet. Sie sollte mir sagen, ob sich mein Zustand vielleicht doch noch bessern würde, ob ich nur Geduld haben müsste oder ob sich sonst etwas getan hätte. Vielleicht war ja doch noch nicht alles verloren. Ich wollte nichts unversucht lassen, und außerdem war ich an diesem Tag voller Vorfreude. Ich sollte morgen mit der Firma einen tollen Betriebsausflug nach Budapest unternehmen können, worauf ich mich schon wochenlang gefreut hatte. Fast alle Arbeitskollegen hatten zugesagt. Wir würden in Ungarn ein paar herrliche Tage verbringen und viel Spaß miteinander haben. Schon lange nicht mehr hatte ich mich auf etwas so gefreut wie auf diesen Ausflug.

Nun saß ich vor der Ärztin auf diesem hohen Stuhl, und sie kontrollierte eingehend meine Augen. Ich versuchte, die Stimmung aufzulockern, und erzählte ihr, dass ich nach der Untersuchung gleich nach Hause müsse, da ich tags darauf zu jenem Betriebsausflug nach Ungarn starten wollte. Und ich vergaß auch nicht, meine Euphorie darüber zum Ausdruck zu bringen. Meine Stimmung war höchst positiv.

Doch die Ärztin konzentrierte sich vollständig auf die Untersuchung, die recht lange andauerte. Sie antwortete mir nicht, verzog auch sonst keine Miene, zog dann einen Stuhl herbei, setzte sich direkt vor mich und verschränkte ihre Arme. Frau Klotz blickte mich sehr ernst an. Mir wurde ziemlich mulmig zumute. Sie verkündete mir, ohne mit einer Wimper zu zucken, dass ich nirgendwohin mehr fahren würde, da ich fast völlig blind sei und es keine

Rettung mehr für mein Augenlicht gebe. Ich schaute ihr geradewegs ins Gesicht, dessen Silhouette ich noch einigermaßen erkennen konnte. Zu diesem Zeitpunkt musste man mich bereits überallhin begleiten, das Auto konnte ich nicht mehr benutzen, und auch sonst war ich auf Hilfe angewiesen. Doch immerhin war ich noch einigermaßen selbstständig, und die Hoffnung auf Besserung hatte ich noch nicht aufgegeben.

Diese knallharte, ehrliche Diagnose zog mir erneut den Boden unter den Füßen weg. Woher wusste sie das eigentlich mit dieser bestimmten Gewissheit? Der Himmel stürzte ein. Der Boden war wabbelig, und ich ging wie auf Watte. Ich glaubte, augenblicklich ohnmächtig zu werden. Man musste mich weinend aus dem Raum bringen. In diesem Moment wusste ich nicht einmal, ob ich überhaupt noch weiterleben wollte. Alles schien sinnlos geworden, mein ganzes Leben, mein Sein, meine Vergangenheit, doch insbesondere meine Zukunft. Ich glaube, wohl kaum jemand auf der ganzen Welt kann sich vorstellen, wie unglücklich ich in diesem Moment war. Ich würde keinen einzigen Schritt mehr alleine machen können. So präsentierte sich mir das Bild eines Blinden. Und ein solcher sollte ich nun bald sein.

Tatsächlich konnte ich den Betriebsausflug nicht mehr machen, sondern war fortan daheim und wartete nur mehr darauf, dass mein Zustand sich Tag für Tag verschlechterte. Dr. Klotz' Prognose trat zu 100 Prozent ein. Ich war am Boden zerstört. So sehr, dass meine Frau und meine Eltern in ihrer Verzweiflung Dr. Milland aus dem Krankenhaus alarmierten, der mich unverzüglich sehen wollte.
Dort bestätigte auch Dr. Milland die Befürchtungen und teilte meinen Verwandten mit, dass ich am Ende meiner Kräfte angelangt sei. Er und die anderen hatten recht. Ich konnte nicht mehr. Jeder meiner Tage war mit großer Traurigkeit erfüllt und erschien mir ohne jegliche Hoffnung. Es ging alles so rasend schnell. Ich konnte nur Tage

später schon keine Farben mehr erkennen, die Natur, die mir immer große Freude bereitet hatte, war für mich nicht mehr erreichbar – so schien es mir. Erneut wurde ich ins Krankenhaus aufgenommen, wo man mich neuen Kuren unterziehen wollte, doch nun bot sich auch dort für mich nur mehr absolute Dunkelheit. Ohne Lebenswillen, leer und einsam fühlte ich mich. Ein Gefangener in mir selbst. Meine Gedanken waren nicht mehr zu ordnen. Es drehte sich alles im Kreise, verdorrte in der Enge meines jetzigen Seins. Jeden Tag dieselben Grausamkeiten. Ich dachte ununterbrochen darüber nach, in welcher Form ich überhaupt weiterleben könnte und wie ich meinen Mitmenschen begegnen sollte. Ich konnte mir nichts Brauchbares, nichts für mich Akzeptables vorstellen.

Auch mit dem Herrgott hatte ich wieder zu hadern. Immer mehr machte ich ihn verantwortlich für mein Schicksal, das er mir in die Wiege gelegt hatte. Ich sah alles als Folge aneinandergereihter Katastrophen. Die Erbkrankheit Hämophilie, dann HIV und nun diese Blindheit.
Ich hatte keine Kraft mehr, verkroch mich in mein Selbstmitleid und war überzeugt, dass ich jede Berechtigung dazu hatte. Mein ganz persönlicher Amoklauf gegen mich selbst begann. In mir manifestierte sich der Gedanke, mich selber zu zerstören.

Mein Immunsystem war im Keller, doch ich wollte trotzdem nach Hause entlassen werden. Ich musste versprechen, dort meine Zovirax-Therapie weiterzuführen. Die Ärzte machten mir den Vorschlag, einen Port-a-cath in die Brust zu implantieren, um daheim die Infusionen nicht immer neu per Nadel durchführen zu müssen. Damals war das die neueste medizinische Errungenschaft, die direkt aus den USA zu uns gekommen war und somit die reinste Sensation. Ich war mit allem einverstanden, mir war jetzt sowieso alles egal. Doch meine Heimkehr stellte ich mir irgendwie befreiend vor.

Am Tag vor meiner Entlassung rief man meine Frau. Man zeigte ihr, wie sie mir in Zukunft die Infusionen machen konnte. Genau genommen wäre sie dazu gar nicht berechtigt gewesen, da sie keine ausgebildete Krankenschwester war, doch hier musste man tatsächlich aus der Not eine Tugend machen, um allen das eh schon anstrengende Leben wenigstens etwas zu erleichtern.

Für Felicia stellte diese neue Situation eine weitere riesige Überwindung dar. Außerdem war die Sache auch für sie mit einem gewissen Risiko verbunden. Sie musste aufpassen, sich bei diesem Port-a-cath nicht zu stechen, eine Ansteckung stand permanent im Raum. Meine Frau zeigte sich damals zwar sehr tapfer. Sie hatte sich im Krankenhaus von den Ärzten alles genau zeigen lassen, wollte es daheim bei mir auch praktizieren – doch auch sie war längst schon an ihre Grenzen gestoßen. Ich kann mich noch detailliert an den Tag erinnern, an dem ich heimdurfte. Felicia hatte bereits einen Infusionsständer organisiert, das war wirklich zuvorkommend von ihr. Von meinem Fenster aus hörte ich die Hubschrauber über unser Dorf kreisen. Am Ortler, dem höchsten Berg Südtirols, war genau am selben Tag der erfahrene Bergführer Kurt Fritz verunglückt, so flogen die Helikopter den ganzen Tag über unser Haus.

An diesem Tag wurde mir wieder einmal bewusst, dass ich nie wieder Hubschrauber sehen würde, nie wieder den Ortler, nie wieder meinen Heimatort. Ich war nun vollständig erblindet.

Es ist schon sehr eigenartig, an welche Geschehnisse das Gehirn seine Erinnerungen knüpft. Und wie es sie wieder ausspuckt. Tags darauf konnte ich über dieses tödliche Unglück, das sich wie ein Lauffeuer in unserem Dorf, im ganzen Tal verbreitete, natürlich auch nicht in den Zeitungen lesen. Ich war bei allem, was mir früher Spaß gemacht hatte, jetzt auf Hilfe angewiesen. Ich wünschte mir, an Kurts Stelle zu sein.

Meine Kündigung lag immer noch in jenem Fach in meinem Bürotisch deponiert. Doch mein damaliger Vorgesetzter Hansjörg Fritsche rettete mich vor einer großen Dummheit, vor einem immensen Unheil. Da er mit Sicherheit geahnt hatte, was ich meiner Firma in diesen eingeschriebenen Brief mitteilen wollte, jagte er das Schreiben nur wenige Tage später durch den Reißwolf. Das sollte im Nachhinein mein großes Glück sein. Allein Hansjörgs weise Entscheidung habe ich es zu verdanken, dass ich bis heute mit meiner Invalidenrente finanziell abgesichert bin. Ein wahrer Segen, und meine Dankbarkeit ihm gegenüber wird ein Leben lang anhalten.

In der Schweiz konnte man damals volle drei Jahre in den Krankenstand gehen, und ich hegte immer noch die Hoffnung, mein Augenlicht während dieser Zeit zurückzuerlangen. Ich konnte mich mit der Diagnose nicht abfinden, konnte sie nicht akzeptieren. Bei meinen gelegentlichen Besuchen indes, die ich ab und zu mit meiner Frau in meiner Firma absolvierte, gab es immer wieder Anzeichen und Andeutungen, dass sie meine Stelle neu besetzen wollten. Was auch verständlich war unter dem Gesichtspunkt einer gesunden Firmenphilosophie. Doch ich war ziemlich geschockt und tieftraurig, da ich bei Gesprächen mit meinem Personalchef zwischen den Zeilen heraushören konnte, dass er die Hoffnung einer Wiedererlangung meines Sehvermögens längst aufgegeben hatte. Bald schon nahm der Sehbehindertenverband aus der Schweiz mit mir Kontakt auf und bot mir an, bei einer Hilfsmittelausstellung für Sehbeeinträchtigte in Chur teilzunehmen. Ich sollte dort irgendwelche Werkzeuge finden können, um auch als blinder Mensch weiterhin bei der Firma Hoppe bleiben zu können.

Mein Vater begleitete mich nach Chur. Als wir die Grenze passierten, fragte der Zollbeamte, ob wir etwas zu verzollen hätten, und mein Vater antwortete süffisant: „Nur einen kleinen Läntsch“, was so viel wie Jause hieß. Ich hatte sechs Jahre lang in der Schweiz gearbeitet, und war immer hin- und hergependelt, doch diesen Ausdruck hatte ich noch nie gehört. Nun musste sogar ich laut loslachen, mir erschien alles so anders, so skurril, so seltsam, so völlig absurd.

Leider gab es für mich auf dieser Messe rein gar nichts, was ich hätte gebrauchen können. Und wenn schon, dann wäre der Aufwand, etwas zu besorgen, mindestens genauso schwierig gewesen. Auch später machte ich immer wieder lange Fahrten zu irgendwelchen Messen oder direkt zu den Betrieben, wo ich mir als blinder Mensch sogenannte Arbeitshilfsmittel versprach. Die Werbung verkündete stets Erleichterungen in Form von neuen technischen Errungenschaften, die Blinden das Leben und Arbeiten annehmbarer machen sollten. Doch mit der Zeit empfand ich all diese gut gemeinten Initiativen als furchtbar anstrengend. Ich sah immer nur ein finsteres Loch, saß die ganze Zeit hilflos neben meinem Vater im Auto und war einzig von einem Gedanken besessen: nämlich, dass ich bald schon wieder sehen würde. In den ersten Monaten, sogar Jahren, war ich noch voller Hoffnung, dass sich mein Zustand bald bessern würde – dass alles nicht definitiv, dass es eine vorübergehende Phase sei. Die Hoffnungen waren trotz allem zeitweise noch groß.

Dann aber kam erneut die große Traurigkeit, die Depression. Die negativen Gedanken ließen mich nicht mehr los, hingen wie Nebel über mir, nahmen Besitz von meinem ganzen Sein. Sie umschlossen mich wie einen Panzer und schnürten mir die Luft ab. Es wurde von Tag zu Tag dunkler und schlimmer. Bald schlitterte ich dann regelmäßig in jene Phase, in der ich keine Zukunft mehr für mein Leben sah. Meine dunkle Welt hatte mich eingeschlossen in einen Kokon, aus dem ich nicht herauskonnte und in den niemand hineinkonnte. Meine Finsternis hatte mich eingeholt, ich sah keinen Ausweg mehr. Ich war Hämophiliker, HIV-positiv und blind. Dies versprach doch keine Zukunft. Mein Leben hatte für mich seinen Wert verloren. Jeden Tag fragte ich mich, was das Ganze sollte und wofür ich überhaupt lebte. Einzig meine kleine Tochter Stefanie gab mir noch etwas Kraft.

Doch selbst der Gedanke an die Kleine erfüllte mich mit abgrundtiefer Traurigkeit. Ständig musste ich daran denken, dass ich mein Töchterchen wahrscheinlich nie mehr wiedersehen würde. Man hatte mir erzählt, dass sie ein wunderhübsches, kleines, blondes Mädchen sei, das alle Herzen im Sturm eroberte. Und auch die Vorstellung, dass Stefanie womöglich sehr bald ohne Vater aufwachsen würde, zermürbte mich, und ich weinte sehr oft, wenn ich alleine zu Hause war. Mir war alles über den Kopf gewachsen, ich war restlos überfordert mit diesem, meinen neuem Leben. Sollte dieses Dahinvegetieren nun mein Dasein werden auf dieser Welt? Ich konnte es mir absolut nicht vorstellen. Niemand hatte mich darauf vorbereitet. Es war einfach alles so über mich gekommen, ohne Vorwarnung, ohne anzuklopfen, ohne zu fragen, ob ich das wollte oder damit fertig wurde. Es war einfach da, und ich sollte es nun annehmen und womöglich verlangten alle, dass ich damit auch noch gut zurechtkam. Wer und wie sollte man mit so einem Wahnsinn zurechtkommen? Nichtsdestotrotz gingen meine Privatvisiten in den verschiedensten Kliniken weiter. Und das machte mich beinahe verrückt.

Eines Tages bestellte mein Personalchef mich mit meiner Frau in die Firma. Er wollte wissen, wie es mit mir arbeitsmäßig weitergehen sollte. Jedes Mal, wenn wir in die Firma fuhren, war ich aufgeregt und von großer Angst erfüllt. Ich konnte mir nur zu gut vorstellen, dass Fragen auf mich einprasseln würden, was meine Erblindung anging, und auch sonst fühlte ich mich gemüßigt, Dinge zu erledigen, für die ich nichts konnte. Ich hatte ja selbst keine Ahnung, wie es mit mir weitergehen sollte. Wie nur sollte ich solche Fragen beantworten. Warum nur konnte man mich nicht einfach in Ruhe lassen?

Dieses Mal war es schlimmer als je zuvor. Rick Tomasi, unser Personalchef, wollte jetzt alles wissen. Er ging aufs Ganze. Irgendwie mussten Details durchgesickert sein, er durchlöcherte mich jedenfalls mit Fragen wie noch nie zuvor. Warum hast du vor der Erblindung so oft freinehmen müssen, warum bist du überhaupt erblindet, warum bist du auf der Infektionsabteilung stationär aufgenommen worden? Hast du sonst eine Krankheit? Er nahm mich regelrecht in die Mangel, und zu schlechter Letzt musste ich endlich mit dem herausrücken, was ich bis dahin verschwiegen hatte. „Ja, ich bin HIV-positiv." Peng, das war's. Jetzt konnte ich mir womöglich gleich den Kopfschuss geben.

Tomasi reagierte gar nicht so überrascht, wie ich mir erwartet hatte. Er musste längst etwas geahnt haben. Dann gab er zu, bei einem Gespräch mit meinem Arzt Dr. Gurdino zwischen den Zeilen herausgefiltert zu haben, wie es wirklich um mich stand.
Mir fiel es unsagbar schwer, diese Dinge zu ertragen, allein der Gedanke, Menschen, die mir vertraut hatten und denen ich vertraute hatte, so belogen zu haben, nicht sofort mit der ganzen Realität konfrontiert zu haben, machte mich fertig. Nicht einmal meine Mutter wusste von der furchtbaren Aids-Diagnose. Ich kam mir vor wie ein Dieb, ein Betrüger, ein Gauner, ein Schwerverbrecher. Ich hatte immerhin etwas Wesentliches verschwiegen. Ich musste vor der Welt nichts mehr wert sein, ein Stück Scheiße war sicher besser dran als ich.

Auch meine Familie versuchte, dieses Thema in Anwesenheit meiner Mutter immer wieder zu vermeiden. Mein Vater und meine Schwester waren immer noch der Meinung, dass es besser sei, wenn sie nichts ahnte. Wie ich später erfuhr, hat meine Mutter die Wahrheit dann unter sehr krassen Umständen doch noch erfahren, und dann war der Schock für sie kaum ertragbar. Ich bereute es sehr, meiner Mama ausgerechnet diese Dinge nicht sehr viel früher erklärt zu haben. Es war passiert, als meine Mutter erneut zu Dr. H. musste, um irgendwelche Papiere abzuholen, und bei dieser Gelegenheit hatte er sie unverblümt darauf angesprochen, ohne darauf zu achten, dass sie vielleicht noch nichts von alledem gewusst hatte. Meine Mutter war dem Zusammenbruch nahe. Gottlob gelang es meiner Schwägerin, sofort an Ort und Stelle zu sein, um Mama, die von ihren Emotionen erschöpft war, nach Hause zu bringen.

Es war für uns nicht leicht, zu begreifen, wie ein erfahrener Arzt so völlig unachtsam sein konnte. Er hatte meine Mutter sang- und klanglos davor gewarnt, mit meinem Blut in Kontakt zu kommen, da ich Aids hätte. Vielleicht hatte er geglaubt, wir hätten unsere Mama längst eingeweiht. Mich hat diese Geschichte gelehrt, bei wichtigen Menschen immer sofort mit der Wahrheit herauszurücken, wie schlimm sie auch immer sein mochte.

Die Firma Hoppe machte mir nun den Vorschlag, als Telefonist weiterarbeiten zu können. Meine Arbeitgeber waren zu diesem Zeitpunkt sehr darin bestrebt, eine Lösung zu finden und mir eine Beschäftigung zu geben. Das war ein sehr großzügiges Angebot, und dennoch war ich so traurig darüber, da es mir sagte, dass sich nun auch schon die anderen Gedanken darüber gemacht hatten, dass ich womöglich ewig blind bleiben würde. Der Gedanke der Telefonistenstelle begeisterte mich zwar, doch bei den anderen, egal, was sie auch sagten, wertete ich alles als Einmischung in meine Privatsphäre, als Negativum ab. Man schlug mir vor, im Zweigwerk in Laas zu arbeiten. Ich war sehr angetan, wollte alles tun, um diesen Job zu bekommen, und wartete geduldig daheim, dass man mich rufen würde.

Nach all diesen langen Intervallen wollte ich endlich wieder arbeiten, endlich wieder wichtig, endlich wieder produktiv sein für die Gemeinschaft, auch wenn ich nun blind war. Für mich galt damals ausschließlich das Leistungsprinzip. Machst du was, bist du was, kannst du nichts, bist du nichts. Seit einiger Zeit war ich nun mit Geschäftsleiter Karl Ladurner in Kontakt, doch die Zeit des Wartens fiel mir dennoch schwer. Kaum jemand kann sich vorstellen, welche Wehmut in mir entstanden ist, da ich quasi von einem auf den anderen Tag ohnmächtig daheim schmachten musste, um wegen eines Jobs angerufen zu werden.

Das lange Warten, die Ungewissheiten, die Depressionen, alles zusammen erzeugt manchmal seltsame Bilder. So auch bei mir. Ich legte mir praktisch Ersatzhandlungen zu. So war ich dem Label Fila verfallen. Um Sportsachen dieser Marke zu ergattern, organisierte ich Fahrten nach Latsch oder sonst wohin. Zu diesem Zwecke rief ich sämtliche Leute an, die mir einfielen und die mich dann hinbringen sollten. Im Nachhinein finde ich diese Geschichten absurd, und so manches ist mir peinlich. Doch damals war es so, und ich kann nichts anderes tun, als dazu zu stehen.

Endlich kam dann der ersehnte Anruf von Ladurner. Die eigens für mich geeignete und bereits bestellte Telefonzentrale allerdings musste erst noch aus Frankreich angeliefert werden. Doch ich war erst einmal glücklich über die positive Nachricht. Auch Felicia, meine Eltern und Geschwister freuten sich riesig mit mir. Die Zeit ohne Beschäftigung, in der ich ununterbrochen nur grübelte, mir unzählige Fragen nach dem „Warum" stellte und doch keine Antwort fand, war sehr schwierig für mich und alle daheim gewesen. Zwar konnte jeder sehen, wie schlecht es mir ging, doch ich wollte kein Mitleid. Mitgefühl und Verständnis hätten mir allerdings gutgetan. Doch die Hoffnung, dass ein Freund vorbeikommen würde, um mich zu fragen, ob ich mit ihm fortgehen wollte, um einen Kaffee zu trinken, ein Bier oder einfach nur, um etwas zu plaudern, schwand von Tag zu Tag. Es fehlte mir der soziale Kontakt zu meiner Umwelt, zu meinen Freunden, zu meinem alten Leben.

Jetzt ging es für mich vorerst einmal darum, dass ich mich organisierte und mir einen Plan zurechtlegte, wie ich zu meiner neuen Arbeitsstelle nach Laas gelangen konnte. Da kam mir ein Zufall entgegen. Mir war irgendwie aufgefallen, dass ein Mann aus meiner näheren Gegend auch jeden Tag dorthin musste. Und so kontaktierte ich ihn und hatte Glück. Wir taten uns zusammen, und es klappte recht gut mit uns beiden. Für mich ein weiterer kleiner Fortschritt – immerhin.

Zu dieser Zeit standen auch die ständigen Visiten im Krankenhaus von Bozen auf der Tagesordnung. Einmal musste ich wegen sehr hohem Fieber unverhofft hingebracht werden, Dr. Milland wollte mich nach telefonischer Rücksprache sofort sehen. Mein Vater war, wie jedes Mal, sofort zur Stelle, und erst kurz vor dem Ziel bemerkte er, dass er immer noch seine Arbeitshosen trug. Er war ziemlich ratlos, da man ihn in diesem Aufzug niemals in die Infektionsabteilung lassen würde. Auf der Rückbank des Wagens stand immer die Werkzeugkiste bereit, und so versuchte mein Vater, mit den verschiedensten Werkzeugen den Leim von seiner Hose zu kratzen. Es war immer sehr rührend, mitunter auch traurig, mit ansehen zu müssen, wie mein stolzer und starker Vater, der immer und überall seine Würde bewahrte, manchen Situationen trotzdem hilflos ausgeliefert war. Und meine Mutter telefonierte uns ständig hinterher, da sie wissen wollte, wo wir waren und was der Arzt zu berichten hatte. Man wusste auch nie, ob ich stationär aufgenommen werden würde oder ob ich wieder mit nach Hause durfte. Es waren immer wieder jene Situationen, bei denen man das Gefühl hatte, aus dem Leben herausgefallen zu sein.

Zu jener Zeit hatte meine Frau eine Halbtagsstelle im Büro eines Installateurs in Burgeis angenommen, sodass sie bei meinen Visiten, die stets vormittags stattfanden, nie dabei sein konnte. Deshalb lasteten alle Fahrten auf den Schultern meines Vaters. Meine kleine Tochter Stefanie allerdings, die damals zwei war, verbrachte den Vormittag stets bei mir. Wegen meiner Blutungen als Hämophiliker musste ich auch meine ständigen Infusionen weiterhin bekommen, die damals noch nicht die Qualität von heute hatten. Alles gestaltete sich sehr viel schwieriger, als es heute ist, und so war ich dauernd bei irgendwelchen Ärzten unterwegs. Beim Hausarzt, der zuständig für meine Bluterschmerzen, war und bei jenen in Bozen, die versuchten meinen Virus im Griff zu behalten. Auch übersäten immer wieder viele kleine Wunden meine Hände, die sehr schlecht heilten. Diese stellten wiederum ein sehr großes Ansteckungsrisiko für andere Mitmenschen dar. Insbesondere Felicia war sehr besorgt, dass sich Stefanie bei zufälligen Berührungen anstecken könnte. Wir übergaben Stefanie darum auch öfters Felicias Großmutter, da ich wegen der Erblindung verschiedene Gefahren nicht mehr erkennen konnte. Das Dilemma war groß und damit fertig zu werden für mich eine wahre Herausforderung, die ich nicht immer bewältigen konnte.

Sonntagabends verfolgte ich die Tagesschau unseres Lokal-TV-Senders „Rai – Sender Bozen“, um irgendwie mitzubekommen, wie die Spiele unserer Fußballmannschaft ausgegangen waren. Ich hatte immer noch großes Interesse am heimischen Fußball und begann auch wieder, bei meinen Freunden anzurufen und sie zu bitten, mich zum Fußballplatz mitzunehmen. Als Blinder war ich nun völlig auf die Hilfe anderer angewiesen. Im Prinzip fühlte ich mich wie ein unwürdiger Bettler, doch ich wollte allen zeigen, dass ich nach wie vor an allem interessiert war. Auf diese Weise bekam ich auch mit, dass meine Mannschaft, bei der ich während der Spiele so oft als Linienrichter tätig gewesen war, nach dem Wochentraining stets gemeinsam eine kleine Marende einnahm. Auf dieses Zusammensein freute ich mich nun wie ein Schneekönig, und alle versprachen mir, das nächste Mal an mich zu denken und mich mitzunehmen. Ich verging fast vor Vorfreude. Doch es kam anders. Man vergaß mich, und ich war maßlos enttäuscht.

Aus diesem Grund begann ich erneut, selbst die Initiative zu ergreifen, ich meldete mich immer wieder bei meinen Kollegen. Mir war der soziale Kontakt jetzt wichtiger als je zuvor, ich konnte mir ein Leben ohne einen solchen gar nicht vorstellen. Als blinder Mensch kam ich mir völlig isoliert vor und ich empfand mich auch als außerhalb der Welt. Gelang es mir dann wieder einmal, irgendwo dabei sein zu dürfen, war ich hinterher oft so traurig und deprimiert, weil mir Dinge bewusst wurden, die meine Freunde in der Zwischenzeit erlebt hatten und die mir, so schien mir, nun vorenthalten blieben. Es war ein bitterer Kreislauf. Wie nur sollte ich diesem entrinnen?

MEIN NEUER FREUND

Ich hatte nun einen anderen „Freund" gefunden. Einen, um den ich nicht betteln musste. Er war immer da, wenn ich ihn brauchte. Der Freund Alkohol. Und ich brauchte ihn immer öfter. Bei den diversen Ausflügen hatte ich mir nun angewöhnt, regelmäßig einen über den Durst zu trinken, und dieses Gefühl war toll und gefiel mir. Es vermittelte mir plötzlich wieder Stärke und Kraft, wenigstens in den kurzen Stunden des Rausches. Für all jene, die mich dann nach Hause bringen mussten, war die Situation weniger erbaulich und auch mehr als unangenehm. Sie mussten sich mit einem besoffenen „Laggl" abplagen, wie es bei uns so schön heißt. Meine Mutter erwartete mich zudem meist am Hauseingang und reagierte entsprechend. Trotz ihrer strengen Einwände konnte ich das Feiern nicht lassen. Ab und zu kam es vor, dass ich die ganze Nacht durchgezecht hatte und erst am frühen Morgen komplett vollgesoffen heimgebracht werden musste.

Natürlich war mir sehr wohl bewusst, dass Alkohol keine Lösung sein konnte und für mein Immunsystem das blanke Gift, doch der Glaube, sowieso bald sterben zu müssen, machte mich auch hier willenlos. Ich wollte die kurze Zeit wenigstens noch „genießen“.
Ich musste in der Früh und abends immer noch meine zehn Tabletten zu mir nehmen, doch selbst dieser Fakt hielt mich nicht davon ab, täglich mein gewisses Quantum „Flüssiges“ in mich hineinzukippen. „Ich habe Aids“, betonte ich stets mir selber gegenüber, „und werde sowieso bald krepieren.“

Allmählich bekam auch meine Schwester Gisella zu Ohren, dass ich immer öfters betrunken nach Hause kam. Sie ermahnte mich jedes Mal, wenn sie zu Besuch da war. „Das ist gefährlich, Markus. Du musst deine Medikamente nehmen, und die vertragen sich nicht mit dem Alkohol“, sagte sie als erfahrene Krankenschwester. „Außerdem verschlechtert der Alkohol deine Blutwerte um ein Vielfaches. Das geht so nicht weiter“, setzte Gisella noch eins drauf. Natürlich stand ich stets wie ein reuiger Sünder vor ihr, und ich versprach auch jedes Mal hoch und heilig, dass ich mich mäßigen wollte und dass ich wüsste, in welch dramatische Situationen ich mich mitunter manövrierte. Da ich meine Versprechungen aber nicht einhalten konnte, begann ich, meine Schwester immer öfter zu belügen, und die Spirale der Halb- und Unwahrheiten begann sich zu drehen. Unaufhörlich.

Und selbstverständlich gab es nun auch laufend Ärger mit meiner Frau. Sie litt sehr unter meiner Wandlung, insbesondere auch darum, weil ich bei ihr weiterlog. Bei den Visiten im Krankenhaus kam immer öfter mein Alkoholkonsum zur Sprache. Auch meinem Arzt waren meine Exzesse schon zu Ohren gekommen, und er versuchte, mich über die Auswirkungen aufzuklären und mich zu warnen. Mich aber konnte nichts davon abbringen. Die Freude, dadurch, dass ich mitfeierte, doch ab und zu mit meinen Sportsfreunden beisammen sein zu können, überwiegte und ich schlug alle Warnungen in den Wind. Mein Freund Hermann ließ sich immer noch nicht bei mir blicken, und das machte mich unendlich traurig. Was nur mochte ich ihm angetan haben, dass er mich so fallen ließ? Ich konnte es mir nicht erklären, wo wir doch vorher die allerbesten Freunde, ja wie Brüder, gewesen waren. Es hat leider nie eine Aussprache zwischen uns beiden gegeben. Ich hatte nie den Mut, ihn darum zu bitten. Im Nachhinein sehe ich viele Dinge selbstverständlich ganz anders, und der Griff zur Flasche war sicher keine gute Lösung, um meine Probleme zu vergessen.

Da mein exzessiver Alkoholkonsum immer öfter zu größeren Streitereien auch mit meinen Eltern führte, kam mir eine Information während einer Feier auf dem Sportplatz gerade recht. Ich erfuhr, dass am anderen Ende des Dorfes eine neue Wohnsiedlung entstehen sollte. In meinem betrunkenen Zustand durchlöcherte ich denjenigen, der mir davon erzählt hatte. „Wer ist der Bauherr?“, wollte ich wissen, und „wann wird mit dem Bau begonnen?“ Ich wollte ziemlich plötzlich, von der einen Minute zur anderen, aus meinem Elternhaus ausziehen.

Und es war tatsächlich auch der Bauherr selber auf diesem Fest, sodass ich gleich für den nächsten Tag einen Termin bei ihm vereinbaren konnte. Finanzielle Probleme hatte ich zu dieser Zeit keine, glaubte ich jedenfalls, da meine Invalidenrente relativ hoch war.

Damals wusste ich noch nicht, dass ausgerechnet diese vermeintliche Sicherheit meiner Invalidenrente auf sehr wackeligen Beinen stand. Es sollte sich einige Jahre später herausstellen, dass dem Amt ein Fehler unterlaufen war und ich einen beträchtlichen Teil zurückzahlen musste. Ich erzählte meiner Frau das kühne Vorhaben, aber sie zögerte anfangs noch. Sie letztendlich doch noch zu überzeugen, war nicht schwer, da es auch zwischen Felicia und meinen Eltern längst Differenzen gegeben hatte. Was auch kein Wunder war bei all den Eskapaden, die ich mir leistete. Felicia stand stets zwischen den Fronten und wusste oft nicht mehr, wie sie sich verhalten sollte. Darum willigte sie sehr bald ein, und ich schloss den Handel für den Hausbau nur einen Tag später ab, ohne weiter darüber nachgedacht zu haben.

Ich wollte einfach nur mehr weg. Nichts wie weg. All die Blicke, die Vorwürfe, die Ratschläge ... ich konnte sie nicht mehr ertragen. Zu dieser Zeit lernten wir einen Mann kennen, der aus dem Krieg von Bosnien geflüchtet war und nun in Schluderns bei einem Transportunternehmen arbeitete. Er war bei der Hochzeit einer guten Freundin dabei gewesen, zu der auch wir geladen waren. Wir kamen ins Gespräch, und ich erinnere mich noch sehr genau, wie meine Frau schon sehr bald von seinen blauen Augen schwärmte. Vlasto sprach nur sehr schlecht Italienisch, und wir hatten sofort Mitleid mit ihm, als er uns vom Krieg erzählte und dass er dort seine gesamte Familie zurücklassen musste. Wir nahmen Vlasto ab und zu mit in unsere Wohnung, und ich dachte tatsächlich, einen neuen Freund gefunden zu haben. Ein fataler Fehler, wie sich erst sehr viel später herausstellen sollte.

Der Hausbau verlangte sehr viel Organisation und Bürokratie von uns ab. Doch nach all den Strapazen freuten wir uns dann nur noch, endlich einziehen zu können. Ich war so damit beschäftigt gewesen, dass ich sogar ab und zu meine Krankheiten vergaß. Und ich musste trotz allem sehr hohe Schulden machen und Kredite bei der Bank aufnehmen. Doch ich war mir gewiss, dass meine Frau von der Schweiz aus sehr gut versichert war, denn ich wollte nicht, dass sie und das Kind im Falle meines Todes womöglich auf einem Berg Schulden sitzen bleiben würden. Auch der innere Antrieb, meinem Töchterchen ein schönes Zuhause bieten zu können, erfreute mich enorm und machte mich stolz. Ich hatte bis dahin keinen Aids-Patienten kennengelernt, der sich den Wahnsinn eines Hausbaus noch angetan hätte.

In jener Zeit meldete sich auch das Blindenzentrum bei mir und Ulrike, eine Mitarbeiterin, überredete mich, einen sogenannten Stockkurs zu absolvieren. Damit sollte ich lernen, mich mit einem Blindenstock voranzutasten, um mir gewisse Dinge im Leben leichter zu gestalten. Für mich war die Akzeptanz, dass ich womöglich mein Leben lang blind bleiben sollte, unvorstellbar. Ich wehrte mich nach wie vor mit Händen und Füßen gegen diesen Gedanken und ruderte dagegen. Nach und nach ließ ich mich aber trotzdem zu diesem Stockkurs überreden, und ich hoffte, damit wieder etwas Selbstständigkeit erlangen zu können.

Es sollte der Anfang sein, mich vorsichtig in mein neues Leben zu tasten. Ich wurde bei der Sanitätseinheit vorstellig, wo ich um die Genehmigung für die Bezahlung dieses Kurses ansuchen konnte. Der Tag, an dem ich meine ersten Schritte mit dem Blindenstock wagte, war anstrengend und vor allem sehr traurig. Mir wurde bewusst, dass nun ein neuer Lebensabschnitt angebrochen war, der mit meinem alten Leben nichts mehr zu tun hatte. Ich fühlte die vielen Blicke der Leute auf der Straße wie Stiche auf der Haut, spürte, wie mich ihre Fixierungen durchlöcherten. Das ganze Dorf hatte mittlerweile mitbekommen, dass ich nun total blind geworden war und mich nur mehr mit einem Stock weiterbewegen konnte. Es war jedes Mal eine enorme Überwindung für mich, überhaupt aus dem

Haus zu gehen, weil ich immer wieder mit diesen Dingen konfrontiert wurde.
Anfangs gingen Ulrike und ich immer an jenen Straßen entlang, die einen Bordstein besaßen, sodass ich mich daran orientieren konnte. Bald schon lernte ich, eine Straße zu überqueren. Das verlangte größte Konzentration von mir ab, und ich wurde sehr schnell sehr müde davon. Ich versuchte, mich zusammenzureißen und mich von nichts ablenken zu lassen.
Dann rief ich erneut jemanden von der Fußballmannschaft an, um zu fragen, ob man mich mitnahm zur Marende ins „Hexenhüttl". Anschließend konnte ich mich dann, wenn ich Glück hatte, neben die Kartenspieler setzen und mit ihnen miteifern und mitschreien, wenn sie sich in die Haare gerieten. Ich hätte viel gegeben, wieder einmal mitspielen zu können. Als ich noch selber aktiv teilhaben konnte an alledem, da war ich ganz schön eingespannt und furios gewesen. Die mir nun aufgezwungene Passivität machte mir zu schaffen. Ich war regelrecht krank davon, dass ich nicht mehr aktiv am Geschehen teilhaben konnte. Ich konnte nur dabeisitzen, ohne dass ich dabei Einfluss nehmen konnte. Ich fühlte mich stets wie draußen stehen gelassen. Ich war nun draußen vor der Tür daheim, draußen vor dem Leben – so fühlte sich das an. Ich griff erneut zum Alkohol.

Eines Abends habe ich total angetrunken und allein das „Hexenhüttl" verlassen. Ich wollte mich in meiner alkoholisierten Euphorie allein auf den Weg nach Hause machen. Eine Wahnsinnsidee. Anfangs schien noch alles gut zu gehen. An der rechten Straßenseite konnte ich mich mit meinem Stock gut orientieren. Als der Gehsteig jedoch zu Ende ging und ich unter meinen Füßen nur mehr den bloßen Teer spürte, verlor ich sofort die Orientierung. Ich tastete mich verzweifelt weiter, verlor schnell den Halt und stürzte dann über eine kleine Mauer. Mein Handy war dabei aus der Tasche gefallen, und ich war völlig hilflos.

Ich versuchte, mich aufzurappeln, hatte aber keinerlei Anhaltspunkte und rief laut um Hilfe. Franz Wolf, ein alter Bekannter, wohnte in unmittelbarer Nähe und wurde sehr bald auf meine verzweifelten Schreie aufmerksam. Sofort kam er angelaufen und kümmerte sich rührend um mich. Ich wusste immer noch nicht, wo ich mich befand. Franz erklärte mir, was passiert war und dass er meine Frau verständigen würde. Sehr bald schon kam Felicia mit dem Auto angebraust und stellte sofort hundert Fragen. Diese Geschichte war noch einmal gut ausgegangen, doch es blieb nicht bei dieser einen Nacht. Immer öfter versuchte ich, von nun an in der Nacht alleine mit dem Stock heimzufinden.

Einmal lag ich lange wach im Bett und konnte nicht einschlafen. Ich war sehr unruhig, stand auf und begann stundenlang vom Schlafzimmer ins Wohnzimmer zu wandern, bis ich mitten in der Nacht die Entscheidung traf, noch einmal eine Runde im Dorf zu machen. Während ich mit meinem neuen Begleiter, dem Stock, eine Wand entlang schritt, musste ich mich sehr konzentrieren, und sehr bald schon wurde es übermenschlich schwierig. Ich schlich mich an Mauern und Hauswänden entlang, doch meine Kräfte gingen schnell zu Ende. Ich war ohne jegliches Zeitgefühl. Heute noch frage ich mich, wie ich es eigentlich geschafft habe, an diesem Abend unbeschadet wieder heimzukommen. Wie lange ich unterwegs gewesen war in dieser Nacht, weiß ich nicht. Zu Hause hatte meine Abwesenheit jedenfalls niemand bemerkt, nicht einmal Felicia. Vielleicht war sie ganz einfach selber zu sehr erschöpft von ihrem neuen Leben mit mir und meinen dazugehörenden Eskapaden. Wenn ich heute zurückdenke, was so alles hätte passieren können, dann wird mir immer noch ganz schlecht davon. Die Nächte aber, in denen ich wach herumlief und keinen Schlaf fand, häuften sich.

Mit der völligen Erblindung hatte ich auch das Zeitgefühl verloren und konnte nicht mehr zwischen Tag und Nacht unterscheiden. Und meine Zeit ging ohnedies unendlich langsam voran. Es war mir so, als ob seit vielen Monaten alles stillstehen würde. Meine negativen Gedanken, die andauernd in meinem Kopf herumkreisten, machten mich auch halb wahnsinnig. Ich konnte und konnte einfach keine positive Botschaft in mein Hirn einpflanzen. Das erleichterte meine Leben auch nicht gerade.

Meine Schwester war damals noch kinderlos. So kam sie, wenn sie frei hatte, öfters zu Besuch. Ich wusste das immer sehr zu schätzen. Kam sie einmal nicht, war ich sehr traurig. Beim Abschied wurde ich regelmäßig melancholisch und wartete bereits auf ihren nächsten Besuch. Meiner Schwester und mir gelang es meist, ein paar Stunden unbeschwerte Zeit miteinander zu verbringen, trotz allem. Auch Felicia und ich hatten uns stillschweigend daran gewöhnt, nachmittags miteinander spazieren zu gehen. Das hatte sich so eingespielt, und ich brauchte diese „Ausgänge" auch sehr dringend. Sonst hatte ich ja kaum jemanden, der mit mir rausging. Vielleicht waren diese Spaziergänge Felicia schon damals zu viel, doch ich wusste, abgesehen von meinen Alleingängen mit dem Stock, nicht, wie ich sonst unbeschadet aus dem Haus kommen sollte.

Eines Tages brachte mir mein Vater die Nachricht, Pfarrer Alfred Gander würde uns gerne besuchen. Er habe von meinem Schicksal gehört und wollte mich treffen. Ich freute mich. Endlich wieder etwas Abwechslung. Als der Pfarrer in der Tür stand, bat ich ihn in unser Wohnzimmer, wo unsere kleine Tochter gerade auf dem Teppich spielte. Er zeigte großes Mitgefühl, und wir kamen über verschiedene Dinge des Alltags ins Gespräch. Plötzlich rief der Pfarrer entsetzt: „Die Kleine isst ja Karton." Zuerst kapierte ich gar nicht, was er damit meinte, bis mir einfiel, dass bei uns daheim die Bio-Linie Einzug gehalten hatte. So waren Stefanies Lieblingskost zurzeit Vollkornoblaten. Und an denen kaute sie den ganzen Tag herum. Wir mussten lachen, und die Atmosphäre wurde leichter und lockerer. Auch Stefanie lachte herzlich mit. Ich genoss diesen Besuch, denn traurig war es bei uns daheim schon lange genug gewesen.

Pfarrer Gander und ich sprachen noch über einige Belanglosigkeiten, es gelang uns nicht, ein tiefer gehendes Gespräch zu führen. Zwar hätte es in Anbetracht der ganzen Dramatik sehr viel zu reden gegeben, etwa, dass ich verzweifelt war, dass ich meine Situation nicht annehmen konnte und wollte, dass ich keinen Ausweg mehr wusste, dass ich Angst hatte, nach meinem Augenlicht auch noch meine Familie zu verlieren. Und Millionen andere Dinge mehr. Doch ich fand einfach den Zugang nicht.

Der Pfarrer hatte es gut gemeint, und dass er überhaupt vorbeigekommen war, ehrte ihn. Seelsorger sollen sich ja um die Seele ihrer Kirchengemeinde sorgen, um die Schafe in der Gemeinschaft, und das hatte er versucht zu tun. Auch um die schwarzen Schafe, zu denen ich mich in dieser dunklen Zeit zählte. Als der Pfarrer wieder ging, wünschte er mir viel Kraft und Gottes Segen.

Ich war zu diesem Zeitpunkt so sehr verbittert, dass ich diesen Segen als Fluch empfand. Es gelang mir schon eine ganze Weile nicht mehr an Gott zu glauben. Wie nur konnte ein Gott zulassen, dass mir dies alles geschehen war. Gab es überhaupt einen Gott? Diese und Tausend andere Fragen stellte ich mir. Ich hatte doch niemandem etwas Böses getan, hatte nur gelebt wie Millionen andere, hatte eine kleine Familie gegründet, verlangte vom Leben nichts Besonderes, war nicht gierig oder bösartig, wollte nur „normal“ leben und ein bisschen glücklich sein. Ich konnte einfach nicht begreifen, warum gerade mir alles gleichzeitig passiert war. Wäre es nicht genug gewesen, dass ich Hämophiliker war und dann Aids bekommen hatte? Warum musste ich auch noch erblinden? Warum, warum

warum? Ich weigerte mich, das alles zu ertragen und zu verstehen. Es gab keinen Gott mehr für mich.

Nach diesem Besuch gelang es mir noch weniger, mit meiner Situation zurechtzukommen. Ich versank in noch tiefere Depressionen. Man riet mir schließlich, mir von einem Psychiater helfen zu lassen. Längst schon hatte ich mich mit diesem Thema auseinandergesetzt und war nun selber so weit, dass ich wusste, irgendetwas musste geschehen. Und zwar gleich. Leider wurde der Gang zum Psychiater in unserer Dorfgemeinschaft immer noch sehr stigmatisiert, man war sofort psychisch krank und unten durch, sobald man auch nur im Wartezimmer eines Psychiaters saß. Und sehr viele zur Auswahl gab es damals auch noch nicht.

Ich wollte über die Krankenkasse betreut werden und ließ mir dafür eine Einweisung von meinem Dr. Johann Stricker geben. Zwar erwiesen sich die Wartezeiten als schier endlos, doch irgendwann klappte es, und eine im Tal bekannte Psychiaterin nahm sich meiner an. Die Angst im Wartezimmer von Dr. Wiesenthal auf ein bekanntes Gesicht zu stoßen, war riesig. Gemischte Gefühle bekam ich bereits, als die Empfangsdame, die ich als nervöse Zicke mit herrischer und unsympathischer Stimme empfand, alles über mich wissen wollte, meine sämtlichen Daten entgegennahm.

Felicia hatte mich begleitet. Darüber freute ich mich sehr, und, endlich im Behandlungszimmer, versuchte ich Frau Doktor sofort klarzumachen, dass Medikamente bei mir mit äußerster Vorsicht ausgewählt werden müssten. Seit ein paar Tagen wusste ich nun, dass ich nicht nur mit dem HIV-Virus, sondern auch noch mit Hepatitis C infiziert worden war und sich meine Leberwerte mehr als schlecht präsentierten. Bemerkbar hatte sich das neue Dilemma durch eine unsagbare Müdigkeit gemacht, es kam vor, dass ich nun tagsüber plötzlich einschlief.

Die Ärztin verabreichte mir erst einmal Antidepressiva für untertags und für nachts. Da diese Medikamente dafür bekannt waren, dass sie über einen längeren Zeitraum eingenommen werden mussten, bis sie wirkten, änderte sich mein dramatischer Zustand kurzfristig leider nicht. Anfangs musste ich alle drei Wochen bei einer Psychologin vorstellig werden, und jedes Mal wurde mein zartes Nervenkostüm erneut auf eine harte Probe gestellt, da ich immer noch befürchtete, ein bekanntes Gesicht in der Praxis zu treffen. Allein der Gedanke, dass ich auch noch als psychisch krank eingestuft werden könnte, war der blanke Horror für mich. Ich fand, dass ich nun wirklich bereits genug zu ertragen hatte.
Auch meine Frau war nun so weit, sich von einem Psychologen helfen zu lassen. Auf ihren Schultern lastete ein Berg von Sorgen, mit denen sie nicht mehr allein klarkommen konnte. Sie beschloss, sich in die Obhut eines privaten Psychologen nach Schlanders zu begeben. Dr. Clemens Gartner galt als sehr erfahrener Mann, und seine Praxis war ständig hoffnungslos ausgebucht. Es war sehr schwierig, überhaupt einen Termin bei ihm zu ergattern.

Eines Tages lud man mich zu einer gemeinsamen Sitzung ein. Der Psychologe und Felicia konfrontierten mich mit der Frage, was wohl geschehen würde, wenn vielleicht ein anderer Mann in Felicias Leben treten würde. Ich wusste nicht, wie ich darauf reagieren sollte. Ich hatte noch nicht an diese Möglichkeit gedacht. Ich war leider viel zu viel mit mir selber beschäftigt, als dass ich mir auch noch über meine Frau oder andere Männer hätte den Kopf zerbrechen können. Außerdem ging ich zu diesem Zeitpunkt immer noch davon aus, dass ich sowieso bald sterben würde. Dass ich null Chance hätte zu überleben. Natürlich hatte ich mir in letzter Zeit schon darüber Gedanken gemacht, was aus meiner Familie dann werden sollte, und auch sonst gingen Tausend andere Gedanken durch meinen Kopf. Aber ein anderer Mann? Ich wusste keine Antwort.

Das Allerschlimmste war, dass ich mit niemandem darüber reden konnte. Die gesamte Last, das ganze Paket trug ich allein mit mir herum, ich hatte das Gefühl, kein anderer Mensch konnte meine Tragödie auch nur im Ansatz begreifen. Und allein schon dieses Gefühl schien mich zu erdrücken. Nächtelang wälzte ich mich weiter neben Felicia im Bett herum, weil mir keine Lösung einfiel. Und wieder einmal vermisste ich meine einstigen Freunde. Ich konnte mich in dieser Situation meiner tiefsten Depression kaum selber ertragen und schon gar keine vernünftigen Entscheidungen treffen, weder für mich noch für andere.

Die Gedanken, mein ganzes Leben lang nie wieder die Berge, die Sonne, die Natur sehen zu können, machten mir immer wieder neue Angst, sie machten mich fertig. Immer noch hoffte ich, dass mein Freund Hermann doch noch eines Tages vorbeikommen würde. Wir hatten uns doch bis an dem Tag, als sich mein Schicksal so schlagartig wandelte, gut verstanden und viel miteinander unternommen. Fast täglich waren wir gemeinsam auf Achse gewesen, und wir wussten auch so viele private Dinge voneinander. Ich war bis zu diesem Zeitpunkt immer davon überzeugt gewesen, dass so eine Freundschaft ewig dauern würde, dass so eine Freundschaft durch nichts zu erschüttern sei. Der absolute Traum von mir war, dass sich eines Tages die Tür öffnen würde, und Hermann würde vor mir stehen und alles aufklären. Doch nichts geschah. Oder doch. Auch die anderen Freunde hatten sich mittlerweile von mir verabschiedet. Und die Arbeitskollegen hatten sich ebenfalls rar gemacht. Ich selbst hatte damals nicht die Kraft, Hermann einfach selber darauf anzusprechen, ihm all meine Gedanken, all meine Zweifel bei einem klärenden Gespräch mitzuteilen. Ich verhielt mich zu dieser Zeit äußerst passiv, und irgendwann einmal fand ich, war es zu spät für alles geworden.

Meine damalige Chefin Daniela allerdings hielt zu mir und kam oft mit ihrem Sohn zu Besuch. Das war ein großer

Trost für mich. Gemeinsam machten wir lange Spaziergänge im Biotop, und auch Felicia begleitete uns erneut. Daniela brachte mir damals die ersten blindengerechten Spiele bei, wie etwa Mensch ärgere dich nicht, Mühle und andere. Dennoch dauerten meine Tage in meiner dunklen Welt unendlich lange. Einzig meiner Tochter gelang es, mir etwas die Zeit zu vertreiben und mich aufzuheitern. Sie war noch nicht einmal zwei Jahre alt, doch sie sauste bereits wie ein kleiner Derwisch durch das Wohnzimmer und spielte ununterbrochen. Für sie war alles normal. Felicia aber wurde immer trauriger, und ich merkte bei den Besuchen meiner Eltern und Geschwister, dass der Gesprächsstoff ausging, dass auch meine nächsten Verwandten zunehmend entmutigter wurden und am Ende keiner mehr Worte fand.

Meine schlaflosen Nächte hielten an, und mein Arzt verschrieb mir weiterhin Schlaftabletten. Und immer wieder musste ich in die Klinik, um den Augendruck messen zu lassen. Die Visiten gestalteten sich mühsam für mich, da ich mich nirgendwo mehr zurechtfand und keine Orientierung mehr von nichts hatte. Mein Vater kümmerte sich nach wie vor rührend um mich, doch er war Handwerker und ein bodenständiger Mensch und diesen doch sehr sterilen Dingen oft hilflos ausgeliefert. Ich weiß noch sehr genau, wie er nach jeder dieser Kliniktorturen versuchte, irgendetwas gutzumachen und mir jeden Wunsch zu erfüllen.

Ganz in der Nähe des Krankenhauses gab es ein Restaurant, und dies hatte den besten Zwiebelrostbraten der Welt. Diesen Zwiebelrostbraten genossen Vater und ich nach jeder Visite. Es waren diese kleinen Rituale, die ich nun mehr denn je brauchte.

Als ich mit meiner Frau und unserer Stefanie eines sonntags einen Ausflug zum Reschensee machte und uns auch meine Schwägerin und mein Schwager begleiteten, überkam mich

dort ganz plötzlich eine sehr tiefe Depression, die mich in Tränen ausbrechen ließ, die nicht mehr versiegen wollten. Ich weinte und weinte und weinte. Es gab kein Halten mehr.
Es war für mich schlimm und für die anderen mindestens genauso. Wieder hatte mich dieses Gefühl übermannt, dass die anderen den von mir einst so geliebten blauen See und die darauf schwimmenden Fischerboote immer noch sehen durften und ich nicht. Ich fragte mich immer wieder: Warum gerade ich? Und ich begann erneut mit dem Herrgott zu hadern. Warum nur hatte er zugelassen, dass ich unschuldig HIV bekommen hatte, warum, dass ich dann auch noch blind geworden war. Wäre das eine ohne das andere nicht schon schlimm genug gewesen? Hatte ich nicht mit einer oder zwei Krankheiten schon ausreichend zu tun gehabt? Andere fahren in alle Herren Länder und turnen sich durch sämtliche Betten und bekommen nie etwas. Ich aber war meiner Frau treu, ging nicht fremd, hielt mich gesund und führte ein rechtschaffenes Leben und bekam alles, was kein Mensch gebrauchen kann. So dachte ich damals. Und nun musste ich auch noch ein Leben lang darunter leiden.

Welcher Gott konnte diese Ungerechtigkeit zulassen? Ich wollte es einfach nicht begreifen. Und alle sollten das wissen. Als wir von diesem Ausflug wieder zurück waren, ging ich tastend durch unser Wohnzimmer und suchte nach den verschiedensten Schnapsflaschen. Ich wollte mich einfach nur besaufen, bis ich nichts mehr spüren konnte von all dem Leid, das ich in meinem Herzen trug. Bevor wir in die Wohnung gelangt waren, hatte ich mir zu allem Überfluss auch noch den Kopf ziemlich hart gegen die Hausmauer geschlagen. Ich wollte einfach irgendetwas tun, damit wirklich alle wussten, dass ich mit all dem nicht zurechtkommen konnte und auch nicht zurechtkommen wollte. Wozu auch? Ich wollte dieses schwere Schicksal nicht annehmen, alle sollten wissen, dass ich litt und dass ich das nicht ohne Weiteres akzeptieren würde. Es verging kein Tag, an dem ich nicht mit meinem Schicksal gehadert, an dem ich Gott nicht tagtäglich verflucht hätte.

Ich konnte und wollte nicht glauben, dass die Welt da draußen sich einfach weiterdrehte wie immer, während ich da drinnen in mir gefangen war. Es war die Hölle, nichts als die Hölle. Meine Chefin aber blieb mir erhalten, tapfer stattete sie mir ihre Besuche ab, und sie brachte jetzt auch wieder Grüße von Arbeitskollegen mit. Doch besuchen kamen sie mich nicht. Erst sehr viel später habe ich verstanden, dass sie vielleicht nicht wussten, wie sie sich mir gegenüber verhalten sollten. Es wäre für mich das Größte gewesen, wenn sie gekommen wären, um mir ihre Solidarität zu signalisieren. Doch umgekehrt frage ich mich heute, ob ich selber wohl die Kraft gehabt hätte, mich dauernd mit einem so kranken Menschen zu beschäftigen.

Ein Arbeitskollege tauchte eines Tages plötzlich auf. Oliver Hoberg kam anfangs sporadisch, später immer öfter. Es war interessant, dass ausgerechnet Oliver es war, der mich sehen wollte, da wir uns zu meinen sehenden Zeiten in der Firma noch nie etwas zu sagen gehabt hatten. Ich freute mich über diesen plötzlichen Sinneswandel ehrlich darüber. Doch irgendwann fand ich den wahren Grund seiner freundlichen Besuche bei mir heraus. Es war Paolina, eine weitere gemeinsame Arbeitskollegin, die nun ebenfalls oft bei uns auftauchte. Die beiden hatten unsere Wohnung als Treffpunkt für ihre heimliche Affäre auserkoren. Ich spielte dabei nur eine marginale Rolle. Anfangs frustrierte mich dieser Gedanke, doch als ich die beiden darauf ansprach, klärten sich die Fronten, und wir konnten sehr bald schon darüber lachen. Oliver gelang es auch, einen Draht zu mir zu finden, sodass wir Freunde wurden. Er holte mich ab, und wir verbrachten immer öfter ein paar gemeinsame Stunden. Und das funktionierte trotz HIV und Blindheit bestens. Oliver hatte diesbezüglich keinerlei

Vorurteile, und oft gingen wir sogar aus, und dann tranken wir auch sehr viel, viel mehr als wir vertragen konnten, und auch mein neuer Freund musste mich immer öfter sturzbetrunken heimbringen. Felicia stand wieder kurz vor dem Ausflippen und hatte genug von mir und all den Eskapaden.

Auch sie hatte sich mittlerweile etwas ausgedacht, um Entspannung für sich selber zu schaffen. Jeden Mittwoch ging es für sie und ihre Freundinnen jetzt in den Treindlerhof nach Latsch zum Tanzen. Das war die angesagteste Disco im Tal, und alle wollten dorthin. Ich akzeptierte diese neue Angewohnheit ziemlich schnell, da mir klar wurde, dass Felicia etwas brauchte, um abzuschalten. Da ich aber mit dem Schlaf immer noch große Schwierigkeiten hatte und unsere kleine Tochter hütete, die auch halbe Nächte wach lag, hörte ich spät in der Nacht immer, wenn Felicia heimkam.

Sie verwies auf unsere schwierige Ehe und die äußerst prekäre Situation insgesamt und dass sie sich einmal die Woche entspannen müsse. Die Nächte, in denen ich daheim allein mit unserer Tochter auf sie wartete, waren besonders schlimm für mich. Wie nur mag sich Felicia gefühlt haben, als sie auf mich gewartet hatte? Doch sie war wenigstens nicht blind und war auch sonst gesund. Ich aber fühlte mich wahnsinnig allein und von Gott und der Welt verlassen. Immer mehr wurde mir bewusst, dass jetzt auch noch meine Frau auf dem besten Wege war, sich von mir abzuwenden. Auch suchte sie sich ihre Freunde nun anderswo. Und die meinen wollten halt pflegeleichte Menschen, die funktionierten. Mit einem eingeschränkten „Invaliden“, wie ich es nun war, wollte keiner mehr etwas zu tun haben. So dachte ich jedenfalls damals.

Um das Ganze dennoch irgendwie zu ertragen, versuchte ich, untertags so viel wie möglich spazieren zu gehen oder sonst etwas zu tun, damit ich wenigstens nachts in einen erholsamen und vergessenden Schlaf sinken konnte. Doch ohne Schlaftabletten ging das überhaupt nicht mehr. Auch schluckte ich längst schon Reupnol, ein sehr starkes Schlafmittel, das einzige, was mir noch helfen wollte. Einmal fragte mich der Apotheker in Mals, ob mir bewusst sei, welche medikamentöse Bombe ich mir da einwarf, doch mir war das damals egal. Ich wollte einfach nur ab und zu eine Nacht durchschlafen. Außerdem kultivierte ich immer noch den Gedanken, dass ich sowieso HIV-infiziert sei und es darum egal sei, mit welchen Pillen ich mich vollstopfte. Ich würde sowieso bald sterben.

Meine allergrößte Angst war nicht nur, dass ich selber sterben musste, sondern, was dann wohl aus meiner Frau und meiner Tochter werden würde. Es war zur fixen Idee von mir geworden, und ich konnte bald schon an nichts anderes mehr denken.

Doch ab und zu durfte ich auch sehr schöne Momente erleben. Eines dieser Ereignisse war, als mein Cousin Stefan mir einen Hund vorbeibrachte. Es war ein wunderschöner Schäferhund, und alle, die ihn sahen, bestätigten mir dies. Ich ertastete also meinen neuen Freund, den ich Daro nannte. Ich fand, dies sei der schönste Name der Welt, und ab diesem Moment war das Tier immer bei mir, wenn ich mit Felicia oder sonst jemandem zum Spazieren rausging. Ich war so stolz, und immer wenn wir andere Leute trafen, die auch einen Hund bei sich hatten, ergaben sich jede Menge nette Gespräche über Hunde und nicht mehr nur über meine Krankheit. Das beflügelte mich. Das Besondere an Daro war, dass er sehr bald verstand, an meiner rechten Seite zu gehen, da ich nichts sehen konnte und ich ihm nicht andauernd auf die Pfoten treten wollte. Daro spürte meine Eingeschränktheit sofort, ohne, dass sie ihm jemand aufgezeigt hätte. Er begriff einfach aus seiner Feinfühligkeit und seinem großartigen Instinkt heraus. Das schätzte ich bei Daro und schätze ich an Tieren besonders.

Daniela und ihr Sohn freuten sich, wenn sie mich abholten, dass nun auch Daro mit von der Partie war. Leider durfte das Tier nie in unser Haus, da Felicia strikt dagegen war. Sie konnte nichts mit Hunden anfangen. Daro blieb immer bei meinen Eltern, wo ich ihn jederzeit abholen konnte. Doch ich sehnte mich danach, ihn ganz bei mir haben zu können. Dieser Traum war bald ausgeträumt. Ein schwarzer Tag sollte alles verändern. Es war ein Sonntag, als Daro völlig überraschend auf die Straße hinauslief, weil er auf der anderen Seite eine Katze erblickt hatte. Es kam, wie es kommen musste: Daro wurde von einem Auto erfasst. Wir hörten einen furchtbaren Knall und dann ein schlimmes und verzweifelt kurzes Aufjaulen. Mein Daro war sofort tot. Der Autolenker konnte nicht mehr rechtzeitig bremsen, als der Hund ohne Vorwarnung in sein Fahrzeug gerannt war.

Unsere Tochter Stefanie hatte das ganze Drama vom Balkon aus mit ansehen müssen und stand unter Schock. Sie hatte Daro unten auf der Straße sterben sehen. Stefanie heulte den ganzen Tag lang, es dauerte viele Stunden, bis es uns gelang, sie wieder einigermaßen zu beruhigen. Auch für mich entwickelte sich dieser Tag zu einem der schwärzesten in den letzten Monaten.
Parallel zu meinem ganz persönlichen Drama verfolgte ich laufend die neuesten Entwicklungen in der Augenheilkunde und insbesondere jene in der Netzhautmedizin. Es gab immer wieder irgendwelche Meldungen von neuen verrückten Forschungen, denen man zum Teil nicht ganz trauen konnte, doch für mich waren sie das Highlight in meinem traurigen, dunklen Dasein. Ich klammerte mich an jeden Strohhalm, der sich irgendwie finden ließ. Was sollte ich auch sonst tun? Ich hatte keine andere Chance. So startete ich erneut Dutzende neue Visiten bei weiteren Dutzenden verschiedensten privaten Augenärzten.

Die allererste Visite absolvierte ich in Innsbruck bei einem Augenarzt, den mir Graf Johannes von Trapp bei einem

Besuch bei ihm auf der Churburg, die oberhalb von Schluderns thront, vorgeschlagen hatte. Trapp war es auch gewesen, der mir die Visite bezahlen wollte. Meine Tochter war vor dem Besuch im Schloss des Grafen sehr aufgeregt gewesen, da ich ihr vor dem Einschlafen immer erfundene Geschichten vom König und der Prinzessin erzählt hatte, die in diesem Schloss wohnen würden.

Wir durften in die privaten Gemächer des Schlossherrn, eine besondere Ehre für uns. Graf Trapp wollte meine ganze Geschichte hören und war sehr beeindruckt. Dann versprach er mir zu helfen, sollte es nur irgendwie in seiner Macht stehen. Stefanie stand die ganze Zeit sprachlos neben mir und bewunderte den „König" mit offenem Mund. Wenn man mir auch in der Augenabteilung des Bozner Krankenhauses bei jeder Visite klargelegt hatte, dass ich für immer blind bleiben würde, wollte ich das einfach nicht hinnehmen. Es musste doch wohl irgendwo auf der Welt jemanden geben, der mir helfen konnte. Bald schon fieberte ich einem neuen Termin für eine Visite in Innsbruck entgegen und zählte die Tage, bis es so weit sein würde.

Mein Arbeitgeber Hoppe hatte mir auch von Anfang angeboten, mir, so gut es ging, in meiner Situation beizustehen und mich zu begleiten, sofern ich eine weitere Visite im Visier hätte. Das war ein wirklich großzügiges Angebot, das ich sehr zu schätzen wusste. Ich konnte nun für diese Visite in Innsbruck bereits von diesem Angebot Gebrauch machen. Man stellte mir ein Dienstfahrzeug samt Fahrer bis hin zur Klinik zur Verfügung.

Das Ergebnis der Visite war vernichtend. Auch in Innsbruck machten mir die Ärzte alle meine Hoffnungen zunichte. „Ihre Netzhaut hat sich leider völlig abgelöst und ist zerstört, da ist nichts mehr zu machen", sagte der leitende Arzt ohne Umschweife.

Wieder einmal war ich am Boden, meine Hoffnungen waren geschwunden. Man konnte nichts mehr für mich tun. Niemand konnte mir mehr helfen. Es gab kein Wunder mehr für mich.

Dennoch: Bevor ich die Praxis verließ, nahm mich der Professor zur Seite und berichtete mir, dass es in der Schweiz, in Luzern, eine Klinik geben würde, die mit Atomkernen experimentiere und bereits Erfolge in der Augenmedizin und insofern in der Netzhautmedizin erlangt habe. Er machte mir den Vorschlag, dort einen Termin für mich zu vereinbaren, als letzten Versuch sozusagen. Wieder ein neuer Strohhalm für mich, an den ich mich verzweifelt klammerte. Doch konnte ich noch eine Niederlage verkraften? Mehr denn je waren dies nun meine Fragen. Zu viel schon hatte ich ertragen müssen, zu viele Heilungsvorschläge waren mir zu Ohren gekommen, doch keine einzige hatte sich auch nur im Ansatz für mich erfüllt. Das waren Wunden, die drohten, nie wieder geschlossen zu werden. Wunden, die ewig bluteten und mir den Verstand rauben konnten.

Es stellte sich dann heraus, dass sich auch diese letzte Hoffnung leider nicht erfüllte, die Enttäuschung brachte mich emotionell fast um. Es gab definitiv nichts, was mir helfen konnte, ich war ein „hoffnungsloser" Fall.
Als wir wieder zu Hause ankamen, war ich verzweifelter denn je, und mein Glauben an irgendeine positive Wendung war wieder einmal zerstört. Christoph Hoppe, mein Chef, wollte wissen, wie die Visiten verlaufen waren, und bot mir einige Wochen später an, eine weitere Untersuchung in Lausanne machen zu lassen. Er selbst wollte sie bezahlen. Ich konnte die grenzenlose Großzügigkeit kaum fassen, hatte mich aber von der letzten Niederlage dann doch etwas erholt und nahm das Angebot dankend an. Es war immer eine Erleichterung für mich, die Kosten bereits im Vorherein gedeckt zu wissen.

Während ich auf meinen Schweizer Termin wartete, blieben die wöchentlichen Untersuchungen im Bozner Krankenhaus nicht aus. Meine Leiden hatten mich nach wie vor fest im Griff, und ich war Dauergast in den Spitälern, was nicht nur für mich, sondern auch für meinen Vater sehr anstrengend war. Er begleitete mich nach wie vor, hatte aber immer noch Schwierigkeiten, sich im Klinikwirrwarr zurechtzufinden. Eigentlich war Vater immer wieder sehr erleichtert, in seine vier Wände zurückkehren zu dürfen, während die Klinik für mich bald der einzige Ort war, wo ich mich einigermaßen „selbstständig“ und frei bewegen konnte. Und dort war auch schnelle Hilfe möglich, sofern nötig.

KEINE FREUNDE MEHR

Als mich Dr. Oskar Milland von der Infektionsabteilung bereits zwei oder drei Jahre lang kannte, wusste er von jeder Visite her, wie sehr mir meine Freunde fehlten und ich auch jetzt immer noch Hoffnung schöpfte, dass sich bald alles zum Besseren fügen möge. Ich erhoffte mir nichts mehr, als dass meine Freunde von damals noch immer zu mir stünden und ihre abwartende Haltung einfach nur eine Unsicherheit gewesen sei und dass sich all ihre Fragen bald in Luft auflösen würden. Ich war doch immer noch der Markus, der ich auch vorher gewesen war. So empfand wenigstens ich mich. Für mich waren Freunde immer Lebenselixier gewesen. Ich wehrte mich vehement dagegen, dass nun alles anders sein sollte. Ich wollte doch nur der sein, der ich immer war.

Nun aber war ich blind, konnte keinen mehr erkennen und im wahrsten Sinne des Wortes waren plötzlich alle aus meinem Blickfeld verschwunden. Warum kamen sie

mich nicht suchen oder besuchen? Warum, um Himmels willen, war plötzlich niemand mehr da, mit dem ich reden konnte? Es gab rund um mich nur noch Wüste, Leere, Dunkelheit. Immer wieder flogen Bilder meiner Jugend vor meinem geistigen Auge vorbei. So etwa jene Calcetto-Abende bei Erna, unserer Lieblingswirtin. Einmal gelang es mir als Jüngling gegen einen wirklich guten Spieler, den alle „Weltmeister" nannten, mehrmals beim Tischfußball zu gewinnen. Es mochte wohl ein Glücksfall gewesen sein, doch auch noch Tage danach sprach das ganze Dorf darüber.
Meine Eltern wussten immer, wo sie mich suchen mussten, wenn ich wieder einmal unauffindbar war. Diese Kneipe war mein zweites Zuhause geworden. Und Wirtin Erna meine zweite Mama und alle Freunde und Bekannten dort so etwas wie meine zweite Familie. Meinen Polterabend, sehr viel später verbrachten wir bei Erna, und viele weitere Feiern fanden dort ebenso statt. Auch Karlheinz frequentierte Ernas Kneipe, sehr oft spielten wir Calcetto miteinander.

Karl Heinz arbeitete bei der Firma Recla, die ihn öfters mit dem Lkw nach Holland schickte. Eines Tages erreichte eine Hiobsbotschaft unser verträumtes Dorf: Karl Heinz sei auf dem Dachboden eines Hauses in Amsterdam tot aufgefunden worden. Er war an einer Überdosis Heroin gestorben. Welcher Schock für uns alle. Sein Vater war sofort nach Holland gereist, um Genaueres über den Tod seines Sohnes herauszufinden. Doch bis heute schwebt über die Umstände seines Sterbens fern der Heimat ein undurchsichtiger Schleier.
Karl Heinz' Vater brachte seinen Jungen schließlich in einem Zinksarg heim, was ein Vermögen gekostet haben soll.
Der Tote wurde in seinem Elternhaus aufgebahrt, und jeder im Dorf konnte noch von ihm Abschied nehmen. Wir alle waren sehr erstaunt, wir wurden erstmals mit einem Sarg

konfrontiert, durch den man praktisch hindurchsehen und den Toten betrachten konnte. Das hatte es in unserem Dorf noch nie gegeben. Karl Heinz sah schlimm aus.

Nichts mehr erinnerte an den netten Burschen mit den langen blonden Locken, dem Mädchenschwarm, dem stets ein Hauch Verwegenheit anhing. Wohl deshalb hatte auch ich ihn stets bewundert. Ich bedauerte es nun sehr, keine Handhabe gehabt zu haben, ihm zu helfen, ihn sogar zu retten. Und viele im Dorf dachten so. Dieses Schicksal ging mir noch sehr lange nach und hatte mir schon damals klare Grenzen aufgezeigt.

Inzwischen hatte ich über meinen Schweizer Arzt Dr. Gurdino den Termin bei einer Koryphäe in der Augenmedizin in Zürich arrangieren können. Es sollte der 22. Juli 1993 sein. Eine neue Hoffnung, dort endlich eine positive Antwort zu erhalten, keimte in mir auf und drehte sich alsbald wie ein Karussell in meinem Kopf herum. Es gab nichts mehr, um es abzuschalten. Nun begann ich wieder zu beten. Für mich selber, dass der Herrgott vielleicht doch noch Einsicht mit mir haben könnte und mir das Augenlicht wieder schenken würde. Ich begann einen Handel mit dem Herrgott. „Bitte, bitte lass mich wenigstens auf einem Auge wieder etwas sehen, und wenn es nur eine Kleinigkeit ist. Lass mich wieder teilhaben an der Welt, am Leben der anderen, an allem", flehte ich in meinen geheimen Fürbitten.

Meine Krankenhausaufenthalte hatten sich derweil erneut gehäuft. Ich musste immer und immer wieder hin und war einmal erneut stationär für zehn Tage dort. Die Zovirax-Therapie, die ich immer noch machte, schlug schon wieder nicht so gut an wie angenommen. Dann ging es wieder heim zu meinen Lieben, um dann erneut vierzehn Tage in die Klinik zu müssen. Eine schlimme Zeit des dauernden Aufs und Abs. Niemand konnte mir sagen, wann dies alles aufhören würde. Nicht bei meiner Familie sein zu können, war für mich die absolute Hölle. Dr. Milland wusste, wie sehr ich es schätzte, ein Einzelzimmer zu bekommen, und so gut er konnte, versuche er, meinen Wunsch zu erfüllen. Trotz der Entfernung von mehr als 90 Kilometern scheuten meine Eltern die weite Fahrt nicht und besuchten mich täglich. Für Felicia, die wieder halbtags arbeitete und dann das Kind abholte, war es oft schwieriger zu kommen.

Auch Edwin, mein Bruder, und sein Frau Isolde ließen es sich nicht nehmen, vorbeizuschauen, und da Edwin ein Motorrad besaß, konnte er abends nach der Arbeit oft noch einen Abstecher nach Bozen machen. Meine Schwester Gisella nutzte auch jede freie Minute ihrer Freizeit, um nach mir zu sehen. Ihnen allen war bewusst, wie ich in dieser dunklen Welt litt, und mit ihrer Anwesenheit wollten sie mir ihre Solidarität bekunden. Das richtete mich auf. Zuallererst fragte ich immer nach meiner kleinen Stefanie und auch, ob sie mich vermisste. Dann erzählten sie mir von ihren Fortschritten und wie sie jeden Tag etwas dazulernen würde und wie goldig sie sei und wie sie sich gut entwickle. Ich vermisste sie so sehr und konnte diesen Schmerz, der in mir tobte, oft kaum aushalten. Wie sehr hatte ich mir ein Kind gewünscht und wie hatte ich mich auf mein Töchterchen gefreut. Sie sollte der Inbegriff der Wonne für mich sein, mein Leben, meine Zukunft. Und nun lag ich da und konnte nicht bei ihr sein, und wenn ich daheim war, konnte ich sie nicht einmal mehr sehen. Ich konnte mir nichts Schrecklicheres vorstellen. Wie nur sollte ich meinem Kind irgendetwas von dem beibringen können, was ich mir während des langen Wartens auf ihre Ankunft so sehnlichst ausgemalt hatte. Sollte alles nur ein Traum gewesen sein, ein frommer Wunsch eines naiven Mannes?

Ging es nach den Augenärzten, würde meine Welt für immer dunkel bleiben. Nach einigen Monaten hatte ich auf dem linken Auge nur noch ein Sehvermögen von einem halben Prozent und auf dem rechten Auge von 0,8 Prozent, und das war für die Mediziner der Grund, die Diagnose „vollblind“ zu stellen. Der reinste Wahnsinn für mich, nun hatte ich meinen hoffnungslosen Zustand auch noch attestiert. Doch mein Leben sollte ja irgendwie weitergehen. Schließlich hatte ich eine junge Familie und Geschwister, die mich liebevoll umsorgten. Wie ich das damals alles geschafft habe, kann ich nicht genau sagen. Ich weiß jetzt aber, dass alles seinen Sinn gehabt haben mag. Nach nunmehr zwanzig Jahren habe ich erfahren, dass ich viele Dinge erst in meiner dunklen Welt erkennen konnte, Dinge, die ich sehend nie erlebt hätte.

Endlich kam der 22. Juli 1993 herbei, die angepeilte Visite in Zürich stand an. Christoph Hoppe hatte als wahrhaft großartiger Mensch erneut Wort gehalten mit seiner Hilfe. Was für ein Segen. Wenn ich an andere Menschen denke, die auch solche Schicksalsschläge hinnehmen mussten, die vielleicht keine Menschen an ihrer Seite hatten, die sich für sie einsetzten, so fühlte ich mich sehr privilegiert. Frühmorgens schon stand ein Firmenauto samt Chauffeur vor unserer Tür, mein Vater half mir beim Einsteigen, und dann fuhren wir los Richtung Schweiz. Die Aufregung war mir anzumerken, ich war ein Nervenbündel. Wir benötigten lediglich fünf Stunden, doch für mich dauerte die Fahrt eine halbe Ewigkeit. Unser Fahrer war Heinrich Fichter, ein sehr aufmerksamer Mensch, den ich noch von früher kannte. Ich wusste mich in seinen Händen gut aufgehoben. Hans half uns auch, sich in der riesigen Klinik zurechtzufinden. Nach der Anmeldung hieß es nur noch „warten und beten.“

Während der Untersuchung wurde alles getan, was getan werden konnte, es gab Messungen des Augendrucks, der Tränenflüssigkeit und so weiter und so fort. Ich aber war der Ohnmacht nahe, da der Professor kein Wort mit mir sprach und ich mir doch so viel erwartet hatte. Von den vielen Visiten in Bozen und anderswo war ich mittlerweile einiges gewohnt, es ging immer um Erwartungen, Hoffnungen, Enttäuschungen und auch frohe Botschaften. Dieser Professor hier schickte uns hinterher erst einmal in den Warteraum. Auch Hans wollte sofort wissen, was los sei, doch ich hatte noch keine Antwort, nur eine Ahnung. Und die war nicht die beste. Irgendwie hatte ich das Gefühl, als ob es keine positive Meldung geben würde.

Kurze Zeit später erklärte mir der Professor, dass es aussichtslos sei, mich zu operieren, da so gut wie fast keine Netzhaut mehr vorhanden war. Dann bekam ich von ihm das bestätigt, was uns schon andere Ärzte Monate vorher vorausgesagt hatten. Der Professor wünschte uns mit dem Untersuchungsbericht in der Hand noch alles erdenklich Gute in dieser schweren Zeit, bevor er sich mitfühlend verabschiedete. Mir kam vor, als ob sich die Welt rückwärts drehen würde. Ich hatte keine Worte für das, was ich in diesem Moment empfand. Jetzt war auch meine allerletzte Hoffnung dahingeschmolzen, alle meine Erwartungen in diese Visite in der Schweiz waren nun null und nichtig. Insgeheim hatte ich mir gewünscht, dass sich die Ärzte daheim einfach nur fürchterlich geirrt hätten. Doch nun war ich auf den Boden der Tatsachen gezerrt worden, ich hatte keine Chance. Nirgendwo.

Im Auto begann ich fürchterlich zu weinen. „Warum immer ich", schluchzte ich laut. „Was nur habe ich Schlimmes getan, dass der Herrgott mich so sehr straft", fragte ich in die Leere hinein, die mich wieder umgab, obwohl mein Vater neben mir saß und vorne Heinrich, der Chauffeur. Noch bevor wir das Klinikgebäude verlassen hatten, riefen wir daheim bei Mama und bei Bruder Edwin an. Alle hatten schon gespannt auf unsere Antwort gewartet, Felicia, die die ganze Zeit mit unserer kleinen Tochter beschäftigt war, konnte es nicht glauben: Nicht einen einzigen kleinen Hoffnungsschimmer sollte es geben? War das zu fassen?

Und mein schlechtes Immunsystem litt erneut unter dieser enormen Belastung. Diese Visiten raubten mir die letzten Energiereserven.

Damals konnte ich noch Hell von Dunkel unterscheiden, und wenn ich Glück hatte, auch noch einige Farben, je nachdem, in welchem Blickwinkel sie mir erschienen.
Ab und zu kamen Grüße von meinen ehemaligen Freunden an, die im Dorf meinen Vater oder meine Frau getroffen hatten. Meine Verwandten trauten sich wohl nicht, ihnen direkt mitzuteilen, wie sehr ich Freundschaft nun mehr denn je vermisste.
Ich verfolgte weiterhin alles aus Radio und Fernsehen, und insbesondere interessierten mich Reportagen, die nur annähernd mit der Augenmedizin zu tun hatten. Ich hoffte und betete jeden Abend, und wenn ich während der Gutenachtgeschichten über das zarte Gesichtchen meiner Tochter strich, wünschte ich mir so sehr, sie wieder sehen zu können.

Als ich damals im Dezember 1992 die Diagnose der HIV-Erkrankung erhalten hatte, wog ich ungefähr 70 Kilogramm. Man riet mir daraufhin, die Sonne zu meiden, da ich eine hoch dosierte Kortisonbehandlung bekommen würde. Zudem überkam mich ein nie gekanntes Hungergefühl, das kaum zu bremsen war, was eine enorme Gewichtszunahme mit sich brachte. Durch meinen grenzenlosen Hunger brachte ich in kürzester Zeit 93 Kilogramm auf die Waage. Das war furchtbar für mich, ich fühlte mich total unwohl und unansehnlich. Der Arzt machte mir aber klar, dass man das Kortison auf gar keinen Fall jetzt schon absetzen konnte, wenn überhaupt, dann würde man höchstens Schritt für Schritt mit der Dosierung zurückfahren können.

Im darauf folgenden Sommer beschlossen Felicias Schwester und ihre Familie, mit uns ans Meer nach Jesolo zu

fahren. Es sollte eine Abwechslung für alle werden. Dort quartierten wir uns im Hotel Nizza ein, wo wir seit vielen Jahren Stammkunden waren. Doch diesmal war alles anders. Denn ich war nun auch noch blind. Zum allerersten Mal bekam ich von meiner Frau deutlich zu spüren, dass sie es als sehr schwierig empfand, mich die ganze Woche über betreuen und pflegen zu müssen. Schwager Heinrich versuchte alles Mögliche, um viel Zeit mit Stefanie, unserer Tochter, und seinem Töchterchen Susanna am Wasser zu verbringen. Ich selbst konnte nicht viel tun, ab und zu hörte ich „Schau, Tata", oder „Tata, spielst du mit mir ein bisschen Sand", oder „Baust du mir einen Turm." So gut ich konnte, versuchte ich die Kleine zu zerstreuen und irgendetwas mit ihr zu unternehmen. Doch ich spürte die Blicke wie Pfeile auf meiner Haut, Blicke der anderen Strandbesucher, die mich zu durchlöchern schienen. Die meiste Zeit verbrachte ich sowieso schlafend auf meinem Liegestuhl, da ich vollgestopft war mit Antidepressiva. Auch schämte ich mich, so viel zugenommen zu haben, was man sehr gut an meinem massigen Bauch und meinen Brüsten sehen konnte, die nun viel größer waren als die mancher Frau. Einzig die warmen Sonnenstrahlen konnte ich genießen, die mir zwar von meinem Arzt strikt verboten worden waren, doch ich wollte mich nicht daran halten, da sie die einzige Freude für mich waren zu dieser Zeit. Mein Ungehorsam bescherte mir einen aggressiven Ausschlag am ganzen Körper.
Diese Aufenthalte am Meer brachten für mich, trotz allem, doch etwas Abwechslung in meinen trüben Alltag, weshalb wir auch in den darauf folgenden Jahren immer wieder mit derselben Truppe hinfuhren.

Wir hatten uns längst aneinander gewöhnt und im Hotel Nizza auch schon Freunde gefunden. Meine Frau allerdings wurde von Mal zu Mal unzufriedener. Sie merkte auch immer öfter an, dass sie lieber mit Stefanie alleine fahren wolle, um sich von den Strapazen mit mir erholen

zu können. Es gab mir jedes Mal einen Stich ins Herz, wenn sie damit anfing, da ich mir auch ohne ihre Bemerkungen längst schon wert- und nutzlos vorkam. Ich war es, der jahrelang schon keiner Arbeit mehr nachgehen konnte, der rein gar nichts mehr machen konnte, was vorher normal gewesen war, der bei sehr vielen Dingen auf absolute Unterstützung angewiesen war. Selbst bei den Spaziergängen, die wir nachmittags oft machten, musste mich Felicia, die durch all diese Katastrophen mindestens genauso aus der Bahn geworfen worden war, begleiten. Mir war längst aufgefallen, dass sie oft sehr überfordert war und nur die Macht der Gewohnheit sie noch mit mir weiterkämpfen ließ. Doch dass sie jetzt davon sprach, alleine mit der Kleinen in Urlaub zu fahren, brachte mich völlig aus der Fassung.
Ich wollte es einfach nicht glauben, dass Felicia sich längst schon in einem Entwicklungsprozess befand, der sie von mir wegbewegte. Und sehr wahrscheinlich hatte ich nicht gerade sehr viel dafür getan, um diesen Prozess abzuwenden.

Dennoch gab es auch zu dieser Zeit immer wieder Lichtblicke, so etwa wenn meine Jahrgangsfreundinnen mich und Felicia zum Pizzaessen abholten. Dann waren wir stets zu sechst, eine wahnsinnig quirlige Truppe, die herumschäkern und lustig sein konnte ohne Ende. Immer noch. Wir konnten miteinander sehr viel Spaß haben. Sehnsüchtig wartete ich also Jahr für Jahr auf diesen einen Tag. Diese wenigen Stunden hatten eine ganz besondere Bedeutung für mich bekommen, denn diese Freundinnen mussten nicht angefleht werden, damit sie vorbeikamen. Sie taten es ohne großes Wenn und Aber und organisierten sich einfach problemlos. Wir lachten und unterhielten uns, so als ob inzwischen nie etwas geschehen wäre.

Meine Blutwerte waren längst noch nicht in Ordnung, und mein Zustand besserte sich nur sehr langsam. Ich wusste auch warum. Immer noch trank ich ab und zu, genaugenommen dann, wenn doch einmal jemand sich zu mir verirrte und mich mitnahm. An solchen Abenden kam es vor, dass ich mich völlig vergaß und auch nicht mehr heim wollte. Wohl deshalb hörte ich über fünf Ecken immer wieder, dass ich mich negativ verändert hätte und man mit mir keinen Staat mehr machen würde. Deshalb könnte man mich wohl auch nicht mehr mitnehmen. Auch für Felicia war dieser Zustand unwürdig. Sie wartete wieder allein daheim mit Stefanie auf mich. Und meine Schwester Gisella bekam auch wieder alles mit. „Schau, Markus, was du da tust, ist sehr gefährlich, Alkohol in Verbindung mit deinen Medikamenten kann sich tödlich auswirken“, warnte sie. Es war ein nicht enden wollender Kreislauf. Die Abwärtsspirale drehte sich unaufhörlich.

FELIX

So war ich zu jener Zeit ziemlich intensiv mit mir und meinem Schicksal beschäftigt, als ich fast schon nur mehr nebenbei erfuhr, dass die Frau meines ältesten Bruders Siegfried zum zweiten Mal schwanger war. Mir gab es einen Stich ins Herz, alles schien in mir zu brodeln und zu köcheln. Sehnlichst hatte ich mir selber mindestens vier Kinder gewünscht, doch meine Träume und Hoffnungen, das war mir zu diesem Zeitpunkt bereits klar, waren durch ein grausames Schicksal zerstört worden. Ich kroch gerade armselig durch mein Leben und fühlte mich wie ein verletztes Tier, das durch nichts mehr auf die Beine zu kommen schien. Nicht, dass ich mich nicht mit meinem Bruder und seiner Frau über ihr neues Glück gefreut hätte, das natürlich, doch ich muss zugeben, dass ich mich mit derlei Situationen immer noch schwertat. Insbesondere wenn es um Kinder ging. Meine Wunden waren einfach noch zu frisch. Ich wurde mir langsam bewusst, dass ich nie mehr ein völlig anderes Leben führen würde können. Andrea, meine Schwägerin, sah ich relativ oft, da das Söhnchen der beiden immer wieder von meiner Mutter betreut wurde. Auch während der zweiten Schwangerschaft ging Andrea noch einige Monate ihrem Beruf nach und brachte den Kleinen täglich bei uns vorbei.

Am 26. Jänner 1994 war es dann so weit. Siegfried rief uns an und teilte uns freudig mit, dass sie einen weiteren gesunden Jungen bekommen hätten und ihn Felix nennen wollten. Felicia und ich eilten sogleich ins Krankenhaus, um das neue Familienmitglied mit den anderen Verwandten willkommen zu heißen. Mein Bruder saß überglücklich am Bett seiner Frau, und ich merkte, dass er mich anschaute. Und nun fragte er mich unverwandt: „Markus, möchtest du Felix Taufpate werden?“ Ich dachte, mich verhört zu haben. Niemals war ich auf ein solches Angebot gefasst gewesen. Ich sollte Taufpate von Felix werden? Das konnte doch nicht wahr sein. Ich war doch so krank. Und auch noch blind. Hatten sich die beiden das tatsächlich gut überlegt? Wie nur gelang es ihnen, so großes Vertrauen in mich zu setzen? War es ihnen bewusst, was es heißt, Pate zu sein? Ich war von jeher ein sehr traditionsbewusster Mensch gewesen und hatte solche Dinge immer überaus ernst genommen. Ich wusste auch, dass ein Pate eine große Verantwortung gegenüber seinem Schützling übernehmen würde.

Dennoch war ich in diesem Moment mehr als gerührt über das Angebot. Ich konnte die Tränen nicht mehr zurückhalten. Zu jener Zeit war ich ohnedies sehr nahe am Wasser gebaut. Daheim erzählte ich meinen Eltern und den anderen Geschwistern vom Angebot meines Bruders und seiner Frau.

Doch die Zweifel kamen erneut. Wie nur sollte das funktionieren? Ich mit einem so winzigen Baby am Taufbecken.

Sicher würde ich alles falsch machen, würde gar nicht wissen, wie ich das kleine Wesen festhalten müsste. Mir war zu jener Zeit auch der letzte Rest an Selbstbewusstsein abhandenbekommen. Ich traute mir rein gar nichts mehr zu und dachte, alles verlernt zu haben, rein gar nichts mehr bewältigen zu können. Selbst ein Baby übers Taufbecken zu halten, brachte mich ins Grübeln. Was nur würde der Pfarrer sagen, wenn ich den Kleinen falsch halten würde oder durch meine Krankheiten sonst irgendwelche Peinlichkeiten aufkommen würden? Solche Gedanken plagten mich damals täglich. Ich zerbrach mir regelrecht den Kopf damit.

Alle meine negativen Gedanken waren überflüssig gewesen. Mit Hilfe meines Bruders schaffte ich die Taufe mit Bravour, und auch der Pfarrer, der zum ersten Mal einen blinden Paten vor sich hatte, lobte mich in den höchsten Tönen.
Später gelang es mir, ein wunderbares Verhältnis mit meinem Patenkind aufzubauen. So oft es ging, besuchte ich den kleinen Felix, und je größer er wurde, desto mehr überraschte er mich. Es war eine Wonne, nachzuvollziehen, wie er wuchs und gedieh und wie achtsam er auf mich zutrat. Felix hatte schon als sehr kleines Kind begriffen, dass er anders mit mir umgehen musste als mit den anderen in der Familie. Rein instinktiv nahm er mich wie selbstverständlich bei der Hand, wenn er mir etwas zeigen wollte und führte mich an den von ihm gewünschten Punkt. Diese Selbstverständlichkeit rührte mich stets, ich genoss die Zeit mit meinem Patenkind sehr.

Mit nur vier Jahren hatte Felix auch verstanden, dass er seinen Patenonkel stets an der Tür empfangen und ihn dann auch zur Tür begleiten sollte. Er hatte rasch begriffen, dass ich seine Hilfe benötigte, und er gab sie mir, ohne zu überlegen, selbstverständlich und freiwillig. Ich war sehr stolz auf mein Patenkind, das ohne große Erklärungen realisiert hatte, wie es um seinen Täit bestellt war. Felix, der von Anfang an mit meiner Blindheit konfrontiert gewesen war, zeigte keinerlei Berührungsängste oder Scheu. Ich habe das Gefühl, dass er sich auch heute noch verpflichtet fühlt, immer besonders gut auf mich aufzupassen.

Wenn Felix und ich uns im Dorf treffen, ruft er mir von Weitem schon zu: „Hallo Täit, wie geht es dir, was machst du?“ Und ich bin immer noch so stolz wie am ersten Tag, weil es ein erhebendes Gefühl ist, Pate eines so wunderbaren Menschen sein zu dürfen. Felix hat mir so manche glückliche Stunde schenken können.

EINE WEITERE OPERATION

Bei meinen langen Spaziergängen mit Felicia traf ich immer wieder Menschen, mit denen wir ins Gespräch kamen. Und es gab gar einige, die mich immer wieder fragten, ob es denn nicht doch eine Möglichkeit geben würde, mein Augenlicht zurückzuerlangen. Ob vielleicht doch irgendwo ein Fünkchen Hoffnung bestehen könnte. Da kam mir eine Frau aus unserem Dorf wie gerufen, die erzählte, dass sie in einer Augenklinik in München operiert worden sei und nachher tatsächlich wieder sehen konnte, obwohl alle anderen Kliniken vorher die Hoffnung längst aufgegeben hatten. Sollte es doch noch einen Lichtschimmer am Horizont meines blinden Daseins geben?

Da ich bereits ahnen konnte, von meiner Augenärztin im Krankenhaus von Bozen keinen Termin in München zu bekommen, beschloss ich, einen auf eigene Faust zu arrangieren, ohne aber daran zu denken, wie kostspielig eine solche Operation werden könnte. Es gelang mir jedenfalls, die Telefonnummer der Klinik und des Primars Dr. Kepner aufzutreiben und auch schon recht bald einen Privattermin zu vereinbaren.

Auch meine Eltern hatte ich immer auf meiner Seite, sie wollten mit mir gemeinsam alles tun, was auch nur einen Funken Hoffnung versprach. Und so begleiteten sie mich im September 1994 zur ersten Visite nach München. Nach einigen Untersuchungen erschien der Professor mit einer wunderbaren Neuigkeit. „Wir könnten es auf dem rechten Auge versuchen“, ließ er verlautbaren. „Dort gibt es noch Reste von Netzhaut.“ Ich konnte es erst gar nicht glauben, zu viele negative Einschätzungen von Ärzten hatte ich schon über mich ergehen lassen müssen. Keiner hatte mir bis dahin eine reelle Chance eingeräumt.
Doch dieser Professor hier erklärte mir, dass ich lediglich dafür sorgen sollte, genügend Medikamente des Faktors VIII mitzubringen, schon allein aus Kostengründen, da man mir vor der Operation und unmittelbar danach eine gehörige Ladung vollspritzen wollte, um alle Risiken auszuschließen. Das war für mich das kleinste Problem, ich hatte daheim genügend Vorräte im Kühlschrank gelagert.

Im November 1994 war es dann so weit. Erneut begleiteten mich meine Eltern nach München und beschlossen, auch die ganze Woche über bei mir zu bleiben. Sie wollten mich in dieser schweren Zeit nicht alleine lassen. An einem Sonntag wurde ich aufgenommen, die Operation sollte tags darauf bereits stattfinden. Ich war äußerst angespannt, doch voller neuer Hoffnung und betete sehr lange, dass sie gelingen möge. Bevor ich in den Operationssaal geschoben wurde, wünschten mir Vater und Mutter viel Glück, dann lullte mich die Narkose gnädig ein.

Viele Stunden später erwachte ich mit einem dicken Verband auf meinem rechten Auge. Mein Herz schlug vor Aufregung ein paar Takte schneller bei dem Gedanken, dass die Operation vielleicht mit Erfolg gesegnet sein könnte.

Doch bereits während der ersten Visite gab man mir zu verstehen, dass sich die Operation sehr wahrscheinlich nicht gelohnt hätte. Und als man mir am dritten Tag den Verband abnahm, folgte tatsächlich der große Schock. Meine Welt blieb nach wie vor stockdunkel.

Der Professor teilte mir mit, dass die Operation leider nicht wie erhofft gelungen sei, ich würde weiterhin blind bleiben. Meine Eltern umarmten mich in inniger Verzweiflung, und dann weinten wir gemeinsam sehr lange.
Ein paar Tage später schon durfte ich nach Hause, und viele schreckliche Gedanken schwirrten erneut in meinem Kopf herum. Ich wusste mir nicht mehr zu helfen. Wusste nicht mehr, was ich fühlen, denken, sprechen sollte. Doch diesem Schock folgte bald schon der nächste.

Denn nach einiger Zeit flatterte uns die Rechnung dieser Operation ins Haus. Nicht weniger als 15.000 Euro sollten der Klinik überwiesen werden, doch ich hatte keine Ahnung, wie ich das bezahlen sollte. Das Allerschlimmste war, dass mich damals bereits Schulden vom Hausbau drückten.

Alle diese Sorgen kamen auch dem Juniorchef der Firma Hoppe, C. H., in der Schweiz zu Ohren. Bei einem ausgiebigen Gespräch mit ihm sagte er mir, dass die Firma einen Fonds für ihre Mitarbeiter in schwierigen Situationen gegründet hätte, und ich gehörte in dieser Zeit ohne Zweifel dazu. C. H. versicherte mir, ich sollte mir wegen der hohen Klinikrechnung keine Sorgen mehr machen, die Firma würde alles aus diesem Fonds bezahlen können. Ich war über alle Maßen dankbar.
Nach dieser missglückten Operation begann ich, mich erneut mehr und mehr mit dem Gedanken auseinanderzusetzen, dass ich wohl ein Leben lang blind bleiben würde. Eine sehr bittere Erkenntnis. Doch ich war so froh, wenigstens keine zusätzlichen Schulden mehr zu haben, die ich der Großzügigkeit der Firma Hoppe zu verdanken hatte.

In den nächsten Wochen versuchte ich, weiterhin damit fertigzuwerden, nie mehr wieder sehen zu können, als mich wie aus heiterem Himmel heftige Kopfschmerzen attackierten, die nicht wieder abklangen. Mir blieb nichts anderes übrig, als meine Augenärztin in Bozen aufzusuchen. Sie war natürlich sehr verschnupft, als sie erfuhr, dass ich praktisch hinter ihrem Rücken eine weitere Operation in München gewagt hatte. „Lassen Sie sich ihren Augendruck doch dort messen, wo sie auch operiert worden sind", sagt sie mir unverblümt ins Gesicht. Und sie meinte es sehr ernst damit. So ernst, dass mein Vater mich tatsächlich erneut nach München bringen musste, da davon auszugehen war, dass meine starken Kopfschmerzen von diesem Augendruck abhingen.
Sofort wurde mein Tränenkanal mit Laser behandelt. Dies dauerte nur wenige Minuten und hätte im Prinzip auch in Bozen gemacht werden können.

TÜRKEI

Eines Tages rief mich Dr. Milland an und bat mich, gemeinsam mit Felicia zu sich nach Bozen. Er redete nicht lange um den heißen Brei herum, sondern rückte gleich mit einer riesigen Überraschung heraus. Der Arzt, der sich seine eigenen Gedanken über mich gemacht hatte, kam mit dem Vorschlag, uns mit einer Aids-Gruppe aus Berlin kostenlos zwei Wochen lang in den Urlaub in die Türkei zu schicken. Ich war an diesem Tag eigentlich zu ihm gekommen, da ich mich irgendwie immer noch an die Hoffnung geklammert hatte, bei der Aids-Forschung habe sich eine positive Wende getan. Oder dass man an dieser Immunkrankheit doch nicht mehr sterben müsste.

Nun würden wir in die Türkei reisen. Unsere Gefühle dafür waren gemischt. Milland betonte, dass uns auf diese Reise eine Sozialassistentin aus Bozen begleiten würde. Sie heiße Anna und würde in der Türkei dafür sorgen, dass ich, doch insbesondere meine Frau und meine Tochter, entlastet werden würden. Die Vorfreude auf diese Reise bescherte mir noch einen Tag davor einen Fieberschub, der alles wieder in Frage stellte. Doch dann konnten wir dennoch fliegen.
Unsere Stefanie war ziemlich aufgekratzt, noch nie hatte sie einen Flughafen gesehen, auch noch nie ein Flugzeug aus der Nähe. Doch mir war ziemlich unwohl. Wir waren offenbar die Einzigen hier in der Gruppe, die niemand anderen kannten. Wir waren noch nie in einer solchen Situation gewesen und jetzt schon überfordert. Gottlob hatten wir Anna an unserer Seite, die sich liebevoll um uns und unser Töchterchen kümmerte.

Zudem überkamen mich schon gleich am Flughafen mehrere Panikattacken inmitten dieser Menschenmassen. Mir schnürte es die Kehle zu, und ich dachte eigentlich nur mehr daran, ob ich diese Reise heil überstehen würde. Auch meine Frau und mein Töchterchen schienen von meiner Unsicherheit angesteckt, und es gab im Moment eigentlich keine Vorfreude, sondern nur Angst und Überforderung. Uns wurde auch schnell bewusst, dass die Gruppe so rein gar nichts mit uns und unserem Leben zu tun hatte. All diese Menschen schienen einer völlig anderen Welt entsprungen als jener, aus der wir kamen. Wir fanden keinerlei Parallelen untereinander, die Chemie zwischen uns schien ganz und gar nicht zu stimmen.
In Antalya blies uns ein heißer Wind entgegen, und ich konnte das Meer riechen. Ein wohliger Schauer durchflutete meinen Körper. Endlich. Wir waren heilfroh, Anna bei uns zu haben, denn das Chaos am Flughafen hätten wir wohl kaum alleine bewältigen können.

In Side, rund 50 Kilometer von Antalya entfernt, bezogen wir dann unser Hotelzimmer, und dort wähnten wir uns ersteinmal in Sicherheit.
Nun ging es mir darum, meine Medikamente, die ich wegen meiner Bluterkrankheit benötigte, an einem sicheren Ort aufzubewahren. Jene Odyssee am Meer, wo ich einst als Kind ohne Medikamente geblieben war, schwirrte immer noch in meinem Kopf herum. Doch Anna konnte alles problemlos organisieren. Als Joe am Abend das Programm präsentierte, fühlten wir uns dumm und provinziell. Noch nie hatten wir etwas von Reiki und Shiatsu oder Pranatherapie gehört. Und als uns Joe von einer Kindergartengruppe erzählte, in der Stefanie ab morgen ganztägig untergebracht sein würde, waren wir fassungslos. Wir sollten unser Kind den ganzen langen Tag fremden Leuten überlassen?

Wir beide sollten uns der Gruppenarbeit widmen, die tags darauf schon losgehen sollte. Beim Frühstück lernten wir Susanne kennen, die als Kinderbetreuerin hier war, doch Stefanie tat sich mit ihrem Hochdeutsch schwer, da sie außer Vinschgerisch je kaum eine andere Sprache gehört hatte.
Im Laufe der Zeit fiel uns ein junges Ehepaar auf, das ebenso eine kleine Tochter hatte. Sarah und Manfred signalisierten sehr schnell, dass sie Freundschaft mit uns schließen wollten. Und so erfuhren wir, dass diese Familie aus der Nähe von Berlin stammte und Manfred seit Jahren schon HIV-infiziert war. Sarah und ihre Tochter waren wie meine Angehörigen davor verschont geblieben. Welcher Segen. Wir waren sehr froh darüber, Leute gefunden zu haben, die uns ähnlich waren. Und das Ehepaar samt Töchterchen erwies sich als nett und hilfsbereit.

Bei einem gemeinsamen Abendessen erzählten Sarah und Manfred von einem weiteren Kind in ihrer Familie, worauf ich sehr erschrocken reagierte, da mir spontan der Gedanken kam, das Kind sei an Aids verstorben. Doch so direkt nachzufragen traute ich mich nicht, das war ich nicht gewohnt. Das gab es bei uns damals nicht. Man wollte sich nicht zu tief in das Privatleben anderer Leute hineingraben. Die beiden erzählten von ihren vielen Reisen nach Spanien, und da sei es dann geschehen. Sie hätten aufgrund seiner HIV-Erkrankung immer ein Kondom benutzt, doch an einem romantischen Sommerabend am Strand sei dies geplatzt, und pünktlich nach neun Monaten sei Amelie zur Welt gekommen. Unmittelbar nach der Geburt habe man einen Aids-Test gemacht und das Wunder sei eingetreten: Amelie war gesund. Jetzt sei das Baby erst vier Wochen alt und daheimgeblieben bei Oma. Auch müsse bald ein Folgetest gemacht werden. Vorher schon sei alles drunter und drüber gegangen und Amelie auch bereits unterwegs gewesen, als sie sich für diese Reise entschieden hätten. Darum hätten Sarah und Manfred sich entschlossen, mit der größeren Tochter trotzdem in die Türkei zu fahren und sich eben telefonisch über den Ausgang des Tests zu informieren.

Wir waren etwas irritiert. Wir hätten einen Säugling nicht daheim gelassen bei Oma, um eine Reise anzutreten. Doch es stand uns nicht an, über andere zu urteilen. Jeder hier hatte sein eigenes Päckchen zu tragen.
Einmal fragten uns Sarah und Manfred, ob wir auf ihre kleine Tochter aufpassen würden, da sie so gerne einen Ausflug ins Landesinnere machen würden. Natürlich konnten wir deren Wunsch nicht ausschlagen, doch als die Eltern endlich zurückkamen, war es bereits spät in der Nacht, und wir waren erneut etwas verwundert.

Auch andere Mitreisende mit der Diagnose HIV-positiv lernten wir besser kennen.

Und Betreuer Joe hatte alle Hände voll zu tun, die Gruppe stets friedlich aufeinander einzustimmen.

Speziell am Morgen gab es die verschiedensten Auseinandersetzungen, die er stets zu schlichten suchte. Jeden Tag fragte er auch nach, ob denn alle ihre Medizin genommen hätten. Welche Medizin? Irgendwann stand fest, dass es sich um Methadon handelte. Methadon gilt als Ersatzdroge, die anstelle von Heroin verabreicht wird. Nun waren wir im Bilde, dass wir es hier vorwiegend mit Menschen zu tun hatten, die ein Drogenproblem hatten. Und dass ihre HIV-Infektionen fast ausschließlich durch ihre Sucht entstanden waren und diese sich durch unsaubere Spritzen angesteckt hatten. Unser Staunen wurde von Tag zu Tag größer. Ich war als Bluter hier wohl so etwas wie ein Exot in dieser Runde.
Uns fiel ein Mann auf, der mit französischem Slang sprach. Wir erfuhren, dass er als Kapitän die Meere bereist hatte und jetzt mit seiner HIV-infizierten Frau Lilly da war, die ein winziges Baby im Arm herumtrug. Der kleine Junge mochte nicht älter gewesen sein als zwei bis drei Monate, und er war HIV-positiv. Lilly hatte als Hebamme gearbeitet.

Nur ein paar Tage später erfuhr Felicia von Lilly, dass ihr Mann glauben würde, sie hätte sich als Hebamme während einer Geburt von einer anderen HIV-Kranken angesteckt. In Wahrheit sei sie während einer längeren Abwesenheit ihres Mannes auf hoher See fremdgegangen, und aus dieser Affäre sei dann Jean entstanden, den sie hier durch die Gegend trug. Nun sei ihr kleiner Jean positiv, wie sein Erzeuger auch, doch sie wollte ihrem Mann davon nicht berichten. Sie befürchte, er würde sie und das schwer kranke Kind verlassen. Jean schrie den ganzen Tag, Lilly indes war die Ruhe selbst, und sie ließ sich auch durch nichts aus der Fassung bringen. Das Baby bekam mehrmals täglich seine Shiatsu- oder seine Reikitherapie, und Lilly war überzeugt, dass dies seine Not lindern würde.
Auch diese tragische Geschichte zeigte uns auf, dass es sehr viele Menschen gibt, die ihr Schicksal auf irgendeine Art

und Weise meistern müssen. So hat uns dieser Aufenthalt gelehrt, dass es sehr viele verschiedene schwierige Lebenssituationen gibt und noch viel mehr Varianten, dieselben zu bewältigen.

Eines Morgens kam Joe angerannt und bellte los wie ein wild gewordener Wolf. Er war außer sich vor Wut, er hätte mit einigen ein Hühnchen zu rupfen, sagte er. Gruppenmitglieder hatten die letzte Nacht am Strand verbracht und dort ihre dreckigen Spritzen herumliegen lassen. Auch bei uns kam Joe vorbei, um mich eindringlich davor zu warnen. Ich sollte den Strand meiden, da ich ja blind sei und die Spritzen, auf die ich womöglich treten würde, nicht sehen konnte. Die Probleme häuften sich von Tag zu Tag. Felicia und ich versuchten immer mehr, unsere Freizeit außerhalb der Gruppe zu verbringen.

Eines Tages bekam unser Betreuer Joe einen Wutanfall: „Welchem Idioten um Himmels willen ist es eingefallen, herumzuerzählen, dass wir hier fast ausschließlich HIV-Positive sind“, brüllte er laut durch das Hotelfoyer. Dutzende von Hotelgästen hätten sich an den Direktor gewandt und verlangt, dass unsere Gruppe auf der Stelle sein Haus verlassen sollte. Sie weigerten sich, ihren Urlaub mit HIV-Infizierten zu verbringen. Joe machte uns klar, dass er uns als Theatergruppe angemeldet hatte. Und ein Theater war das alles längst schon. Ein gewaltiges Theater. Keiner sollte wissen, wer wir wirklich waren.

Nun lag es an uns, den Hotelgästen weiterhin glaubhaft zu machen, dass alles nur ein Missverständnis sei. Was lag näher, als tatsächlich einen gemeinsamen Theaterauftritt zu organisieren? Es war Kabarett pur, was unsere Gruppe am Abend danach von sich gab, doch irgendwie auch verzweifelt lustig. Der völlig bizarre Versuch einer Zurechtrückung eines sogenannten Irrtums. Ich kann mich noch sehr gut an Sarahs und Manfreds Einlage erinnern.

Sie krähten aus vollem Halse „Marmor, Stein und Eisen bricht, aber unsere Liebe nicht“, und Felicia erklärte mir live, was dort oben auf der Bühne vor sich ging. Manfred hatte dann seine Gefühle nicht mehr im Zaum halten können und seiner Frau öffentlich vor allen anderen eine Liebeserklärung gemacht. Ich fand das sehr romantisch und bedauerte es, solche Dinge nicht mehr tun zu können. Zu gerne hätte auch ich für meine Frau irgendetwas Vergleichbares gemacht. Mit jedem neuen Tag wurde mir klarer, mit welchem Handicap ich künftig zu leben hatte. Alles hätte ich dafür gegeben, mein Augenlicht auch nur für kurze Zeit wiederzuerlangen.

Auch während dieses langen Auftrittes hatte ich wieder einmal große Schwierigkeiten wach zu bleiben. Mein Immunsystem war zudem so geschwächt, dass ich immer wieder sehr aufpassen musste, mir keinen Infekt einzuheimsen. Das wäre eine Katastrophe für mich gewesen. Schon allein der Gedanke, in der Türkei zu erkranken, und auch, dass Dr. Milland so weit weg war, schnürte mir die Kehle zu. Diese Angst hat mich die gesamten vierzehn Tage begleitet.

Am Abend vor unserer Rückreise verkündete uns Joe den Heimreise-Marschplan ganz genau. Um zwei Uhr früh mussten wir schon aus den Federn, denn unser Flugzeug sollte bereits um vier Uhr vom Flughafen in Antalya abheben. Felicia musste unsere Koffer packen, unsere Kleine herrichten, die, aus dem Schlaf gerissen, herzzerreißend weinte, und vieles mehr, während ich nur hilflos danebenstand und nichts tun konnte. Diese Hilflosigkeit war das Schlimmste für mich. Ich fühlte mich nahezu ohnmächtig, ich stand ständig neben meinen beiden Liebsten und war nicht fähig, auch nur die kleinste Kleinigkeit dazu beizutragen, damit diese Heimreise etwas leichter vonstatten ging. Doch wir freuten uns schon sehr auf daheim. Am Flughafen half unsere Anna, die Koffer am richtigen Schalter

abzugeben, und auch sonst erwies sie sich wieder einmal als Engel.
Doch als der Rückflug gestrichen wurde, war das Chaos perfekt. Joe gelang es nach einiger Zeit, einen Flieger nach Berlin zu organisieren, was eventuell zur Folge gehabt hätte, dass wir unseren Anschluss nach München nicht mehr schaffen würden. Stefanie war sehr bald müde und quengelte in den Armen meiner Frau. Joe bot uns an, bei ihm in Berlin zu übernachten, doch wir wollten unbedingt weiter nach München, da wir wussten, dass Schwägerin Claudia und ihr Mann uns dort abholen wollten.

Ich schlief mittlerweile fast im Stehen ein. Die Medikamente, die Aufregung, all das hatte mir den Rest gegeben. Ich war todmüde. Dann ein Lichtblick. Es gab ab Berlin bald schon einen Weiterflug nach München für uns. Gegen einen gehörigen Aufpreis, doch uns war mittlerweile alles egal. Ich konnte mich kaum mehr auf den Beinen halten. Dies war die einzige Lösung für uns, und wir waren erleichtert. Wir verabschiedeten uns von allen, insbesondere von Anna, unserer so lieben Begleiterin, die wir längst ins Herz geschlossen hatten.

Daheim empfing uns die ganze Familie mit einem großen Hallo, so als ob wir Jahre weg gewesen wären, und wir, erschöpft, doch erleichtert, wie wir nun waren, genossen nun einfach nur unsere vertraute Umgebung und die Ruhe unseres Hauses, die uns plötzlich wie ein Schutzschild umgab. Diese Türkeireise war in mehrfachem Sinne ein Abenteuer für uns gewesen. Und da im Leben alles irgendwie vernetzt ist und nichts passiert, was sinnlos wäre, hatte Felicia noch viele Monate telefonischen Kontakt mit Sarah. Darüber hat sie sich besonders gefreut.

Für mich standen anschließend zahlreiche Visiten bei „meinem“ Dr. Milland an, dem ich natürlich viel zu erzählen hatte. Er hörte mir mit Staunen zu und entschuldigte sich quasi für das Chaos und merkte auch an, dass er eigentlich nur Gutes für mich und meine Familie erhofft hatte. Das wusste ich natürlich nur zu gut. Doch er sah mir auch sofort an, in welch müdem und geschafftem Zustand ich mich nun befand. Wäre ich nur etwas gesünder gewesen, und hätte ich nicht auch noch diese schrecklichen Depressionen gehabt zu jener Zeit, so wäre diese Reise sicher genial gewesen. Auch für einen blinden Menschen.

Aus der Bezirkszeitung „Der Vinschger“
Aids gibt es nicht nur am 1. Dezember „… und plötzlich lassen dich alle fallen“

Stellen Sie sich vor – auch nur für eine Minute –, dass sie einen Aids-Test machen und dass dieser positiv ausfällt. Das Leben, das Sie bisher lebten, gerät mit einem Schlag aus allen Fugen. Alle Ihre Freunde lassen Sie fallen, Sie trauen sich nicht mehr unter die Menschen, Sie haben Tag und Nacht Angst, Sie werden depressiv, Sie verlieren die Kraft, Sie wollen nicht mehr weiterleben.
Es wird zwar Jahr für Jahr am 1. Dezember der Welt-Aids-Tag begangen, doch danach verschwindet die Immunschwächekrankheit ziemlich rasch aus den Schlagzeilen und von den Bildschirmen. „Aids gibt es aber nicht nur am 1. Dezember“, sagt ein Betroffener aus dem Vinschgau, der seit fast 20 Jahren Aids-Patient ist. Mutig zeigt er auf, auf welche Schwierigkeiten Aids-Patienten im Alltag stoßen, speziell auch in einem peripheren Gebiet, wie es der Vinschgau ist, wie viele Vorurteile es nach wie vor gibt, wie unzureichend zum Teil die Aufklärung ist und welche Lücken in der Betreuung vorzufinden sind. Er verweist andererseits aber auch auf die bedeutenden Fortschritte der Medizin und der therapeutischen Behandlung, was aber keinesfalls zur Annahme führen sollte, dass Aids nicht mehr so ernst zu nehmen sei.
Der Betroffene – wir geben ihm aus Gründen der Anonymität den Namen Luis – lebt trotz aller Probleme und

Schwierigkeiten Tag für Tag vor, dass das Leben trotz Aids lebenswert ist – sein Motto „Schau niemals zurück, sondern immer nach vorn". Mit dem HIV-Virus hatte sich Luis durch eine Bluttransfusion infiziert.
Zu den schwersten Monaten und Jahren seines Leidensweges gehört die Zeit, während der er mit der Angst lebte, möglicherweise infiziert zu sein. Luis: „Ich ahnte, dass ich Aids haben könnte, und hatte eine Höllenangst, den Test zu machen." Als er sich diesem schließlich unterzog, lautet die Diagnose HIV-positiv. Für Luis brach die Welt zusammen. Er versuchte, die Krankheit zu verstecken, in der Familie ebenso wie im Freundeskreis. Als er damals zur Behandlung in das Krankenhaus nach Bozen kam (Abteilung Infektionskrankheiten) waren die Namen der Infizierten noch vor der Zimmertür angeschlagen. Ein Arzt hatte ihm eine noch verbleibende Lebenszeit von rund sechs Monaten prognostiziert.
Wenn jemand nach einer „Bettgeschichte" Verdacht schöpft, sich möglicherweise infiziert zu haben, rät Luis, sofort den Aids-Test zu machen. Er denkt dabei an seine eigene Vergangenheit: „Hätte ich den Test sofort gemacht, wäre mir einiges erspart geblieben." Er appelliert vor allem auch an die Verantwortung all jener, die den Verdacht haben, infiziert zu sein, und ihrem Freund bzw. ihrer Freundin nichts davon sagen bzw. nicht einmal auf ein Kondom zurückgreifen. Wenn zum Beispiel ein Ausgehabend im Bett endet, wenn dort das Hirn ausgeschaltet bleibt, kein Kondom benutzt wird und am Tag danach Zweifel auftauchen, sollte man sich sofort dem Test unterziehen. Luis: „Je früher, desto besser, denn wenn die Infektion rasch entdeckt wird, kann sie auch schnell und wirksam bekämpft werden, besonders mit den jetzigen medizinischen Möglichkeiten."
Lebenswichtig im wahrsten Sinne des Wortes ist die Vorbeugung. Luis fährt viel mit dem Zug und hört oft, wie junge Leute miteinander reden. Über Sex werde viel und ausgelassen gesprochen, „das Wort Kondom aber höre ich

nie." Für Aufklärung, vor allem unter Jugendlichen, werde noch immer viel zu wenig unternommen. An Oberschulen gebe es zwar Vorträge und Referate über alle möglichen Themen, über Aids aber kaum. Zusätzlich zur Schulwelt sei auch die gesamte Gesellschaft gefordert. Informations- und Diskussionsveranstaltungen zum Thema Aids seien im Vinschgau leider Mangelware.
Die Liste der großen und kleinen Tragödien, zu denen die Diagnose Aids im familiären und gesellschaftlichen Umkreis von Luis führte, ist lang. Am meisten gelitten habe er unter den Depressionen, die ihn immer wieder von neuem einholten. Sehr enttäuschend für ihn war die Tatsache, dass er von den Freunden nach und nach im Stich gelassen wurde, auch vom besten Freud. Wovon Luis nichts hält, ist das heimliche Gerede und Tuscheln im Umkreis: „Mir ist es viel lieber, wenn mich jemand direkt auf meine Krankheit anspricht."
Vielfach auf sich alleine gestellt seien Aids-Patienten, die an Depressionen leiden, auch bezüglich der psychologischen und psychiatrischen Betreuung. Im Vinschgau gebe es diesbezüglich noch viel Handlungsbedarf. „Außerdem kommt hinzu, dass man oft lange warten muss, bis man einen Termin in Meran oder Bozen bekommt", so Luis.
Weit verbreitet seien immer noch Vorurteile im Zusammenhang mit Aids, etwa jenes, wonach fast nur Drogenabhängige und Homosexuelle infiziert werden. Dass dem schon längst nicht mehr so ist, beweisen die Statistiken, die jährlich anlässlich des Welt-Aids-Tages veröffentlicht werden. Auch in Bezug auf die Möglichkeiten der Ansteckung bzw. Nicht-Ansteckung herrscht teilweise noch Unklarheit. Was sich Luis daher wünscht, ist eine Art Anlaufstelle für Familienangehörige, Freunde und Bekannte von Aids-Patienten, damit sie informiert werden, wie man mit Aids-Kranken umgeht oder eben nicht umgeht.
Wovor der Betroffene ausdrücklich warnt, ist die Illusion, wonach Aids dank der bisherigen medizinischen Fortschritte nicht mehr eine so ernst zu nehmende Krankheit

sei: „Es stimmt, dass es Fortschritte gegeben hat, vor allem in der Entwicklung neuer Medikamente, wofür wir als Betroffene sehr dankbar sind, aber unterschätzen darf man Aids deswegen nicht. Davon kann sich jeder überzeugen, der auch nur einmal einen kurzen Blick in das Haus Emmaus in Leifers wirft."
Auch mit Kritik an den Medien wartet Luis auf: „Die Medien sollten sich der Verantwortung bewusst werden, die sie übernehmen, wenn sie in großen Schlagzeilen verkünden, dass wieder einmal ein möglicher Impfstoff gegen Aids getestet oder gar gefunden worden sei." Mit solchen Nachrichten werde die Krankheit irgendwie bagatellisiert.

Auf die Frage, woher er die Kraft nimmt, trotz allem mit einer positiven Gesinnung jeden Tag aufzustehen, meint Luis: „Da ist einmal der ‚gute Draht' zum Glauben. Weiters kommen der Halt in der Familie und in der Partnerschaft dazu und nicht zuletzt die Stütze all jener Menschen, die wirklich zu einem stehen und dich nicht nur bemitleiden." (sepp)

Derzeit über 270 Aids-Patienten in Südtirol

Die Zahl der Aids-Erkrankungen in Südtirol nimmt stetig ab. Trotzdem aber sei Vorsicht geboten, sagte Landesrat Richard Theiner kürzlich anlässlich des Welt-Aids-Tages am 1. Dezember.
Im heurigen Jahr wurden bisher 17 Neuinfektionen in Südtirol gezählt. Ausgebrochen ist die Krankheit heuer bei neun Südtirolern, was die Zahl der offiziellen Fälle von 1985 bis heute auf 273 bringt. Die Zahl der Erkrankungen pendelt sich auf jährlich sechs bis sieben Fälle ein. „Die Hälfte aller HIV-Infizierten in Südtirol sind Drogenabhängige, 29 Prozent sind Heterosexuelle, 18 Prozent Homosexuelle, zwei Prozent Bluter, ein Prozent ist durch eine Übertragung im Mutterleib infiziert worden", erklärte Raffaele Presterà von der Abteilung Infektionskrankheiten am Krankenhaus

Bozen. Von 1985 bis 1990 waren noch bis zu 80 Prozent aller HIV-Infizierten drogenabhängig, und nur 20 Prozent sind durch sexuelle Kontakte angesteckt worden. Angestiegen ist auch das Durchschnittsalter der Infizierten. Lag dieses 1985 noch bei 25 Jahren, sind es heute bereits 40, wobei die infizierten Männer im Schnitt leicht älter sind als die Frauen.

Nachfolgend ein paar Hinweise zum Thema Aids (Quelle: Abteilung Gesundheitswesen des Landes):
Aids ist eine fortschreitende, durch Virusinfektion erworbene Schwächung der körpereigenen Abwehr (Immunsystem). Dadurch können Krankheitserreger, die normalerweise keine ernste Gefahr für einen gesunden Menschen darstellen, den Organismus befallen und schwere Schäden verursachen. Ein Mensch, der mit HIV-infiziert ist, wird zunächst HIV-positiv (seropositiv), aber nicht Aids-krank. Zwischen Ansteckung und Ausbruch der Krankheit können viele Jahre vergehen. Auch HIV-positive Menschen, die sich gesund fühlen oder nur leichtere Krankheitszeichen entwickelt haben und vielleicht gar nicht wissen, infiziert zu sein, sind trotzdem in der Lage, das Virus an andere Menschen weiterzugeben.
Das HIV-Virus kommt nur im Blut, in der Muttermilch, in der Samen- oder Scheidenflüssigkeit in einer so großen Menge vor, dass eine Infektion stattfinden kann. Damit eine Ansteckung stattfinden kann, muss das HIV-Virus von einem infizierten Menschen durch diese Flüssigkeiten in die Blutbahn eines anderen gelangen. Dies kann geschehen: über die Blutbahn, wenn Drogenkonsumenten Spritzen gemeinsam benützen; über kleinste Verletzungen von Haut oder Schleimhäuten (dies kann beim Geschlechtsverkehr zwischen homo- oder heterosexuellen Paaren leicht geschehen, wenn Verletzungen an Geschlechtsorganen, After oder Mund mit Sperma, Blut oder Scheidenflüssigkeit in Kontakt kommen); während der Schwangerschaft, bei der Geburt oder über die Muttermilch von der infizierten Mutter auf das Kind.

Nicht nur sogenannte Risikogruppen (Homosexuelle, Menschen, die Drogen spritzen, Prostituierte und Partner all dieser Personen) sind der Aids-Gefahr ausgesetzt, sondern auch all jene, die sich in ihrem Sexualleben Risiken aussetzen. Das Virus wird immer häufiger durch Geschlechtsverkehr zwischen Mann und Frau übertragen. Keine Ansteckung zu befürchten gibt es beim Kontakt mit Ausscheidungen: Eine Infektion durch Schweiß, Speichel, Tränenflüssigkeit, Urin oder Kot ist praktisch ausgeschlossen und ist bis heute nicht nachgewiesen worden.
Nicht übertragen wird das HIV-Virus bei: Händedruck, Anfassen, Umarmen, Streicheln, Küssen; Anhusten oder Anniesen; Benützen derselben Toiletten, Bäder, Saunen oder Schwimmbäder; Benützen derselben Teller, Gläser oder Bestecke; Verzehr derselben Speisen oder Getränke; Zusammenarbeiten, -wohnen oder die Freizeit mit HIV-positiven oder Aids-kranken Menschen verbringen; Betreuen und Pflegen von Menschen mit HIV/Aids.
Zum Umgang mit HIV-positiven oder an Aids erkrankten Menschen heißt es: „Niemand von uns – gleichgültig wie und wo er lebt, gleichgültig ob Mann oder Frau – kann völlig ausschließen, dass ihm nahe stehende Menschen einmal in diese Lage kommen. Jeder von uns sollte einen verantwortungsbewussten, menschenwürdigen Umgang mit infizierten Personen haben. Sie brauchen dringend unsere offene Unterstützung und Solidarität. Und es gibt keinen Grund, ihnen diese zu verweigern."

Nützliche Adresse:
Verein Propositiv Südtiroler Aids-Hilfe
Baristraße 14/a, 39100 Bozen:
Tel./Fax 0471/932200
info@propositiv.bz.it
www.propositiv.bz.it

GANZ TIEF UNTEN

Fünf Jahre waren nun seit der letzten Diagnose vergangen, aus der ich als völlig blinder Mensch hervorgegangen war. Zeit, wieder einmal Resümee über mein Leben zu ziehen. Es hatte sich so viel ereignet, so viel getan, und alles hatte nicht im Geringsten mit dem zu tun, was ich früher erlebt hatte, was ich früher war. Alles, was sich in den letzten Jahren ereignet hatte, hatte sich negativ für mich entwickelt, die ganze Welt hatte sich gegen mich verschworen. So empfand ich jedenfalls meine jetzige Situation, mein Dasein. Leben konnte man diesen Zustand schon längst nicht mehr nennen. Jedenfalls nicht ein Leben, wie ich es mir vorgestellt und erträumt hatte. Ich hatte mir eigentlich nie sehr große Sprünge erhofft, kein Leben der Superlative erwartet, kein ununterbrochenes Highlight, sondern hatte einfach nur „normal" leben wollen wie die meisten in unserem Dorf.

Normal war, in meiner Vorstellung, sein Dasein mit einer Frau zu gestalten, mit einem Kind oder gar mehreren Kindern, einem Haus und ein paar Hobbys, einer Arbeit, die passt, ein bisschen Urlaub zu haben, wenn es sich ausging. Nichts Großartiges, einfach nur das Normale eben. Ich brauchte keine spektakulären Sprünge oder Hochgefühle, wollte einfach nur so sein wie meine Freunde, Verwandten und Bekannten. Was ich aber seit Jahren hier durchlebte, war weit davon entfernt. Sehr weit davon. Dies hier empfand ich nicht mehr als Leben. Vielmehr war es ein Dahinvegetieren. Ich kämpfte mich buchstäblich von einem Tag zum nächsten. Und manchmal nicht einmal das. Manchmal fehlte mir einfach die Kraft zu kämpfen. Manchmal war mir alles nur mehr egal. Ich empfand mein Dasein als trostlos, leer und verloren. Ich konnte mich nirgends mehr finden, es gab keinen Ort mehr, der für mich Heimat war, in mir drin war endlose Wüste, ich hatte mich fast schon aufgegeben. Ich fühlte mich als Loser, als nichts mehr wert, als sinnlos auf der Welt. Wer schon sollte mich noch brauchen, ich war allen eine Last. Am meisten mir selber. Mein Leben war ein einziges Martyrium für mich geworden.

Ich konnte meiner aktuellen Situation nicht einen einzigen guten, positiven Tag abgewinnen, nicht einmal einen einzigen positiven Gedanken. Meine Depressionen waren ins Unermessliche gestiegen, ich konnte keinen Tag ohne Medikamente leben, keinen Tag ohne daran zu denken, Schluss mit allem zu machen. Die Lust zu leben war mir lange schon abhandengekommen. Ich konnte und wollte nicht mehr.

Ich hatte genug von all den Krankenhausaufenthalten, all den schlimmen Enttäuschungen und vor allem von dem Gefühl, nichts mehr wert zu sein, niemandem mehr irgendetwas zu bedeuten, allen nur zur Last zu fallen. Mein Selbstwertgefühl war längst einem Zustand absoluter Verzweiflung gewichen. Verzweiflung über die Ohnmacht, einem furchtbaren Schicksal hilflos ausgeliefert zu sein. Und der Gewissheit, von meinen ehemaligen Freunden, von all den Menschen, von denen ich mich einst angenommen und geliebt gefühlt habe, verlassen und verraten worden zu sein. Ich fühlte mich wertloser als ein Wurm, der am Boden kroch. Und dieser Wurm wurde auch noch mit Füßen zertreten. Ich fühlte mich wertloser als nichts.

Die Finsternis und die endlose Angst, bald sterben zu müssen, hatten mir allen Lebensmut genommen, alle Hoffnungen zerstört. Ich war zu jener Zeit hilfloser als ein Baby und glaubte, dass mir niemand mehr helfen konnte. Am wenigsten ich selbst. Immer öfter wollte ich meinem Dasein ein Ende bereiten. Doch wie? Ab und zu gab es Tage, an denen ich irgendwie tief in mir drinnen wusste, dass ich heraus musste aus diesem Loch. Doch wie? Ich hatte keine Ahnung. Wie und wer nur sollte mir noch helfen können? Ich hatte doch alles versucht, was man mir um Himmels willen angeboten hatte, was mir selber eingefallen war oder was mir andere geraten hatten. Auch im Blindenzentrum war man mit dem Latein am Ende. Keiner wusste, wie man mich aus meinem Schneckenhaus, aus meiner tiefen Verzweiflung holen könnte. Es musste doch irgendetwas für mich geben, irgendeine Beschäftigung, die mich anspornte, mich aufheiterte, mich auf andere Gedanken brachte. Etwas, was mir guttat, was mich weiterbrachte. Doch was?

Dann gab es eine Sendung im Fernsehen, in der von einem Mann aus Meran die Rede war, der als Erster in Südtirol einen richtigen Blindenhund bekommen hatte. Das war ein Gedanke, der mich aufhellte. Nach langer Zeit ein Lichtblick. Immer schon hatten wir daheim Schäferhunde gehabt, wir Kinder waren praktisch mit Hunden aufgewachsen, und wir liebten sie sehr. Und ich hatte schon als kleiner Junge eine besondere Affinität zu Tieren entwickelt und zu Hunden besonders. Sie waren Teil unserer Familie gewesen. Auch hatte ich kurze Zeit bereits meinen Daro gehabt, der zwar kein Blindenhund gewesen war, mich aber sehr erfreut hatte und mir ans Herz gewachsen war. Daro war einfach ein lieber Kerl gewesen, in dem ich schnell einen Freund gefunden hatte. Nun könnte ich doch wieder einen Hund haben. Einen richtigen Blindenführhund. Das ist die genaue Bezeichnung für diese ausgebildeten Hunde, die in der Umgangssprache einfach „Blindenhund" genannt werden. Nach dieser Sendung ließ mich dieser Gedanke nicht mehr los. Ich hatte wieder etwas, für das ich kämpfen konnte, ich hatte wieder eine Idee und war überzeugt, mit einem Hund an meiner Seite wieder auf die Beine zu kommen. Ich begab mich auf die Suche nach diesem Mann aus Meran.

Es war wirklich nicht schwer gewesen, Josef Vedani zu finden. Mittlerweile war er selbst bekannt geworden wie ein bunter Hund, war eine kleine Sensation für die Leute, die ihn mit seinem Hund sahen, der ihm fast das Augenlicht ersetzte. Felicia war außer Rand und Band, als sie mitbekam, wie verzweifelt ich nach Josef Vedani gesucht hatte und wie erleichtert ich gewesen war, ihn gefunden zu haben. Sie hatte längst geahnt, wie sehr ich mir wieder einen Hund wünschte. Leider konnte meine Frau meine Gedanken, Wünsche und Träume nicht teilen. Felicia sagte mir sehr bald schon ohne Umschweife: „Wenn ein Hund ins Haus kommt, bin ich weg." Ich konnte ihre Abwehrhaltung überhaupt nicht begreifen. Es war mir völlig unverständlich, warum sie keinerlei Verständnis für meinen sehnlichsten Wunsch aufzubringen schien. Felicia konnte nicht begreifen, dass ein Hund für mich eine Chance sein könnte, neuen Lebensmut zu fassen, und zudem auch Hilfsmittel, um mich freier und selbstständiger bewegen zu können. Ich wollte quasi durch den Hund wieder neu sehen lernen, er sollte diese Aufgabe für mich übernehmen. Felicias Widerstand war riesengroß. Immer wieder betonte sie ihre Haltung: „Ein Hund kommt mir hier nicht her."

Doch ich lies mich nicht mehr davon abbringen. Hinter ihrem Rücken hatte ich Nachforschungen angestellt und telefonischen Kontakt mit der Familie Vedani aufgenommen. Helga Vedani war erstaunt, dass meine Frau den Wunsch eines Blindenführhundes nicht mittragen und mir den Gedanken sogar ausreden wollte. Sie wusste längst aus Erfahrung, wie hilfreich so ein Hund für den Betroffenen, ja für die gesamte Familie sein konnte. In ihrer Begeisterung schlug sie spontan vor, uns zu besuchen und meiner Felicia die Vorteile eines Blindenführhundes näher zu erklären. Ich war hingerissen. Nach sehr langer Zeit hatte ich endlich wieder einmal ein Erfolgserlebnis und Leute an meiner Seite, die etwas für mich tun wollten und darüber freute ich mich sehr.
Helga vergaß aber bei all meiner Euphorie nicht, darauf hinzuweisen, welch lange Ausbildung so ein Tier benötigte und dass man allerhand bürokratische Hindernisse in Kauf

nehmen müsse, um ihn genehmigt zu bekommen. Sich ein solch gut ausgebildetes Tier privat zu finanzieren, würde ein sehr teures Unterfangen werden, das sich ein Normalsterblicher kaum leisten könnte.

„Du musst mit einem Jahr Wartezeit rechnen“, sagte Helga unverblümt. Ich konnte es nicht fassen, so lange sollte ich erneut ausharren. Vielleicht war ich dann längst schon tot. Vielleicht hatte mein Immunsystem dann lange schon versagt und ich würde einen eigenen Blindenführhund niemals erleben. Vielleicht war für mich längst schon alles zu spät. Tausend negative Gedanken schossen mir erneut durch mein eh schon zermartertes Gehirn. Mir schien, als rinne mir die Zeit wie Sand durch die Finger. Es würde für mich nicht einmal mehr für einen Hund reichen. Meine Moral war wieder einmal am Boden.

Doch als die Vedanis endlich bei uns zu Besuch waren, entpuppten sie sich als wahrer Glücksfall. Sie verhielten sich sehr taktvoll und zeigten viel Gefühl. Helga Vedani war der Engel einer Frau, und zusammen mit ihrem Mann gelang es, letztendlich auch meine Felicia in ein vernünftiges Gespräch zu verwickeln. Sie erklärten ihr, wie wichtig ein Blindenführhund für mich, für uns alle sein könnte. Dass er nicht Last, sondern große Hilfe bedeute. Immerhin würde ein solches Tier eigens dafür ausgebildet werden und wissen, worum es gehe, und ausschließlich zu meinen Diensten da sein. Zu guter Letzt begriff Felicia den Wert eines solchen Hundes für einen Blinden, und schließlich willigte sie ein. Ich war begeistert und meiner Frau sehr dankbar. Noch dankbarer war ich den Vedanis, denen ein Kunststück gelungen war. Endlich wieder ein Hoffnungsschimmer über meinem düsteren Horizont.

Die lange Wartezeit von einem Jahr indes passte mir ganz und gar nicht. Jetzt, da wir uns endlich einig waren, einen Hund ins Haus zu holen, konnte es mir nicht mehr schnell genug gehen. Unser Hund sollte aus Lignate, aus der Gegend von Mailand, kommen und perfekt ausgebildet sein. Doch die Vorgangsweise schien mir viel zu schwerfällig. So stöberten wir auf eigene Faust im Internet herum. Und waren anfangs ziemlich geschockt von den hohen Preisen der privaten Blindenführhunde, die aus Schulen in Deutschland oder Österreich stammten oder aus dem Rest von Europa. Es war zwar durchaus möglich, einen Hund von diesen Schulen zu erwerben, doch den Preis dafür konnten wir beim besten Willen nicht bezahlen. Kaum ein gut ausgebildetes Tier wurde unter 15.000 Euro angeboten.

Wir hatten gerade unser Haus gebaut, und es hieß sparen. Eine dermaßen hohe finanzielle Belastung konnten wir zusätzlich nicht verkraften. Ich hatte die Idee, dass es mir vielleicht gelingen könnte, den Hund über Sponsoren finanzieren zu lassen. Voller Tatendrang legte ich mich ins Zeug. Doch sehr bald hieß es im Dorf, dass es verwerflich sei, für so etwas wie einen Blindenhund um Geld zu betteln. Einige Leute waren wohl der Meinung, wir hätten ein großes und luxuriöses Haus gebaut, also bräuchte ich nicht einen luxuriösen Blindenführhund, von dem man sowieso nicht genau wusste, für was er gut sein sollte. Sie sahen es wohl schlicht und ergreifend als eine „Unverschämtheit“, dass ich mich nun dafür starkmache. Das saß. Wieder einmal hatte ich mich vom Gerede der Leute einschüchtern lassen und war am Boden zerstört. Diese Meinung hatte mich zutiefst getroffen. Da ich damals besonders sensibel reagierte, zogen mich solche Worte stets in die Tiefe. Auch weil mir die anderen immer noch sehr wichtig erschienen und ich meine Mitmenschen praktisch als Parameter meines eigenen Daseins empfand.

Damals war vieles, was ich durch den Schleier meiner Blindheit erfuhr, natürlich Gift für meine Seele. Viele Tage und Nächte fraß sich diese Kritik in mein Herz. Doch dann raffte ich mich, zu meinem eigenen Erstaunen, wieder auf und verfolgte meinen Hundetraum zielstrebig weiter. Ich stellte mich selbst und meinen Wunsch in den Vordergrund und ins Internet.

Wir waren überwältigt von den Angeboten, die nur kurze Zeit später ins Haus flatterten. Aus ganz Europa kamen die E-Mails. Als es mir dann auch noch gelang, das nötige Geld für „meinen" Hund zusammenzukratzen, war ich euphorisch wie schon lange nicht mehr. Die verschiedensten Institutionen wollten mir helfen und mich finanziell unterstützen, und auch Privatleute haben letztendlich für meinen Traum gespendet. Es hat mich sehr bewegt, wie viel Anteilnahme und Unterstützung mir von Menschen entgegengebracht wurde. Schlussendlich entschied ich mich für ein Tier, das aus einer Schule aus Frankfurt kam. Dort wurde ein junger Schäferhund für 15.000 Euro angeboten. Mit Rückgaberecht. Der Hund sei bereits vollständig ausgebildet, so hieß es, und ich könnte ihn sofort zu mir nehmen. Das war es, was ich brauchte. Im November 2000 beschlossen mein Vater und ich, nach Frankfurt zu fahren, um den Hund abzuholen. Und zwar mit dem Zug. In diesem Moment war ich glücklich.

Diese Reise entpuppte sich für mich anstrengender, als ich mir je hätte ausmalen können. Dank meines Vaters konnten wir schlussendlich zu dritt wieder nach Schluderns zurückkehren. Dennoch waren wir alle, auch der Hund, fix und fertig, und wir benötigten einige Tage, um uns zu erholen. Dann tauchte die Frage auf: Wie schult man einen Blindenführhund ein? Wir hatten nicht die geringste Ahnung. Die ersten Versuche in den nächsten Tagen entpuppten sich als reinstes Desaster. Ich wage es bis heute kaum auszusprechen, was alles schiefgelaufen war. So ging Earl zum Beispiel auf der falschen Straßenseite, zum Teil sogar mitten auf der Straße, wo sich der gefährliche Verkehr bewegte. Dazu kam auch noch, dass der Hund einen unabwehrbaren Freiheitsdrang besaß. Er suchte praktisch sofort das Weite, sobald er einmal frei laufen durfte. Ich war außerstande, herauszufinden, wohin er dann rannte, und musste jedes Mal meinen Vater übers Handy anrufen, da ich keine Ahnung hatte, wo ich Earl suchen sollte. Die Schwierigkeiten mit dem Tier häuften sich von Tag zu Tag, dass ich sehr bald schon mit dem Gedanken spielte, Earl wieder zurückzugeben. So abwegig eine solche Entscheidung auch scheinen mochte. Für mich brachte der Hund, so gern ich ihn mittlerweile auch hatte, leider keine Erleichterung. Das Gegenteil war der Fall. Earl brachte mich immer wieder in verzweifelte Situationen. Ich befand mich oft mitten auf der Fahrbahn, weil er mich dorthin geführt hatte. Einmal stand ich mitten auf der Hauptstraße und rings um mich der tosende Verkehr. Diese Geschichten kosteten mich sehr viel Kraft, ich nahm wieder ständig Antidepressiva. Der Traum, mich endlich etwas freier bewegen zu können, schien für mich ausgeträumt. Das Tier ließ sich einfach nicht bändigen. Und ich glaubte, alles sei meine Schuld und nur mir würden diese Dinge passieren. Ich nahm mir einfach alles viel zu sehr zu Herzen und dachte erneut, die ganze Welt hätte sich mit mir angelegt. Als blinder Mensch kann man zwar die Worte hören, doch die Reaktionen und Gesten nicht sehen und die feinen Zwischentöne musste ich erst noch erkennen lernen. Ich weiß, dass auch das Umfeld es sicher nicht immer leicht hat, mit solchen Menschen wie mir und anderen Blinden umzugehen. Die gegenseitigen Differenzen berufen sich mitunter auf Gegenseitigkeiten.

Im Mai 2001 bekam ich einen überraschenden Anruf aus Mailand mit der Botschaft, ein eigens für mich ausgebildeter Hund stünde bis Juni für mich bereit. Diese Nachricht überraschte mich positiv und ließ mich wieder hoffen. Letztendlich war meine Freude riesengroß. Dennoch stellte sich mir jetzt aber zusätzlich die Frage, ob ich mit diesem neuen Hund zurechtkommen würde. Ich begann regelrecht zu beten, dass es dieses Mal klappen möge. Den Gedanken, ich könnte mit einem „richtigen" Blindenführhund vielleicht doch noch ein etwas unabhängigeres Leben führen, traute ich mich erst gar nicht mehr zu Ende zu denken. Mein Entschluss, Earl endgültig zurückzugeben, war aber gefallen. So leid mir das auch alles tat, das Tier und ich hatten nie richtig zusammengefunden. Earl hatte alles andere im Kopf, als mich zu führen. So wurde der Hund wurde schon bald mit unserem Privatfahrzeug wieder nach Frankfurt gebracht.

SAM

Dr. Gottardi vom Krankenhaus Schlanders war Mitglied des Lyons-Club Meran und damit beauftragt worden, zu prüfen, ob ich die Fähigkeiten besitzen würde, mit einem Blindenhund umzugehen, ihn zu führen. Und die Chancen standen gar nicht so schlecht für mich, trotz meiner sogenannten Niederlage mit Earl. Im Juni 2001 war es, wie versprochen, dann so weit. Felicia entschloss sich, mich samt Stefanie nach Mailand zu begleiten. Mein Vater brachte uns mitten in der Nacht nach Bozen, und von dort reisten wir mit dem Schnellzug nach Mailand, wo wir gegen zehn Uhr morgens endlich ankamen. Dort empfing uns ein sympathischer Mann, er hieß Davide. Auch er war Mitglied im Lyons-Club und trug das Ensemble seines Vereins auf seinem T-Shirts.

In der Blindenführhundschule angekommen, staunten wir erst einmal über die Ordnung und Sauberkeit dieser Einrichtung. Wir sollten an der Pforte warten, teilte uns Davide mit, er würde den Hund für uns holen. Wir waren mehr als aufgeregt und wussten nicht, welcher Vierbeiner uns da entgegenkommen würde. Heute noch höre ich Stefanie sagen: „Tata, es ist ein ganz Schwarzer." Und auch Felicia zeigte sich sehr überrascht, worauf ich sofort neugierig nachzufragen begann, welcher Rasse denn mein neuer Hund angehöre und wie er ausschaue. „Es ist ein schwarzer Labrador", antwortete Davide auf Italienisch. „Er heißt Sam." Mit allem hatte ich gerechnet, nur nicht damit. Ich hatte mir immer einen Schäferhund gewünscht, der mich ein bisschen an meinen Liebling Daro erinnern würde. Auch war ich von daheim nur Schäferhunde gewohnt, und selbst der unglückliche Earl war ein Schäferhund gewesen.

Ich bückte mich zu dem Tier hinunter und bemerkte, wie Sam mich freudig begrüßte und so tat, als ob er mich schon ewig kennen würde. Sam schleckte mir mit seiner langen Zunge über mein Gesicht und hatte somit mein Herz im Nu erobert. Das Tier zeigte mir, dass es mich mochte und mit mir gehen würde. Egal wohin.
Ab diesem Moment war mir seine Rasse völlig egal. Ich spürte, ja ich wusste sofort, dass wir ein gutes Team werden würden. Davide brachte uns in unser Hotel gleich neben der Schule, wo wir dann alle todmüde ins Bett fielen.

Gleich am nächsten Tag begann die Einschulung mit Sam. Mitten im Zentrum von Mailand sollten wir die Probe aufs Exempel bestehen. Als ein Mensch vom Lande war ich das hektische Hupen und den ganzen Verkehr nicht gewohnt, doch Davide wollte gleich aufs Ganze gehen. Sam stand, wie er in seiner Schule gelernt hatte, mit seinem Führgeschirr links ganz nah an meinem Bein, und Davide gab mir den Bügel in die linke und die Leine in die rechte Hand. Dann erteilte er Sam das Kommando „voran", und ich denke, dass ich aufgeregter als der Hund war in diesem Moment. Ich glaubte, dauernd etwas falsch zu machen. Sam aber reagierte wunderbar und souverän und gab mir ziemlich schnell das Gefühl, dass ich mich auf ihn verlassen könnte. So kurvten wir erst einmal durch die engen Gassen der Stadt, und immer wieder musste ich dem Tier meine eigenen Kommandos erteilen.

Genau an jenem Tag hatten die Mailänder ihre Müllsäcke auf die Straße gestellt, damit sie von den Stadtwerken abgeholt werden könnten, und das war ein gefundenes Fressen für Sam. Er schnupperte sehr interessiert daran, doch jedes Mal bekam er von Davide mit dem Stock einen Hieb auf die Schnauze. Das tat mir sehr leid. Bald schon wusste ich, warum Davide das machte. Sam durfte sich, während er führte, von nichts ablenken lassen. Es war ihm strikt verboten, während der Führung an etwas anderes zu denken als an die Führung selber. Nach zwei Stunden fuhren wir wieder ins Hotel zurück, fürs Erste sollte es genug sein. Felicia und Stefanie waren schon neugierig und wollten alles von mir wissen. Ich erzählte von der erlebnisreichen Schulung. Auch an den restlichen vier Tagen in Mailand ging es ständig für einige Stunden in die Stadt.

Das Alleranstrengendste für mich war die Schulung in der U-Bahn, da ich dort unten von nichts eine Ahnung hatte. Manchmal gingen wir sogar zwei bis drei Stockwerke tief, und ich spürte den Windzug der Bahnen, die, so schien mir, um Haaresbreite an mir vorbeisausten. Erstaunlich war jedoch, wie ruhig Sam immer geblieben war und sich um nichts kümmerte, weder um den Lärm, noch um die vielen Menschen, noch um sonst was. Dies hier musste ein sehr einfühlsames, intelligentes Tier sein und seine Schulung einfach perfekt. Sam hatte sofort ein Feeling für mich entwickelt und tat so, als ob er mich immer schon gekannte hätte. Ich war außer mir vor Freude.

Am fünften Tag dann ging es nach Hause. Mit dem kohlrabenschwarzen, doch noch sehr jungen Sam als Begleiter. Im Zug war es dann wieder aufregend, und meine Frau hatte erneut alle Hände voll zu tun mit dem Kind, mit dem Hund und mit mir. Als wir in Bozen aus dem Zug stiegen, waren wir sehr froh, alles heil überstanden zu haben, mein Vater winkte uns schon vom Bahnsteig aus zu. Ich war froh, dass Felicia mich nach Mailand begleitete. Wenn man bedenkt, dass Felicia anfangs nicht einmal einen Hund in der Wohnung akzeptieren wollte, so war es nun ein gewaltiger Entwicklungsprozess und ein Liebesbeweis ihrerseits, dass sie auch diese Hürde überwunden hatte. Mir zuliebe. Felicia war bereit, alles zu tun, dass unser Leben wieder gut wurde. Dass es ein Leben werden konnte, das wieder lebenswert sein würde. Dafür war ich ihr sehr dankbar.

Völlig erschöpft fuhren wir gleich heim, wo uns meine Eltern schon eine kleine Jause vorbereitet hatten. Bevor wir irgendwie eingreifen konnten, war Sam bereits hochgesprungen und hatte sich eine Semmel samt Inhalt vom Tisch gestohlen. Davide hatte mich bereits vorgewarnt und angeraten, Sam nach derlei Faxen sofort einen Maulkorb als Strafe zu verpassen. Labradors sind bekannt als Feinschmecker und große Fresser. Sie sind einfach immer „hungrig" und Tag und Nacht zum Fressen bereit. Meine Maulkorbattacke musste sich Sam sehr gut gemerkt haben, denn seither bediente er sich nur mehr sehr selten vom Essen an unserem Tisch.
Tags darauf startete ich mit meinem neuen Begleiter gleich schon meinen ersten Ausflug. Zur Sicherheit nahm ich meinen Vater mit. Ich wollte mit dem Hund auch meinen sehr starken Depressionen entgegenwirken, Sam sollte mein Allheilmittel gegen meine Lebensunlust werden. Er war sehr tapfer und zu jeder Zeit bereit, mich zu begleiten und mich zu beschützen. Auch sonst entwickelte das intelligente Tier sehr schnell eine Affinität mir gegenüber und meinen Bedürfnissen und Seelenzuständen. Endlich glaubte ich, zu wissen, wie ich den lieben, langen Tag herumbringen konnte. Sam bereitete mir keinerlei Schwierigkeiten, ihn einzulernen, und auch im Dorf war er bald allseits bekannt und beliebt. Mein Stolz, wenn ich mit Sam unterwegs war, war in Worten kaum zu beschreiben.

Bald schon entwickelte sich Sam nicht nur zu meinem treuen Begleiter, sondern auch zu meinem ganz persönlichen Psychologen. Er sorgte stets für Abwechslung und Zerstreuung. Viele Leute hatten nicht gewusst, dass es überhaupt schwarze Labradors gibt, zudem wuchs Sam aufgrund seines stark ausgeprägten Kopfes zu einem wahren Prachtstück heran.
Es gab gar einige Hundebesitzer, die mich fragten, ob ich ihnen Sam zur Weiterzucht ausleihen würde. Sam war jedoch längst kastriert. Alle Blindenhunde werden kastriert, damit sie sich besser auf ihre Aufgabe konzentrieren können.
Zu dieser Zeit waren meine Blutwerte stagniert, sie hatten sich zwar nicht gebessert, aber auch nicht verschlechtert, sodass ich immer noch einmal im Monat nach Bozen zur Kontrolle musste. Immer noch bekam ich die hohe Dosis an Medikamenten, die fast eine eigene Mahlzeit ausmachten.

Mein Leben nahm nun einen entscheidenden Wandel. Sam entwickelte sich als wahrer Glücksfall für mich, alles hatte wieder einen Sinn bekommen. Es gelang mir, wieder etwas selbstständiger zu werden und alleine mit meinem Hund loszuziehen, wann immer ich wollte. Sam begleitete mich treu und tapfer. Unsere Ausflüge arteten oft aus, da wir bis nach Glurns und zurück wanderten und ich einen Ehrgeiz zu entwickeln begann, die Strecke immer schneller und öfter zu bewältigen.

Eines Tages kam ein Anruf eines gewissen Herrn Ellmenreich aus Meran. Er war Besitzer der namhaften Buchhandlung Pötzelberger in der Stadt und in diesem Jahr zugleich Präsident des Lyons-Club. Ellmenreich lud mich und meine Familie in das Nobelhotel „Palace“ nach Meran, wo der Club einmal im Monat sein Meeting abhielt. Anfangs glaubte ich, falsch verstanden zu haben, doch Herr Ellmenreich bestand darauf, mich und meine Frau sowie unser Töchterchen und auch Sam im „Palace“ zu empfangen.

An einem Herbstabend war es dann so weit. Wir waren ziemlich aufgeregt und konnten diese Ehre kaum fassen.

Im Hotel „Palace“ wurden wir am Eingang von dem sehr netten Herrn Ellmenreich empfangen, der mit einem Blick auf den Hund sogleich nachfragte, ob dies nun der berühmte Sam sei. Mit großem Stolz führte ich das Tier vor, und Ellmenreich begleitete uns in den großen Saal, wo nur für vier Personen gedeckt war. Kaum hatten wir uns gesetzt, flüsterte uns Stefanie ins Ohr, ob sie wohl auch Pommes frites bekommen würde, und ich fand es anfangs peinlich, die hohen Herren danach zu fragen. Doch Ellmenreich hatte längst verstanden, und Stefanie bekam selbstverständlich ihre Pommes. Auch meine Frau und ich waren etwas verunsichert, und so wussten wir nicht recht, für welche Speise wir uns entscheiden sollten. Ich ließ mir aus der Speisekarte vorlesen und entschied mich zum ersten Mal in meinem Leben für Austern.

Nach diesem Nobelessen führte man uns in den Sitzungssaal: Dort saßen weitere Herren im feinen Zwirn, wie mir meine Frau ins Ohr flüsterte. In diesem Augenblick waren wir sehr nervös. Der Einzige, der von uns allen die stoische Ruhe bewahrt hatte, war Sam.
Schließlich klingelte Präsident Ellmenreich mit einer Glocke und erklärte die Sitzung für eröffnet. Dann wurden mir viele Fragen gestellt. Es war ein sehr angeregtes Gespräch, und insbesondere Sam konnte punkten. Er machte großen Eindruck bei den Herren, die für ihn gespendet hatten, und auch ich stellte meine bis dahin erlernten Führungsqualitäten bestens unter Beweis. Ich bedankte mich sehr höflich und innig für das großzügige Geschenk beim Club. Niemals hätte ich die 15.000 Euro für das Tier aufbringen können. Dann erzählte ich den Anwesenden von meinem Schicksal, und ich hatte das Gefühl, alle waren sehr berührt und dass ihnen meine Geschichte sehr naheging. Mir schien so, dass die Anwesenden sich nun besser vorstellen konn-

ten, wie sich meine schicksalhafte Situation durch Sam zum Besseren gewandt hatte.

Damals hatte ich oft auch waghalsige Dinge mit Sam unternommen. Da ich keinerlei Erfahrung mit Blindenführhunden hatte, waren sie mitunter etwas gefährlich. Wir beide hatten sämtliche Bauernhöfe und Waldwege entlang von Schluderns und der Umgebung abgeklappert. In Anbetracht meiner schlaflosen Nächte und Depressionen ein ziemlich heftiges Unterfangen. Doch Sam hat mich stets mutig und sicher nach Hause geführt. Als ich vor einigen Jahren einmal mit Sams Ausbilder telefoniert hatte, hat mir dieser bestätigt, dass Sam und sein Bruder einzigartige Talente in der Blindenführung seien und es so etwas wie die beiden noch nie zuvor gegeben habe. Ich war ein Glückspilz.

Auch im Sommer 2003, als eine große Hitzewelle auch Südtirol heimsuchte, ließ ich mich nicht davon abhalten, so oft wie möglich mit Sam meine Runden zu drehen. Er war dabei immer brav und tapfer bei der Sache. Doch ich hatte nicht damit gerechnet, dass der Teer auf den Straßen noch heißer sein würde, als der Wetterbericht vorausgewarnt hatte. So war ich mit Sam auch bei 38 Grad plus immer noch unterwegs. Mein Vater wies mich mehrmals darauf hin, dass Sam hinke und wahrscheinlich einen Muskelkater habe. Und dann, Wochen später, bemerkte mein Vater zufällig, dass sich die Fußballen von Sam wie eine offene Wunde präsentierten. Ich war so mit meiner eigenen Traurigkeit und meinen Depressionen beschäftigt gewesen, dass ich keinen Augenblick an Sam gedacht hatte. Ich schämte mich zutiefst. Warum nur hatte ich immer nur an mich gedacht? Und nie an Sam?
Mit meinen Eltern fuhren Sam und ich dann ans Meer nach Cesenatico, und mein schlechtes Gewissen begleitete mich auch dorthin. Nie wieder wollte ich das arme Tier so sehr strapazieren, auf heißem Teer wollte ich den Hund nie wieder laufen lassen.

Wieder zurück daheim, es war schon Herbst, bekam ich einen Anruf einer Zeitungsredakteurin, die ein Interview mit mir machen wollte. Sie interessierte sich speziell für Sam und wollte wissen, wie sich mein Leben mit dem Hund verändert hatte. Ich war recht angetan, und sofort fiel mir auch schon der Titel der Story ein: „Sam ist mein schwarzer Ferrari" sollte die Journalistin über das Interview schreiben. Es war für mich sehr aufregend, dass plötzlich so viele Leute wissen wollten, wie man mit einem Blindenführhund umgeht und wie es sich mit einem solchen überhaupt lebt. Auch der lokale Radiosender des Tales „Teleradio Vinschgau" und der Fernsehsender „Rai-Sender Bozen" kontaktierten mich. Als die Sendungen dann ausgestrahlt wurden, war ich bald ziemlich bekannt, und die Leute sprachen mich auf der Straße an, und sogar bei meinen Visiten im Bozner Krankenhaus wusste man nun genauestens über mich und meinem schwarzen Ferrari Sam Bescheid.

Doch auch Sam wurde älter und gebrechlicher, und vor ein paar Jahren war es so weit, dass ich mich schweren Herzens entscheiden musste, um einen neuen Blindenführhund anzusuchen. So kam Pato zu uns. Auch er ist ein Labrador und ähnelt Sam sehr. Sam hatte ironischerweise Probleme mit den Augen bekommen, für mich stand aber fest, dass er immer bei uns bleiben würde, egal, ob er führen konnte oder nicht. Wenn mich Menschen auf Sam ansprachen, weil sie ihn nicht mehr so oft zu Gesicht bekamen, antwortete ich immer, er arbeite jetzt nur mehr in Teilzeit.
Jedes Mal, wenn ich im Krankenhaus stationär aufgenommen wurde, konnte ich den Tag meiner Entlassung nicht erwarten, da nun neben meiner Familie zu Hause auch Sam und später dann Pato auf mich warteten. Immer wenn ich mit jemandem von daheim telefonierte, hatte meine erste Frage stets meiner Tochter gegolten und meine zweite dann Sam. Allein ihm hatte ich es zu verdanken, dass ich wenigstens zeitweise aus meinen sehr starken Depressionen herausgefunden hatte. Sam war und blieb noch sehr

lange mein ganz persönlicher Psychologe. Dieser Hund war einzigartig für mich.

DIE TRENNUNG

Im Laufe dieser Jahre trat eine weitere Entscheidung in mein Leben, die alles verändern sollte. Trotz einiger neuer Gemeinsamkeiten, hatten sich meine Frau Felicia und ich uns leider völlig auseinandergelebt. Es schien nur noch eine Frage der Zeit, bis unsere Ehe in die Brüche ging. Ich hatte keine Kraft mehr gehabt, für meine Ehe zu kämpfen. Die Tragik um mein eigenes Leben hatte mir alles abverlangt, all meine Gedanken kreisten darum, dass ich womöglich sterben musste oder wie, wenn überhaupt, ich denn weiterleben sollte. Diese Dinge verlangten alles von mir ab, verbrauchten alle meine Reserven, ich war gefesselt in mir selber. Leider hatte ich nicht mehr genug Reserven für meine Ehefrau übrig gehabt.
Nachdem wir jetzt schon zwei Jahre lang in unserem neuen Haus gewohnt hatten, fiel es mir eines Tages wie Schuppen von den Augen: Für unsere Ehe gab es keine Rettung mehr. Unsere Zweisamkeit gestaltete sich wie die zweier Geschwister. Wir hatten keinen Gesprächsstoff mehr, und von ehelichen Zärtlichkeiten war schon lange keine Spur mehr vorhanden. Ich fühlte mich immer mehr wie das dritte Rad am Wagen meiner Frau. Und dann kam der Paukenschlag: Unser gemeinsamer Freund Vlasto entpuppte sich als der neue Liebhaber meiner Frau. Spätestens als sich meine Frau jedes Mal, wenn sie einen Anruf von ihm entgegennahm, an einen anderen Ort des Hauses begab, damit ich nicht mithören konnte, wurde ich skeptisch. Auch seine Besuche bei uns daheim hatten sich in letzter Zeit sehr gehäuft, und zu guter Letzt war er an jedem Wochenende da.

Lag ich im Wohnzimmer auf der Couch, hielten sich die beiden in der Küche auf. Auch die gemeinsamen Fahrten mit seinem Lkw ins Ausland häuften sich. Meine Frau erklärte dies immer mit einer Auszeit, die sie brauche, da das Leben mit mir sehr anstrengend geworden sei. Sie hatte recht: Es gab nicht besonders viele, die mit mir rausgingen oder etwas unternommen hätten, außer meiner Frau. Und wenn doch einmal jemand mit mir ausging, war ich danach sehr oft sturzbetrunken heimgekommen. Auch meine Depressionen waren seit Langem allgegenwärtig gewesen. Sie ließen mich nachts kaum schlafen. Mein Immunsystem war dermaßen im Keller, dass ich immer wieder sehr oft an den Tod dachte. Bis auf die paar Aufhellungen, die ich durch den Hund erfahren konnte oder bei anderen wenigen Gelegenheiten, so war mein Leben in den letzten Jahren ein völlig anderes geworden. Felicia hatte ursprünglich ganz ohne Zweifel einen ganz anderen Mann geheiratet. All die Schwierigkeiten, mit denen ich konfrontiert worden war, hatten aus mir wie selbstverständlich einen anderen Menschen gemacht. Und zugleich hatte auch Felicia an meiner Seite mit unzähligen Schwierigkeiten zu kämpfen gehabt und musste für sich selber ihren Weg bei mir suchen. Was ihrerseits genauso schwierig für sie gewesen sein dürfte, ja vielleicht sogar sehr viel schwieriger, als ich mir je hätte denken können.

Dieser Mensch, der, der ich heute war, hatte rein gar nichts mehr mit dem zu tun, den Felicia einmal geliebt hatte. Für sie war diese Entwicklung eine fatale gewesen. Ich war völlig aus der Bahn geworfen worden und hatte viele Fehler gemacht. Unter heutigen Gesichtspunkten hätte ich es nicht so weit kommen lassen dürfen. Unsere Tochter war noch zu klein, um alles zu begreifen. Gottlob. Und vielleicht wollte ich einfach gar nicht wahrhaben, was in unserer Familie ablief. Genau genommen war ich am Ende nicht nur blind im wahrsten Sinne des Wortes gewesen, sondern auch noch blind im Umgang mit mir selber und insbesondere blind gegenüber meiner Frau und am blindesten gegenüber der neuen Beziehung meiner Frau. Ich war tatsächlich blind geworden, in allen Bereichen.

Von den Leuten draußen hatte ich zwar immer wieder dahin gehende Anspielungen vernommen, doch ich war außerstande gewesen, meine Gedanken zu sortieren oder gar zu ordnen, da mir meine eigenen Probleme zu immens erschienen und mein eigener Tod mir immer vor Augen stand. Meine Blutwerte waren weiterhin unstabil und wohl auch durch die emotionelle Situation kaum mehr unter Kontrolle zu halten. Und die immer wieder aufkeimenden Depressionen waren das Allerschlimmste. Sie nahmen mir jeglichen Lebenswillen, und allein der Gedanke, meine Frau würde mich jetzt auch noch betrügen, raubte mir zusätzlich Verstand und Schlaf. Ich konnte und wollte es lange Zeit einfach nicht wahrhaben. Dennoch versuchte ich mir einzureden, dass es für Felicia gut wäre, einen anderen, einen besseren Mann an ihrer Seite zu haben, wenn ich wirklich sterben würde.

Eines Tages dann war für mich das Fass zum Überlaufen voll. Hals über Kopf zog ich aus meinem eigenen Heim aus und ging zurück in mein Elternhaus. Diesen Entschluss habe ich schwersten Herzens gefasst, doch eine andere Lösung fiel mir in diesem Moment nicht ein. Ich hatte den Zustand mit Felicia und dem neuen Mann in unserem Haus nicht mehr ertragen können. Ich wollte plötzlich eine Entscheidung. Irgendetwas, was ich aushalten konnte. Der Druck war zu groß für mich geworden. Und für Felicia wohl auch. Als ich bei meinen Eltern auftauchte, war es fast so, als ob eine Bombe geplatzt wäre. Alle hatte ich mit unserer Trennung in hellste Aufregung versetzt, nur meinen Bruder Edwin nicht, der hatte lange schon gewusst, wie es um meine Ehe stand. Edwin half zu mir, auch in praktischen Dingen. Meine Entscheidung stand felsenfest. Ich wollte mich von meiner Frau trennen. Aus. Schluss. Vorbei.

Obwohl es daran nichts mehr zu rütteln gab, brach meine längst nicht mehr heile Welt nun völlig in sich zusammen. Einzig meine kleine Tochter Stefanie gab mir unglaublichen Halt in dieser schweren Zeit. Und selbstverständlich stand auch mein Hund Sam treu an meiner Seite. Sam ließ mich vieles vergessen. Er war da, wann immer ich Trost brauchte. Er gab mir das Gefühl der Zuversicht, der Hoffnung, der Freiheit.
Kurze Zeit vor diesem Drama hatte ich Patrizia kennengelernt. Ich merkte sofort, dass sie ein feines Gespür besaß, gewisse Dinge zu verstehen und mitzufühlen. In meiner schweren Zeit der Entscheidungen, in der ich niemanden mehr zum Reden hatte, stand mir Patrizia bei. Sie war etwas ganz Besonderes. Durch ihre eigene Geschichte geprägt, hatte sie die Affinität entwickelt, nicht nur eine großartige Zuhörerin zu sein, sondern die Dinge von ihrer praktischen und pragmatischen Seite zu betrachten. Sie war auf eine wundervolle Weise geerdet und stand mit beiden Beinen im Leben. Sie war ein Segen in meiner verworrenen Welt, die nur noch aus Bruchstücken des Ganzen zu bestehen schien. Und selbst diese Bruchstücke drohten nun, in sich selber zu zerbröckeln.

Patrizia und ich verstanden uns von Mal zu Mal besser, mit ihr konnte ich offen über meine Krankheit sprechen. Sie wertete nicht, sie war ruhig und aufgeschlossen und gab mir das Gefühl der Geborgenheit. Und noch etwas: Meine Blutwerte waren seit Beginn der neuen Therapie und während all dieser Veränderungen in meinem Leben unverändert geblieben. Das hieß so gut wie: Sie hatten sich nicht verschlechtert. Immerhin ein Zeichen der Hoffnung für mich.

Erst fünf Jahre nach meiner HIV-Diagnose hatte ich von meiner Schwester erfahren, dass mir die Ärzte damals nur mehr ein Jahr gegeben hatten. So schlimm war es also um mich bestellt gewesen. Gisella und ihr Partner Helmuth, damals Arzt im Meraner Krankenhaus und einer meiner ganz großen Stützen zur Zeit der Diagnose und weit darüber hinaus, hatten diese Schreckensbotschaft all die Jahre für sich behalten. Sie wollten mir mit dieser Todesprognose nicht auch noch die wenigen Monate ruinieren, die ich noch zu haben schien. Ich sollte wieder Hoffnung schöpfen können, wenngleich es auch keine Hoffnung mehr geben sollte. Welch große Bürde auch für sie. Erst als es tatsächlich wieder Hoffnung gab, trauten sie sich, mir davon zu erzählen. Als ich selber wirklich daran glaubte, mein Immunsystem sei wieder auf einer passablen Höhe, begann ich zum ersten Mal, ernsthaft daran zu denken, abzuspecken. Die Medikamente, die Antidepressiva, meine Lebensgewohnheiten und alles, was dazugehörte, hatten mich schwerfällig und dick gemacht.

DIESES LEBEN WILL ICH NICHT MEHR

Im Januar 2004 jedoch hatte sich mein Seelenzustand erneut dramatisch verschlechtert. Ich hatte neue Höhen und Tiefen erlebt, kurze Höhen und sehr lange Tiefen. Irgendwann hatte ich geglaubt, es nicht mehr zu schaffen. In dieser Zeit habe ich beschlossen, allem ein Ende zu setzen. Ich konnte und wollte nicht mehr. Allen Ernstes hatte ich beschlossen, mich nun definitiv umzubringen. Zu dieser Zeit glaubte ich, nun sei ich endgültig so weit, es nicht mehr schaffen zu können. Ich wollte nicht mehr leben. Jedenfalls nicht so. Wozu auch? Mittlerweile war ich wieder rank und schlank. Genau genommen war ich bis auf 53 Kilogramm abgemagert und nur mehr ein Schatten meiner selbst. Ich bildete mir ein, je weniger ich wiege, desto weniger würde ich meine Schmerzen spüren. Insbesondere jene im linken Sprunggelenk nicht mehr. Von den Schmerzen in meiner Seele ganz zu schweigen. Tabletten, die ich mir aus der Schweiz besorgt hatte, sollten mir zusätzlich beim Abnehmen helfen. Parallel dazu begann ich zu fasten und verweigerte die Nahrung schließlich ganz. Im Beipackzettel jenes Medikamentes stand, dass man sonst keine Medikamente zu sich nehmen dürfe. Mein Arzt warnte mich. Doch mir war längst wieder einmal alles egal, und um die Sache zu beschleunigen, beschloss ich zusätzlich, die HIV-Therapie und die dazugehörenden Tabletten von einem auf den anderen Tag abzusetzen. Ich war der Widerspruch in Person, alles in mir war gegensätzlich und änderte sich fast stündlich. Jedenfalls war ich besessen davon, ein mir selbst auferlegtes Gewicht nicht zu überschreiten, und ich wollte auch, dass die Werte so sehr sinken sollten, bis meine Situation lebensgefährlich werden würde. Der Gedanke, zu sterben, beherrschte mich überirdisch. Ich betrieb ihn bis zur Obsession.

Keiner meiner Angehörigen wusste davon, nicht einmal Patrizia ahnte etwas. Als ich sehr bald schon erneut große Schlafstörungen hatte und depressive Attacken mich heimsuchten, wollte ich immer noch nicht glauben, was die Beipackzettel prophezeit hatten. Mittlerweile war mir sowieso alles egal. Ich nahm diese Diättabletten weiterhin ein. Des Nachts, wenn ich nicht schlafen konnte, gingen mir schlimme Gedanken durch den Kopf. „Du lebst mit dem Virus sowieso nicht lange, und es ist egal, wie du lebst. Früher oder später stirbst du sowieso“, war einer davon. Ich konnte trotz Patrizia wieder einmal keinen erkennbaren Sinn in meinem Leben mehr sehen. Ich fand alles nur mehr schrecklich. Und trotzdem hatte ich große Angst vor dem Tod.

Die Trennung von Felicia hatte mich anscheinend doch sehr viel tiefer getroffen, als ich anfangs zugeben wollte. Es schien, als ob jeglicher Sinn in meinem Dasein verloren gegangen wäre. Ich sah mich als völligen Versager. Es war alles unnütz, sinn- und wertlos, so verzweifelt und abgrundtief deprimierend und hoffnungslos. Es gab wenige Dinge, die mir noch Freude bereiteten. Dazu zählte vor allem meine Tochter Stefanie. Der Gedanke an meine gesunde und quietschfidele Tochter gab mir immer wieder Auftrieb. Ich redete mir ein, dass sie mich brauchte, doch die Kraft zu leben, verspürte ich dennoch nicht. Und natürlich gab es Sam, den ich abgöttisch liebte. Doch das alles schien mir nicht mehr auszureichen. Auch an eine feste Bindung mit einer Frau konnte ich damals nicht mehr glauben, obwohl ich seit einigen Monaten mit Patrizia liiert war. Ich hatte panische Angst, erneut enttäuscht zu werden.

Das führte manchmal zu eigenartigen Unternehmungen. So habe ich einmal in einem Anfall von „Verzweiflung" Patrizias sämtliche Sachen vor die Tür gestellt. Als die Ärmste nichts ahnend von der Arbeit nach Hause kam, habe ich sie einfach nicht mehr in die Wohnung gelassen. Patrizia war völlig vor den Kopf gestoßen. Sie flehte mich an, die Tür aufzumachen, mehr als eine Stunde lang versuchte sie, mich zu überzeugen, doch endlich aufzusperren. „Markus, lass uns doch über alles reden", sagte sie. Doch ich spielte den sturen Max und tat so, als ob mir das alles egal wäre. Patrizia insistierte sehr lange noch mit sehr viel Geduld, aber ich blieb stur und vermittelte solchen Unsinn wie etwa, dass keine Frau mehr meine Liebe verdient hätte. Ich wollte Patrizia wehtun und tat mir am Ende wieder einmal nur selber weh. Irgendwann gab sie auf und humpelte die Treppe hinunter. Patrizia ist gehbehindert, und es muss wie ein Dolchstoß in ihrem Herzen gewesen sein als ich sie so abwies. Ich konnte mich ja selber nicht mehr leiden zu dieser Zeit.

In den darauf folgenden Tagen sollte es mir bitterlich leidtun, und allmählich bemerkte ich, welch fatalen Fehler ich begangen hatte. Ich versuchte, Patrizia telefonisch zu erreichen, da ich sie um Verzeihung bitten wollte. Doch sie ging nicht mehr ans Telefon, und das blieb viele weitere

lange Tage so. Ich hatte Patrizia zutiefst verletzt, und sie hatte sich zurückgezogen wie ein verwundetes Tier. Sie wollte nichts mehr mit mir zu tun haben. Wenn ich jetzt daran zurückdenke, kann ich all diese bösen Geschichten gar nicht mehr begreifen.
Heute ist Patrizia meine Frau, und ich liebe sie über alles. Wir haben uns von Anfang an wunderbar ergänzt, und wenn ich nur daran denke, sie auch nur einen einzigen Tag nicht bei mir zu haben, dann macht mich das unsagbar traurig.

Damals aber war ich in meiner Depression gefangen und es wurde von Tag zu Tag schlimmer. Einmal weckte ich meinen Sam mitten in der Nacht. Um vier Uhr früh gingen wir los und erreichten dann irgendwann Glurns. Wenn ich heute so nachrechne, so haben Sam und ich im Laufe eines Jahres auf diese Weise rund 800 Kilometer zurückgelegt. Eine Strecke, die bis nach Rom reicht.

Meine Depressionen wurden indes immer schlimmer, und als mich mein Vater darauf ansprach, gab ich kleinlaut zu, dass ich erneut am Ende sei. Er brachte mich trotz Widerständen ins Krankenhaus nach Bozen.

Der Arzt bat uns in sein Arbeitszimmer und ordnete Blutproben an. Die Werte waren katastrophal. In ein paar Monaten hatten sie sich dramatisch verschlechtert. Das Virus hatte sich in meinem Körper wie ein Krebsgeschwür ausgebreitet, es grenzte an ein Wunder, dass ich überhaupt noch lebte. Die wichtigen CD4-Werte waren binnen kürzester Zeit von einem verträglichen Wert von 140 auf 50 Einheiten gesunken. Es hätte nur mehr sehr kurze Zeit benötigt, und ich wäre allen nur erdenklichen Krankheiten zum Opfer gefallen, mein Immunsystem war im Keller. Dies hätte meinen sicheren Tod bedeutet. Ich war ich mit meinem „Selbstmord“ schon fast am Ziel angelangt.

Wieder einmal saß ich wie ein Häufchen Elend vor Dr. Milland und weinte, hilflos nach erklärenden Worten suchend. Dann kam vor den Augen meines Vaters zur Sprache, dass ich Selbstmord auf Raten betrieben und einfach die Therapie abgesetzt hatte, um langsam zugrunde zu gehen. Der Arzt hatte die Brisanz der Situation sofort erkannt und schüttelte nur den Kopf. Meinen Vater hatte ich damit sehr getroffen, es zog ihm den Boden unter den Füßen weg. Man nahm mich erneut stationär auf, doch nach nur fünf Tagen entschloss ich mich, das Krankenhaus ohne Zustimmung der Ärzte zu verlassen. Mein Vater, der mich abholen kam, wusste nichts von meiner Entlassung auf eigene Faust. Und Dr. Milland war wütend über meine Eigenmächtigkeit. Mich aber hielt nichts mehr hier, denn ich musste dringend heim. Ich hatte eine lebenswichtige Mission zu erledigen: Ich musste Patrizias Herz zurückerobern.

Schlussendlich hatte ich es Brigitte, Patrizias Freundin zu verdanken, dass wir wieder zusammenkamen. Brigitte hatte ein gemeinsames Pizzaessen zu viert organisiert, und plötzlich standen Patrizia und ich uns wieder gegenüber. Dies war meine Chance. Ich hatte erkannt, dass mein Leben ohne sie nur halb so lebenswert war. Sie gab mir Halt, sie gab mir alles, was ich vermisste, sie konnte mir helfen, mich selber wieder anzunehmen, mich zu akzeptieren, mich vielleicht sogar ein bisschen zu mögen. Welches unsagbare Glück ich doch hatte, so eine Frau getroffen zu haben. Und, gottlob, Patrizia verzieh mir. Wir waren wieder zusammen und ein Herz und eine Seele. Und in diesen Tagen habe ich mir geschworen, dass ich sie nie mehr wieder gehen lassen würde.

Als Bluter musste ich immer noch zu Dr. Stifter nach Mals fahren, der mir dann den Faktor VIII spritzte. Mein Vater oder Patrizia brachten mich abwechselnd in seine Praxis. An diesem Vormittag war ich mit Patrizia unterwegs, und mein Blutdruck machte mir schon längere Zeit Sorgen.

Aufregung lag also in der Luft, und als sie endlich einen Parkplatz gefunden hatte, wollte ich ihr helfen, etwas vom Rücksitz zu hieven. Als ich mich umdrehte, war mir plötzlich komisch zumute ... ich fiel in Ohnmacht und schlug mit dem Hinterkopf fest auf. Patrizia war verzweifelt und wollte über ihr Handy den Arzt erreichen. Doch wo war das verflixte Ding bloß?

Eine Frau aus dem gegenüberliegenden Geschäft hatte die ganze Szene beobachtet und den Notarzt alarmiert. Das war unser Glück. Der ganze Trubel ging an mir vorüber, da ich immer noch nicht zu mir gekommen war. Ich erwachte erst im Krankenhaus. „Wo bin ich?" fragte ich entgeistert. „Was ist los?" Wer waren all die fremden Stimmen, die ich wie durch Watte wahrnehmen konnte. All das Gewimmel um mich herum machte mir Angst. Ich war blind, und dieser Lärm, den ich vernahm, war mir fremd. War ich bereits tot? Bald schon stellte sich rechts neben mir ein Mann als Arzt vor, der mir erklärte, was geschehen war und wo ich mich befand.

Ich hatte eine offene Platzwunde erlitten, die man mir jetzt zunähte. Dann wurde ich aus dem Operationssaal geschoben, wo mich auch schon die weinende Patrizia und mein Vater in Empfang nahmen. Erneut musste ich ein paar Tage mit einem Krankenbett vorliebnehmen. Einer Ärztin versuchte ich zu erklären, dass ich lieber heim wollte, da mir meine zahllosen Krankenhausaufenthalte als Bluter, als HIV-Infizierter und Blinder bereits reichen würden und diese Sache hier nun wirklich nicht relevant genug wäre dafür. „Wir sind hier nicht im Kindergarten, wo jeder heimgehen kann, wann er will", wies sie mich zurecht. Peng, das saß. Heute noch muss ich über diese Ärztin schmunzeln, die sich klar über meinen Eigensinn gestellt hatte. Wie recht sie hatte.
Seit ich blind war, fühlte ich mich in den eigenen vier Wänden am sichersten und auch am wohlsten. Dort konnte

ich mich einigermaßen frei bewegen, ich brauchte auf niemanden Rücksicht zu nehmen, und niemand musste auf mich Rücksicht nehmen. Dort hatte ich Patrizia und auch meinen Hund Sam und war so etwas ruhiger.
Meine Eltern, meine Tochter Stefanie, Patrizia, meine Schwester Gisella und mein Bruder Edwin mit seiner Frau Isolde, sie alle opferten ihre Freizeit für mich und kamen vorbei oder riefen an, wann immer sie nur konnten.

Während meiner Visiten im Bozner Krankenhaus indes pendelte ich zwischen der Infektionsabteilung und dem Augenambulatorium hin und her. Beim Augenarzt ging es vorwiegend darum, den Augendruck zu messen, da der Tränenkanal unbedingt frei bleiben musste. Dort wurde ich bereits mit Vornamen angesprochen, da ich längst „Stammkunde“ war. Trotz der Zwangsintimität empfand ich diese Visiten als nervtötend. Auch die ewigen Ratespiele, welcher Arzt wohl wieder vor mir stehen würde, gefielen mir nicht, und die Zeiten, die ich in irgendwelchen Wartesälen verbrachte, während ich erneut auf irgendeine Visite wartete, dauerten für mich wie halbe Ewigkeiten. Die Fragen waren immer dieselben: Wie viele Patienten sind wohl vor mir dran, wie lange dauert es wieder, und wann kann ich endlich nach Hause? Mein Leben drehte sich monatelang nur um diese Themen.

In all den Krankenhäusern fühlte ich mich eingeengt, eingesperrt zwischen Dutzenden anderen Patienten, Ärzten, Pflegern und Betreuern.
So viele negative Gedanken bevölkerten mein Gehirn. In meinen Träumen wünschte ich mir, Aids wegzuhaben und das Augenlicht wiederzubekommen. Es war ein Zustand des Hoffens und Bangens. Ich habe noch ganze drei Jahre lang meine Führerscheinmarke gekauft, die man damals noch in dieses Dokument kleben musste. Die Ernüchterung, nach all den Jahren immer noch keine bisschen sehen zu können, war entsetzlich. Meine Eltern und Geschwister

sahen der Realität längst ins Auge, während ich immer noch hoffte. Sie alle konnten nicht ahnen, wie groß der Wunsch in mir verankert war, doch wieder sehen zu können. Wie gern war ich mit dem Auto unterwegs gewesen, wie hatte ich mein Leben zu Fuß genossen oder mit dem Fahrrad. Heute noch erwische ich mich oft vor unserem Haus sitzend und dem Verkehr lauschend. Und heute noch frage ich mich manchmal: Warum gerade ich?

Damals beschäftigten mich diese Fragen natürlich rund um die Uhr, und am allerschlimmsten wurde es, wenn ich daheim alleine irgendwo herumsaß. Ich lauschte dann immer Richtung Tür und wünschte mir verzweifelt, es möge doch endlich jemand hereinkommen, um mich abzuholen zu einem Spaziergang oder einfach nur, um mich abzulenken oder zu trösten. Tausende Male blieben diese Wünsche unerfüllt, ein großer Graben des Schmerzes tat sich auf. Ich wusste nicht, mit was ich ihn zuschütten konnte. Hatte ich endlich einmal die Gelegenheit das Haus zu verlassen, musste ich erneut aufpassen, da die Gefahr, mich mit Viren anzustecken, praktisch an jeder Ecke lauerte. Durch meine Immunschwäche hatte ich einen Feind in meinem Körper, der mir viel Kraft abverlangte. Ein kleiner Schnupfen schon konnte mich damals umbringen. Als Spießrutenlauf gestalteten sich auch meine Visiten im Krankenhaus, da ich durch die Infektionsabteilung gehen musste. In meiner dunklen Welt konnte ich mir dann nur selber meinen eigenen Reim daraus machen und lediglich erraten, wie schlimm die Anfälle der Mitpatienten waren oder sich auf mich auswirken konnten.

Mein Vater hütete sich immer davor, mir irgendetwas Näheres davon zu erzählen, da er mich nicht zusätzlich beunruhigen wollte. Ab und zu ergab sich aber dennoch die Gelegenheit, mit dem einen oder anderen Patienten ein paar Worte zu wechseln. Als ich dann hörte, wie lange einige schon da waren und mit welchen Krankheiten sie zu kämpfen hatten, wurde mir ganz schlecht. Viele hatten Lungenentzündungen oder verschleppte Pilzinfektionen. Auch mein Mund war zu dieser Zeit von einem Pilz befallen. Ich musste wochenlange Mundspülungen vornehmen. Diese Krankheiten waren Gift für mich, das Beste wäre gewesen, ich wäre gar nicht mit ihnen in Berührung gekommen.

Ein Patient hieß Adam, er kam aus Bruneck. Er fiel mir auf, da er mit demselben Mundpilz infiziert worden war wie ich. Ihm war bereits ein Bein amputiert worden, Adam war ebenfalls Bluter wie ich und HIV-positiv. Wir hatten also einiges gemeinsam, obwohl er einige Jahre jünger war als ich. Wir trafen ständig aufeinander, während wir stundenlange Infusionen über uns ergehen lassen mussten, die man uns wegen unserer niedrigen Lymphozyten- und Thrombozytenwerte verabreichte. Adam wurde immer von seiner Mutter begleitet, und sehr bald fiel mir auf, dass er den Frust, den Schmerz über sein Leid an ihr ausließ. Adam machte seine Mutter dafür verantwortlich, dass sie ihn als Trägerin des Gen-Defekts „so" auf die Welt gebracht hatte. Sie aber ertrug stets alles mit großer Geduld und Hingabe und verlor nie ein böses Wort über ihren Sohn. Ich bewunderte sie zutiefst. Sie hatte vor seiner Geburt nicht wissen können, dass sie quasi dafür verantwortlich war, dass ihr Kind als Bluter auf die Welt kommen werde. Genauso wie auch meine Mutter dies hätte niemals ahnen können. Adam aber brauchte einen Sündenbock für seine Krankheiten, um den allgegenwärtigen Schmerz, die Ohnmacht, all das Leid, überhaupt aushalten zu können. Auch ich hatte viele Menschen in meinem Leben spüren lassen, wie sehr ich litt und dass ich diese Tragödie nicht alleine zu tragen im Stande war.

Einige Jahre später trafen wir uns bei einer Visite in Innsbruck wieder, wo ich wegen meines Sprunggelenkes vorstellig werden musste, das mir immer wieder Schmerzen bereitete. All das Kortison, das ich deswegen schon bekommen hatte, half nichts, meine Arthrose verschlechterte sich von Monat zu Monat. Es gab Wochen, in denen ich vor Schmerzen nicht mehr auftreten konnte. In Bozen befanden die Ärzte, dass ich dringend operiert werden sollte, doch die Methode war mehr als umstritten. Ich sollte anschließend mehr als ein halbes Jahr einen Liegegips tragen, den ich absolut nicht wollte. Am Ende lag ich dann doch im Operationssaal. Auch Adams Zustand hatte sich nicht gebessert, er war in einem steten Zustand des Wandels, und nicht nur unbedingt hin zum Guten.

Zu guter Letzt wurde meine Operation abgeblasen, da man das Risiko einer möglichen Entzündung nicht eingehen wollte. Ich aber ließ nicht locker und wollte wenigstens erreichen, eine weitere Visite zu bekommen, da ich vor Schmerzen mein linkes Bein nicht mehr belasten konnte. Die Ärzte verschrieben mir einen orthopädischen Schuh und schickten mich heim. Mir schien es so, als würde seit dieser Diagnose HIV-positiv nichts mehr funktionieren; alles ging irgendwie daneben. Ich brauchte den Halt meiner Familie mehr denn je zuvor.
All diese Male in den verschiedenen Krankenhäusern durchleben zu müssen, diese ständig sich abwechselnden Auf und Abs, die unzähligen Ängste und Sorgen und erneut immer wieder Hoffnungen und wieder diese Hilflosigkeit – ich fühlte mich dem allen ausgeliefert und dieses Gefühl war oft sehr schwer zu ertragen. Und dazu kam immer wieder diese unbändige Angst, es trotz Hilfe von allen denkbaren Seiten doch nicht schaffen zu können. Dass ich eines Tages einfach alles hinschmeißen würde, da mein Körper mir kaum Verschnaufpausen gönnte, da er immer wieder rebellierte, immer wieder irgendetwas zutage brachte, was mich an den Rand des Wahnsinns trieb.

In dieser Zeit musste ich oft an Adam denken und daran, dass es ihm ohne Bein wohl sehr schlecht ergehen mochte.

Ich spielte mit dem Gedanken, ihn anzurufen, was ich dann auch tat. Seine Mutter war am Telefon: „Er hat sich umgebracht“, flüsterte sie sehr leise. Nach einer schlimmen familiären Auseinandersetzung sei er damals in sein Zimmer gegangen und habe sich mit seiner Schrotflinte erschossen. Ich war fassungslos und wusste nicht, was sagen.
Ich war mir nach diesem Telefonat gar nicht so richtig über das Ausmaß dieser Tragödie bewusst. Erst Monate später konnte ich dies alles begreifen. Mir ging es sehr lange sehr schlecht dabei, doch ich wollte wieder kämpfen. Kämpfen für mein eigenes Leben, für meine Tochter, für meine neue Partnerin, für all meine Lieben.

ENDLICH HOFFNUNG

Nun war ich schon sehr lange mit dem HI-Virus infiziert und fast genauso lange schon blind. Diese Jahre waren vergangen wie in Zeitlupe und gleichzeitig wie im Flug. Ich war außerstande, sie einzuordnen, zu sortieren oder sie irgendwie sonst zu erklären. Es war viel geschehen, sehr viel. Ich war ein völlig anderer geworden, ein neuer Mensch sozusagen: Von mir selber war nur mehr meine alte Hülle übrig geblieben und nicht einmal mehr die. Ich hatte mich nicht nur innerlich sehr stark verändert, die Krankheiten hatten auch äußerlich ihre Spuren hinterlassen. Das konnte ich, wenn schon nicht sehen, doch aber deutlich fühlen. Es war vom alten Markus kaum mehr etwas übrig. Ich hatte mich aus meinem Kokon geschält und mich neu entfaltet. Der Markus von heute ähnelt in nichts mehr dem Markus von früher. All diese Jahre hatten völlig neue Erkenntnisse für mich gebracht.

In dieser schwierigen Zeit habe ich gelernt, mich und meine Einschränkungen anzunehmen, wie sie definitiv sind. So gelang es mir mit der Zeit, immer weniger dafür zu kämpfen, wie und wann ich irgendwie mein Augenlicht wieder zurückbekommen würde; meine Interessen verlagerten sich. Ich bin ganz sicher, dass auch Sam einen großen Teil dazu beigetragen hat. Mein Hund und ich waren ganz eng zusammengewachsen. Wir waren zu einer Einheit verschmolzen.

Es hatte in all den Jahren hohe Höhen und tiefe Tiefen gegeben. Und immer wieder neue Hoffnung. So etwa im Jahre 1995, als es schien, dass es im Bereich der Aids-Therapie endlich den großen, den ultimativen Durchbruch geben würde. Eine neue Studie sei entwickelt worden, die viel versprechend klang. Auch mir machte mein Arzt Dr. Milland den Vorschlag, bei dieser neuen Studie mitzumachen. Ich war sofort bereit, da ich mir sowieso längst im Klaren war, nun nichts mehr verlieren zu können, und zudem hoffte ich insgeheim, damit vielleicht endlich meine Werte einigermaßen in den Griff zu bekommen. Dr. Milland erklärte mir ausführlich, wie alles vor sich gehen sollte und dass meine bisherige Therapie völlig umgestellt werden würde, ohne jedoch zu wissen, ob das viel, versprechende neue Medikament wirken würde oder nicht.

Wie bisher musste ich jeden Monat nach Bozen, wo die Kontrollen durchgeführt wurden, nur jetzt hieß es zusätzlich noch „esami per Roma“, also „Blutwerte für Rom“. Ich war skeptisch. Aber in meinem Zustand klammert man sich an jeden Strohhalm. Nach endlosen weiteren Visiten schien die neue Therapie tatsächlich anzuschlagen. Die sogenannten CD4-Werte, ein medizinischer Fachausdruck in diesem Bereich, gingen schleichend nach oben. Ich aber war mir nicht so sicher, ob es die medikamentöse Umstellung alleine war, vielmehr glaubte ich zu wissen, dass der Erfolg hauptsächlich meiner drastischen Lebensumstellung zu verdanken war. Nein, ich glaubte das nicht nur, ich war überzeugt davon.

Seit geraumer Zeit schon mied ich den Alkohol und hatte auch sonst viele neue lebenswerte Dinge in meinem Dasein entdeckt, die mir Freude bereiteten. Auch war meine Einstellung zum Leben nun eine völlig andere, als sie es noch vor einigen Jahren gewesen war. Ich glaubte einfach wieder an mich selbst. Ich konnte mich wieder an verschiedenen Dingen erfreuen. Ich konnte wieder lachen, weinen, diskutieren, streiten, leben. Ich denke, diese Aneinanderreihung von positiven Entwicklungen war der Hauptgrund meiner neuen und viel besseren Werte. Meine Tochter Stefanie war inzwischen zu einem hübschen kleinen Mädchen herangewachsen und besuchte nun den Kindergarten. Stefanie bereitete mir weiterhin große Freuden, mein Vaterstolz war groß.

Ich hatte nun tatsächlich oft das Gefühl, dass meine Hoffnung sich erfüllt hatte und der neue Cocktail meiner Ärzte meinen HI-Virus eindämmen konnte, zwar nur schleichend, doch aber beständig. Einmal war ich ganz besonders angespannt. Ich hatte zwar die Furcht, an Aids sterben zu müssen weitestgehend verdrängt, doch nach etwa zehn Jahren mit der Krankheit sollte ich wieder einmal neue Befunde geliefert bekommen. „Das Aids-Virus ist bei Ihnen nicht mehr feststellbar", platzte Dr. Milland voller Freude heraus. Der Arzt kannte mich nun schon sehr lange und freute sich wirklich mit mir. Auch war er stolz auf die Fortschritte der Medizin. „Das kann doch nicht möglich sein", antwortete ich ganz entgeistert. Es schien mir alles so unrealistisch, alles so unwahr.

War meine unleidige Geschichte etwa nur ein einziger riesengroßer Irrtum gewesen? Warum nur war ich überhaupt erblindet, wenn jetzt nicht einmal mehr das Virus nachweisbar war? Ich konnte es nicht fassen. Und erdrückende Gedanken schossen mir wieder durch den Kopf. „Was wäre, wenn ich nicht erblindet wäre? Könnte ich dann jetzt ein völlig normales, gesundes Leben führen? Was wäre, wenn alles anders gekommen wäre. Was wäre, wenn? „Wieder einmal haderte ich mit meinem Schicksal.

Anfangs konnte ich mit der neuen Diagnose gar nichts anfangen. Zu sehr hatte ich mich an alle meine Katastrophen gewöhnt und mich völlig darauf eingestellt. Es war schon komisch: Hatte ich anfangs die größten Schwierigkeiten, meine Lebenskatastrophen zu akzeptieren, so hatte ich nun Schwierigkeiten, die frohen Botschaften anzunehmen. Doch mein Lebensmut stieg dennoch von Tag zu Tag. So langsam schien ich wieder Fuß zu fassen in meinem Leben. Immer wieder gaben mir die neuen und sehr viel besseren Blutwerte Ansporn, weiterzumachen. Weiterzuleben. Auch die Krankenhausaufenthalte wurden immer weniger. Die monatlichen Visiten blieben jedoch vorerst bestehen. Nach zwei Jahren schien das Virus so weit unter Kontrolle zu sein, dass ich nur mehr alle zwei Monate nach Bozen brauchte. Das war eine enorme Erleichterung für mich, da diese Visiten immer sehr anstrengend gewesen waren in meiner dunklen Welt. Auch mein Vater, der zu jeder Tages-und Nachtzeit für mich da war, konnte nun wesentlich ruhigeren Zeiten entgegensehen, und das tat ihm außerordentlich gut.

Als dann 2005 mit Dr. Christian Hofer ein neuer Arzt in unser Dorf zog und seine Stelle als Gemeindearzt antrat, wechselte ich nach unserem ersten Gespräch, ohne zu zögern, sofort zu ihm. Dr. Hofer war zwar noch sehr jung, doch für sein Alter schon sehr erfahren. Es gelang mir jetzt, meine Arztbesuche ohne fremde Hilfe zu absolvieren, denn Sam war stets an meiner Seite. Endlich hatte ich jemanden gefunden, mit dem ich über alle medizinischen Fragen reden konnte. Auch sonst war dieser Arzt sehr kompetent und zudem menschlich schwer in Ordnung. Er bekräftigte mich in meinem Vorhaben, mein Leben ohne Antidepressiva zu bewältigen. Mein neuer Arzt erzählte mir bei den vielen Gelegenheiten, in denen wir uns nun sahen, dass er einmal zwei Monate lang in einem Krankenhaus in Thailand mit Aids-Patienten gearbeitet habe und somit in der Handhabung dieser Infektionskrankheit Erfahrung hatte sammeln können. Ich war so glücklich, dass ich Dr. Hofer kennenlernen durfte und er mich auch betreuen wollte.

Nachdem die Trennung von Felicia über die Bühne gegangen war, entschloss ich mich sehr bald schon, die Scheidung einzureichen. Wir beide hatten beschlossen, diese einvernehmlich abzuwickeln. Es sollte keine schmutzige Wäsche gewaschen werden. Wir hatten eine kleine, gemeinsame Tochter, allein ihr waren wir das schuldig. Mein Wunsch war es, das Haus für mich zu bekommen. Ich meldete meine Besitzansprüche an und betonte, dass es schließlich und endlich doch extra für mich behindertengerecht gebaut worden war damals und auch sehr viel eigenes Geld und Herzblut darin steckte. Kurzum, ich wollte „mein" Haus auf gar keinen Fall hergeben. Felicia sollte gehen, damit ich wieder einziehen konnte.

Zu unserem ersten Gesprächs beim Scheidungsanwalt gingen wir noch gemeinsamen hin, wir hatten aus Kosten- und Vernunftgründen beschlossen, einen vom Familienverband Schluderns bestellten Anwalt zu nehmen, da wir uns ja einig sein würden. Sehr bald schon aber glaubte ich verstanden zu haben, dass er einzig an mich mit den unmöglichsten Forderungen herantrat.
So entschloss ich mich kurzerhand, meine Interessen einer Anwältin in Meran anzuvertrauen. Diese neue und für mich sehr unleidige Situation kostete mich viele schlaflose Nächte. Ich wälzte mich nachts in meinem Bett und wusste nicht, was ich tun sollte. Doch dann schreckte ich in einer dieser unruhigen Nächte auf und hatte eine Vision: „Wie schlimm wäre es doch, wenn meine Tochter ihr Elternhaus verlieren würde", zogen diese Schreckensbilder vor meinem geistigen Auge vorbei. Meine Tochter. Wie Schuppen fiel es mir in dieser Nacht von den Augen. Ich hatte meine Tochter völlig vergessen bei all dem Kampf um das Haus, dem Streit mit Felicia, dem ganzen Gezeter um Recht und Unrecht, um Schuld und Vorwürfe, um

Sühne und Verletzungen, die sie mir und ich ihr zugefügt hatte. Wie nur konnte mir das passieren? Niemals hätte ich meinem Kind Leid zufügen wollen. Nur das nicht. Wie schlimm wäre es doch gewesen, wenn Stefanie nach der Trennung ein weiteres Trauma erleben müsste? Ich erinnerte mich daran, wie sehr sich Stefanie, als sie noch klein war, auf das Christkind gefreut hatte und wie sie während der Bescherung voller Begeisterung und mit strahlendem Gesicht durchs Wohnzimmer lief, um ihre Päckchen aufzureißen. Dies und Tausend andere Dinge fielen mir ein. Zwar war die Familie nicht mehr die alte und Stefanie auch noch zu klein, um das alles zu verstehen, doch ich konnte dafür sorgen, dass sie wenigstens in ihrem Zuhause bleiben konnte. Nun wusste ich sehr genau, was ich zu tun hatte. Schon am nächsten Morgen teilte ich meiner Anwältin, die sich bis dahin sehr sicher gewesen war, dass wir diesen Scheidungsprozess spielend gewinnen würden, meine neue Entscheidung mit. Stefanie zuliebe sollte meine Frau das Haus behalten können, und wenn die Kleine erwachsen sei, sollte es ihr gehören.
Heute ist sie eine erwachsene Frau und mein allergrößter Sonnenschein. Wir haben eine Verbindung, wie viele Väter sie sich nur wünschen würden. Vielleicht hat meine Entscheidung damals auch ein bisschen dazu beigetragen. Während all dieser Jahre, in denen mein Leben immer wieder auf- und abgebeutelt wurde, kamen die Schmerzen in meinem Sprunggelenk immer wieder. Mein Hund Sam begleitete mich zu fast allen Unternehmungen und Ausflügen. Mein Stolz auf mein Tier, das mir in großartiger Zuwendung verbunden war, war fast ins Unermessliche angestiegen. Patrizia, mit der ich im Begriff war, gerade eine stabile Beziehung aufzubauen, arbeitete damals noch den ganzen Tag über, und so trafen wir uns immer nur abends.
Und wie mein ganzes Leben stiegen meine Blutwerte ständig nach oben. Auch musste ich sehr viel weniger Medikamente einnehmen, und die Abstände zwischen dem einen

und dem anderen Krankenhausaufenthalt wurden ständig größer, der neue Cocktail aber zeigte beständig Wirkung. Hatten mir meine Depressionen jahrelang allen Lebensmut genommen, so schenkten mir die Gespräche mit Dr. Christian Hofer wieder neue Höhenflüge. Er war es, der es immer wieder schaffte, mir Mut zuzusprechen und mich aufzurichten. Die Gespräche mit ihm geben mir seit langer Zeit sehr viel Kraft und Zuversicht. Er motivierte mich praktisch mit mir selber, er erinnerte mich immer wieder daran und dadurch, wie stolz ich auf mich selber sein kann und wie weit ich es im Leben bisher schon gebracht hatte. Allein meine Selbstständigkeit, die ich durch Sam erworben hatte, sei phänomenal, sagte er. In der Tat ging ich mittlerweile mit Sam alleine zum Einkaufen und fand mich in meinem Heimatort Schluderns und Umgebung überall so gut zurecht wie in meiner Hosentasche. Das beflügelte mich immer wieder, und ich bin Dr. Hofer immer wieder unendlich dankbar.

Eine große Stütze war mir weiterhin meine Schwester Gisella, die als Krankenschwester bestens über meine Krankheit Bescheid wusste. „Markus, du bist einfach großartig“, sagte sie immer wieder, wenn sie mich sah und meine Fortschritte bewunderte. Die Bewunderung und das Lob taten mir gut. Und Zuwendung und Anerkennung, auch wenn sie für noch so kleine Fortschritte gegeben werden, beflügeln uns und bringen uns Menschen weiter. So war es auch für mich.
Für mich gab es jetzt ein Licht am Ende des Tunnels. Ich war bei jedem Wetter draußen. Egal, ob es regnete oder schneite. Sam und ich waren ständig irgendwo unterwegs. Sicher haben auch diese, teilweise sehr langen Wanderungen dazu beigetragen, meinen Allgemeinzustand wesentlich zu verbessern. Ich war nun so gut wie nie krank. Patrizia zeigte mir, dass es auch für mich anderes zu tun gab, als sich dauernd nur Sorgen um etwas zu machen. Von dem Tag an, als ich die überraschende Nachricht bekom-

men hatte, dass der HI-Virus kaum mehr nachweisbar sei, ging es für mich nur mehr aufwärts und meine Einstellung zum Leben hatte sich von Tag zu Tag allmählich positiv entwickelt.

PATRIZIA

Die Jahre gingen dahin, und vor kurzer Zeit jährte sich unlängst zum zwanzigsten Mal jener Tag, an dem mich das Schicksal besonders hart ins Gericht genommen hatte. All die Hochs und Tiefs sind für mich heute längst Vergangenheit, insbesondere die Tiefs. Heute überwiegen für mich, gottlob, hauptsächlich die schönen Dinge. Und darüber bin ich sehr dankbar.

Mit großer Freude denke ich an die schönen Zeiten mit meiner Tochter Stefanie zurück, der es gelang, die Maturaprüfung im Sprachenlyzeum mit Bravour zu meistern. Meine Tochter hat mir fast ausschließlich nur Freude bereitet. Sie ist ein wunderbarer Mensch geworden und studiert heute in Innsbruck Sprachen, worüber ich sehr stolz bin. Stefanie ist neben Patrizia mein Ein und Alles, ich freu mich auf jeden neuen Tag, den ich mit ihr verbringen darf.

Auch der Tag, an dem ich Patrizia auf dem Standesamt das Jawort gegeben habe, hat sich für ewig in mein Bewusstsein eingraviert. Das ist kaum zu glauben, denn nach meiner Scheidung von Felicia hatte ich mir geschworen, nie wieder zu heiraten. Ich war ein ziemlich gebranntes Kind damals, und die Enttäuschung saß wie ein Stachel jahrelang tief in meinem Fleisch, doch noch sehr viel tiefer in meiner verletzten Seele.

Dass ich es trotzdem noch einmal getan habe, habe ich vielleicht einer ganz besonderen Geschichte zu verdanken. Eigentlich hätte ich auch ohnedies schon vorher draufkom-

men können. Doch es fiel mir einfach nicht ein. Vielleicht war ich immer noch zu sehr mit mir selber beschäftigt. Heute bin ich sehr froh darum, dass es trotzdem endlich klick gemacht hatte.
Der Kalender zeigte den 16. November 2006 an, als Patrizia wieder einmal, wie jeden Morgen, mit ihrem Auto zur Arbeit fuhr. Wir kannten uns nun schon einige Zeit, und unsere Beziehung hatte sich stabilisiert und gefestigt. Ich war allein daheim, als eine halbe Stunde später mein Telefon klingelte und eine aufgelöste Patrizia dran war. Ihre Stimme klang leise und kläglich, ja schon verzweifelt, und hörte sich für mich gar nicht gut an. „Markus, ich hatte einen Unfall. Ich bin beim Überholen mit einem anderen Fahrzeug zusammengefahren, nun bin ich hier im Auto eingeklemmt."
„Patrizia, bitte, Patrizia, was ist los", brüllte ich in den Hörer, „rede doch Patrizia." Doch ihr Telefon blieb stumm. Ich kam mir furchtbar hilflos vor. Wieder einmal. Was nur, wenn sie jetzt sterben würde, wenn ich auch sie verlieren würde? Oder wenn sie eine schreckliche Behinderung zurückbehalten würde?

Ich rief nach meinem Vater, der wie immer sofort zur Stelle war. Er hatte gleich bemerkt, dass ich ziemlich aufgeregt war. Er wollte gleich losfahren, wollte mich aber besser hier lassen. Alles, nur das nicht! Nein, zu Hause konnte ich diesen Zustand nicht aushalten. Also brausten wir gemeinsam los, und ich war schon fast ohnmächtig vor Angst um Patrizia. Während der Fahrt blieb ich stumm wie ein Fisch, es hatte mir die Sprache verschlagen. Kurz vor der Unfallstelle überholte uns ein Rettungswagen mit Blaulicht und heulender Sirene. Was war nur los? Lebte meine Freundin überhaupt noch? An der Unfallstelle hörte ich Geräusche, viele Leute redeten durcheinander, und ich glaubte, die Feuerwehren und Personen vom Weißen Kreuz direkt neben mir wahrzunehmen. Doch von Patrizia war immer noch keine Spur.

Nun hatte mich ein freiwilliger Helfer erkannt. „Patrizia ist im Krankenwagen, und wir versorgen sie gerade", tröstete er mich. „Dann bringen wir sie ins Krankenhaus. Du kannst mitfahren, Markus", fuhr er fort, indem er mich unter dem Arm einhakte und vorn in den Krankenwagen setzte. Ich war überglücklich. Endlich konnte ich auch Patrizias Stimme wahrnehmen. Sie gab gerade bereitwillig über ihren Namen, Geburts- und Wohnort Auskunft. Also konnte es ganz so schlimm nicht sein, hoffte ich. „Patrizia, ich sitze vorn im Auto, ich bin bei dir, hörst du."

„Gott sei Dank, Markus, du bist da", erwiderte sie matt. Dann machte sie sich Vorwürfe, gab sich allein die Schuld am Schlamassel und erzählte mir, wie der Unfall geschehen war. Alles sei in Sekundenschnelle passiert, es hätte keine Chance gegeben, auszuweichen, der Zusammenstoß mit dem Traktor sei unvermeidlich gewesen.

Im Krankenhaus von Schlanders stellten die Ärzte den zweifachen Bruch des Sprunggelenkes fest und ordneten die Überstellung in die Klinik nach Meran an. Dort war die Diagnose nicht so eindeutig, und die Mediziner waren sich erst einmal unschlüssig, ob überhaupt operiert werden sollte. Dann, nach drei Tagen, gab es die Entscheidung für die Operation doch noch.
Mir tat meine Freundin so leid, da ich aus eigener Erfahrung wusste, wie schmerzhaft Verletzungen am Sprunggelenk sind.
Ich aber hatte nun viel zu tun, ich musste mich organisieren, damit ich Patrizia ohne Probleme besuchen konnte. Alles Erdenkliche fiel mir ein, denn nun war ich dran, einem lieben Menschen beizustehen, so wie mir dieser Mensch immer beigestanden hatte, als es mir selber schlecht ging.

Es war gar nicht so schwer. Meine Eltern begleiteten mich zum Zug, in Meran holte mich eine Bekannte ab und brachte mich dann ins Spital. Bald schon eröffneten uns die

Ärzte, dass die Heilungsdauer wohl etwas länger andauern würde, so schnell würde Patrizia nicht wieder richtig auf die Beine kommen. Mir wurde in dieser Zeit mehr und mehr bewusst, wie sehr ich Patrizia eigentlich liebte und wie sie mir jeden Tag fehlte. Ohne sie fühlte ich mich amputiert, mir fehlte meine zweite Hälfte. Ich hätte es nicht mehr für möglich gehalten, doch mir war bewusst geworden, dass ich diese Frau aus tiefstem Herzen schätzte und brauchte. Diese Liebe fühlte sich völlig anders an. Felicia und ich hatten uns in unserer jugendlichen Unbekümmertheit auch sehr geliebt, und wir beide waren voller Hoffnungen und Träume gewesen. Doch unsere Zeit war begrenzt gewesen, da alle meine Krankheiten dazwischengekommen waren. Nun erwies sich meine jetzige Persönlichkeit mit all ihren Unzulänglichkeiten bei Patrizia eigentlich als „die" Basis für eine gemeinsame Zukunft. Ich hatte Felicia damals mehr als einmal sehr verletzt und sie spüren lassen, dass ich am tiefsten Punkt meines Daseins angekommen war. Und ich hatte sie und alle drum herum verantwortlich gemacht für mein Leid und ihnen gezeigt, dass ich nicht mehr konnte, dass ich fertig war mit mir und meinem Leben. Und entsprechend hatte ich mich auch benommen. Meine Krankheiten, mein Schmerz, meine Depressionen, mein Sturz ins Leere, all dies hatte Felicia mit voller Wucht zu spüren bekommen. Ich hatte mir selber nicht mehr zu helfen gewusst. Und hatte keine Kraft für nichts mehr gehabt. Das hält keine Ehe aus. Auch meine erste Ehe war daran zerbrochen.

Nun aber war Patrizia in mein Leben getreten. Sie konnte meine zweite Chance für vieles werden. Für vieles, was ich gutzumachen hatte, für vieles, was ich einst verbockt hatte. Oh ja, ich wollte meine zweite Chance nutzen. Und ich dachte an einen Heiratsantrag. Doch erst einmal hieß es, Geduld zu haben, denn Patrizia musste einen ganzen Monat im Krankenhaus von Meran verbringen. Dann endlich durfte sie mit einem Liegegips heim. Zeitgleich wurde sie in eine Rehaklinik eingewiesen, um die Genesung voranzutreiben. War Patrizia bei mir, pflegte ich sie, so gut ich konnte, und es ging gar nicht einmal so schlecht. Das erfüllte mich mit Stolz. Ich wurde wieder gebraucht. Wir konnten auf die Hilfe der Verwandten fast zur Gänze verzichten. Mein Vater war immer zur Stelle, wenn Patrizia an den Wochenenden im Rollstuhl heim durfte.

Ich hatte mir während dieser Zeit viele Wochen lang Gedanken machen können, wie ich einen romantischen Heiratsantrag über die Bühne bekommen könnte. An einem Wochenende, als Patrizia wieder heimkam, war es so weit. Schon den ganzen Tag lang hatte ich darüber sinniert, mir die richtigen Formulierungen zusammengestellt, sie wieder verworfen und immer wieder von vorne begonnen. Jetzt saß Patrizia in ihrem Rollstuhl, der nun zu ihrem Dauerbegleiter geworden war, in der Eingangstür, und sah mich komisch an. Ich spürte das förmlich. Irgendwie schien sie bemerkt zu haben, dass etwas im Busch lag. „Du hast doch etwas vor“, sagte sie lächelnd. „Markus, was willst du mir sagen“, bohrte sie nach. Es musste raus. Jetzt.
Also nahm ich all meinen Mut zusammen, kniete mich vor ihr nieder und nahm ihre Hand. Dann sagte ich, so romantisch wie ich nur konnte: „Patrizia, willst du meine Frau werden?“ Meine Stimme zitterte etwas vor Aufregung, da ich immer noch nicht genau wusste, ob sie meinen Antrag annehmen oder abweisen würde. Immerhin war ich nicht gerade ein pflegeleichter Partner mit allen meinen Schwierigkeiten, nicht gerade einer, wie er im Bilderbuch stand. Doch ich spürte sofort, wie sie lächelte. Dann beugte sie sich von ihrem Rollstuhl aus zu mir herunter und umarmte mich fest und innig. Sie schmiegte sich mit ihrem weichen Körper an mich und sagte ganz deutlich: „Ja, Markus, ich möchte deine Frau werden und dich lieben in guten und in schlechten Zeiten.“ Meine Welt blieb stehen in diesem Moment, und mein Herz hüpfte vor Freude. Diese Worte ließen mich mein Schicksal für einen Moment völlig verges-

sen. Die Liebe kennt keine Hindernisse, keine Krankheiten, keine Hürden, keine Tabus. Die Liebe heilt alle Wunden, überwindet alle Schmerzen. Ich hatte sie wiedergefunden, die Liebe.

Und genau diese Liebe war es auch, die Patrizia und mich in den folgenden Monaten ihrer Therapie noch enger zusammenschweißte. Wir wussten, dass wir trotz ihrer Gehbehinderung und meiner Blindheit mehr schaffen konnten als viele andere Paare. Wenn wir nur zusammenhalten, können wir gemeinsam die Welt noch einmal aus den Angeln heben. Und wir ergänzten uns prächtig: Patrizia hat die Augen und sieht auch für mich die Welt, und ich habe Beine, mit denen ich für sie laufen kann.

Der Hochzeitstermin stand schon sehr bald fest. Am 30. Mai 2008 heirateten wir im engsten Familienkreis. Patrizia hatte sich sehr intensiv um die gesamte Organisation gekümmert, und alles klappte wie am Schnürchen. Es wurde ein wunderschönes, ein privates Fest unter Familienangehörigen und engsten Freunden.

Was mich besonders freute war, dass Patrizia und Stefanie sich auf Anhieb mehr als gut verstanden hatten. Für mich ein wichtiger Punkt in meinem neuem Leben. Wenn die beiden sich trafen, gab es immer Gesprächsstoff, und wenn ich wieder einmal im Krankenhaus war, arrangierten sie sich und kamen oft gemeinsam zu Besuch.

Bis heute habe ich noch keinen einzigen Tag mit Patrizia bereut. Unser Leben ist einfach, und vielleicht deshalb schön. Wir haben viele Gemeinsamkeiten, teilen viele Interessen, ergänzen uns prima und sind ein mehr als eingespieltes Team. Gemeinsam meistern wir unser oft schwieriges Dasein sehr viel besser als jeder für sich alleine. Es gibt viele Menschen, die uns erstaunt fragen, wie wir uns kennengelernt haben und wie wir leben. Dann erwidere ich immer mit einem Lächeln und mit etwas Ironie: „Es war Liebe auf den ersten Blick.“ Das bringt viele zum Schmunzeln,

da ich meine zweite Frau ja noch nie gesehen habe. Als wir uns das erste Mal begegnet waren, war ich bereits blind. Es war bei einem Treffen der Arbeitsgemeinschaft für Behinderte gewesen, wir waren uns auf Anhieb sympathisch. Bis zum heutigen Tag kann ich nur erahnen und erfühlen, wie Patrizia aussieht. Und mich auf das verlassen, was sie mir beschreibt und was andere mir sagen. Doch – und das ist das Wichtigste überhaupt: In ihr Herz konnte ich als Blinder sehr bald schon schauen. Und das ist so wichtig für mich. Wir Blinde haben eine völlig andere Wahrnehmung als sehende Menschen. Wir erfühlen mit unseren verbliebenen Sinnen die Menschen, die Tiere, die Natur, die Dinge, auch die zwischenmenschlichen Belange. Je nach Begebenheit und Lage gelingt uns das manchmal mehr und manchmal weniger, doch mit der Zeit immer besser.
Heute sind Patrizia und meine Tochter mein Fels in der Brandung, auf sie kann ich mich zu hundert Prozent verlassen. Und darauf bin ich besonders stolz. Diese beiden Frauen hellen mein Leben auf, bringen Licht in meine dunkle Welt. Ich kann mir sehr sicher sein, dass diese beiden mich niemals aufgeben, mich niemals verlassen werden.

VOM LAUFEN UND RADFAHREN

Euphorisiert von so viel Glück, suchte ich dauernd nach neuen Ideen, um mein Leben noch um einige Nuancen interessanter zu gestalten. Auf diesem Wege fand auch meine sportliche Karriere ihren Anfang. Voller Interesse saßen Patrizia und ich wieder einmal vor dem Fernseher, wo gerade ein Bericht über einen Blinden und seinen Blindenführhund ausgestrahlt wurde. Ich hatte wie gefesselt hingehört, denn es interessierte mich logischerweise, was diese beiden den ganzen Tag über so trieben. Der Mann erzählte von seinem Leben, den Schwierigkeiten, aber auch von den schönen Momenten, und ich konnte mich in vielen Dingen wiederfinden. Ganz zum Schluss wies er darauf hin, dass er mit seinem treuen vierbeinigen Begleiter auch über längere Strecken laufen würde. Also richtig joggen meinte er. Das faszinierte mich. Doch ich war auch sehr skeptisch, und so diskutierte ich anschließend noch sehr lange mit Patrizia darüber. Damals war mein treuer Hund Sam schon einige Jahre an meiner Seite, und ich fand, es würde nicht ganz einfach sein, ihn auch noch zum Laufen zu bewegen. Insbesondere war es für mich schwer vorstellbar, ob es möglich sein könnte, dem Tier diesen enormen Vertrauensvorschuss zu geben.

Dennoch hatte mich dieser Gedanke auch Tage danach nicht mehr losgelassen, und genau zu jener Zeit war es geschehen, dass ich zu meinem großartigen Sam auch noch meinen neuen Blindenführhund „Pato“ dazubekommen hatte. Ich könnte es ja mit Pato versuchen, dachte ich mir insgeheim. Sollte es wirklich klappen, dann war Pato ganz sicher der richtige Hund dafür. Pato war damals noch ein sehr junger Hund und war mit einer sportlichen Figur gesegnet, die man einem Labrador nicht zugetraut hätte. Leider war ich aber immer noch durch mein linkes Sprunggelenk beeinträchtigt gewesen, und die starke Arthrose machte sich sehr schmerzhaft bemerkbar. Längere Laufversuche waren so weniger wegen dem Hund, sondern mehr wegen mir selber nicht möglich. Nichtsdestotrotz biss ich die Zähne zusammen und mit der Zeit schaffte ich es, eine Stunde lang in einem Stück zu laufen.

Immer wieder waren Pato und ich anderen Läufern begegnet, die uns mit großen Augen anstarrten. Ich konnte das logischerweise nicht sehen, doch sehr gut fühlen. Ich spürte ihre Blicke auf meinem Gesicht und auf meiner Haut. Ich war in diesen Monaten richtig aufgeblüht, war stolz auf mich und auch stolz auf Pato. Und als sich meine Blutwerte rasant verbessert hatten und meine Krankenhausaufenthalte immer weniger geworden waren, wusste ich, das absolut Richtige getan zu haben. Auch sonst war mein Allgemeinzustand so gut wie schon lange nicht mehr. Einzig der Winter bremste uns beide ein, denn nun mussten wir gezwungenerweise einige Monate pausieren. Doch ich hatte eine Idee: Aus der Schweiz holte ich mir damals Turnschuhe mit Spikes, mit denen ich zwar nicht richtig laufen, doch aber recht gut gehen konnte. So absolvierten Pato und ich auch im Winter fast täglich unsere Runden munter weiter. Sobald der Frühling in der Tür stand, hielt uns nichts mehr im Haus. Ich hängte die Spikes an den Nagel und begann, wieder zu laufen. Pato war immer an meiner Seite.

Während wir so unsere Runden drehten, kamen mir die abenteuerlichsten Gedanken. So hatte ich im Fernsehen auch vernommen, dass andere Leute mit Begleitperson laufen, und eines Tages schien es mir so, als ob mich der liebe Gott erhören würde. Bei unseren Runden hatte ich einen Mann vernommen, der auch sehr viel lief. Mit der Zeit waren wir ins Gespräch gekommen, und allmählich hatte ich herausgefunden, dass er Marathon läuft, und irgendwann hatte ich es gewagt, meinen sehnlichsten Wunsch zu äußern: dass ich einen Läuferfreund suchen würde.

Die Initialzündung hatte gewirkt, denn nicht sehr lange darauf hatte er mir den Vorschlag gemacht, zusammenzulaufen. Ich war erst einmal mehr als baff. Ich konnte es einfach nicht glauben, dass es tatsächlich jemanden gab, der sich die Mühe machen wollte, mit mir, einem Blinden, einem sogenannten Behinderten, zu laufen. Tags darauf sollte es schon losgehen. Erst als Rudolf an meiner Tür gestanden hatte, konnte ich mein Glück wirklich fassen. „Wir laufen heute erst mal eine gerade Strecke und nicht mehr als fünf Kilometer", sagte er. Meine Spannung stieg ins Unermessliche.

Und tatsächlich: Es klappte auf Anhieb. Dennoch traute ich mich noch nicht, mich allzu früh so richtig zu freuen. Ich war ein gebranntes Kind, und meine Erfahrungen der letzten Jahre hatten mich misstrauisch gemacht. Ich hielt es auch für meine äußerste Pflicht, Rudolf über meine HIV-Infektion zu informieren. Es könnte ja möglich sein, dass wir uns beim Laufen verletzten und ich womöglich bluten würde. Dann sollte Rudolf Bescheid wissen. Ich wollte alle Eventualitäten ausschließen, dass er sich womöglich bei mir infizieren würde. Ich hätte es niemals mit meinem Gewissen vereinbaren können, einen unschuldigen Menschen in meine Krankheit reinzuziehen. Obwohl es genau zu dieser Zeit gewesen war, dass mir die Ärzte aus der Infektionsabteilung mehrmals erklärt hatten, dass das HI-Virus in meinem Blut nicht mehr nachweisbar sei und die Tests der letzten Jahre negativ ausgefallen waren.

Trotzdem hielt ich es für meine Pflicht, meine „wahre" Geschichte auch Rudolf zu „beichten", und so erzählte ich ihm während eines Trainingslaufes alles über mich. Er hörte mir aufmerksam zu, tat so, also ob ihn dies alles sehr interessieren und ihm die HIV-Geschichte nichts ausmachen würde. Dennoch geschah das für mich Unfassbare: Rudolf meldete sich nicht mehr. Weder am Tag darauf noch in den folgenden Tagen. Es kam weder ein Anruf noch eine Sms von ihm. Totale Funkstille. Wieder einmal. Somit reihte sich auch mein Lauffreund in den Reigen jener ein, die mich fallen ließen wie eine heiße Kartoffel. Obwohl mir klar war, dass ganz sicher auch Rudolf nur aus Angst und Unsicherheit so reagierte, war ich sehr traurig, sehr deprimiert. Meine Gedanken drehten sich erneut im Kreis. Ich konnte es nicht glauben, und wie schon oft zuvor haderte ich damit, dass ich so war, wie ich war.

Durch viele Gesprächstherapien mit meinem neuen Arzt Christian Hofer lernte ich allmählich über solche Tiefs hinwegzukommen. Er vermittelte mir dabei immer wieder,

dass ich mächtig stolz auf mich und auf meine Leistungen sein konnte.
Als blinder Mensch sind die Voraussetzungen denkbar schlecht, solche nicht vorausschaubaren Dinge zu verkraften, sie sind auch für gesunde Menschen schwer zu stemmen, das machte mir mein Arzt klar. Auch machte mir Hofer bewusst, dass ich mich eigentlich glücklich schätzen sollte, als HIV-Patient so wenig im Krankenhaus verbringen zu müssen, und den Umständen entsprechend gut leben konnte. Dass ich trotz allem privilegiert sei und sich mein Leben nun zum Besseren gewandt hatte. Diese Aufmunterungen taten mir gut, ich brauchte sie mehr als alles andere damals, sie waren überlebensnotwendig. Sie waren der Grund, dass ich mich immer wieder aufraffen und zu mir selber sagen konnte: Hör auf zu jammern, das Leben geht weiter.

Ich bin alleine mit Pato weitergelaufen, und ab und zu war mir so, als ob es doch einige Leute im Dorf geben würde, die hinter meinem Rücken tuschelten. Doch da für mich klar war, dass es sich nur um Neider handeln würde und man sich Neid auch verdienen musste, konnte mich nichts und niemand mehr davon abhalten zu trainieren. Ich wollte all den Negativitäten einfach davonlaufen. Und meine Werte besserten sich von Blutprobe zu Blutprobe. Ich war einfach stolz auf mich, dass ich es schaffte, allein durchs Laufen und die positive Einstellung meine Blutwerte dermaßen zu verbessern. Allein diese Tatsache beflügelte mich enorm, von der seelischen Ausgeglichenheit, die ich nun ebenfalls erleben durfte, ganz zu schweigen. Es schien, als hätte ich das Virus in den Griff bekommen. Und ich dachte nun auch immer weniger an meine HIV-Infektion, und die Krankenhausaufenthalte schienen sehr weit weg. Manchmal schien es mir, als wäre ich in meine Kindheit zurückversetzt, damals als die Klinikaufenthalte durch die Konservierung des Medikaments in der Apotheke auch immer weniger wurden. Ein euphorisches Gefühl!

Heute weiß ich, dass es sich gelohnt hat zu kämpfen, dass es nichts Besseres für mich gegeben hat, als mein Dasein, trotz starker Depressionen und Scheidung, wieder in den Griff zu bekommen. Vor allen Dingen lernte ich, für meine Belange selber zu kämpfen, ich wollte mein Leben wieder in geregelte Bahnen lenken. Es gelang mir tatsächlich, nach und nach, für mich unmöglich scheinende Geschichten zu bewältigen und auch vermeintlich kleine Begebenheiten und Dinge zu schätzen, die ich zeit meines Lebens übersehen hatte oder nicht annehmen wollte. Auch in meiner blinden Welt gibt es sehr viele Kleinigkeiten, die zu Großem heranreifen können, wenn man sie nur anschaut und annimmt. Und daraus lernte ich, Kraft zu schöpfen.

Und dass das Gute sehr oft ganz nah liegt, bekam ich eines schönen Tages zu spüren. Während einer weiteren Laufrunde mit Pato traf ich doch tatsächlich meine Schwägerin, die sich nun auch dem Laufen verschrieben hatte. Sie hatte sofort erkannt, dass es mit Pato auch rein praktisch gesehen mitunter sehr schwierig werden konnte, da es dabei immer um das richtige Tempo ging. Adele machte mir den Vorschlag, einfach einmal den Versuch zu wagen, gemeinsam mit ihr zu laufen. Ein wahrer Glücksmoment für mich, der sich als ausgezeichnete Idee herausstellen sollte. Meine Schwägerin und ich sind seit Jahren eine eingeschworene Laufgemeinschaft und schöpfen nicht nur sehr viel Kraft daraus, sondern haben auch unseren Spaß daran.

Artikel von Markus Telser, der in der Bezirkszeitung „Der Vinschger“ am 1. September 2010 veröffentlicht wurde (man bedenke, dass der Autor blind ist)

Der See leuchtet heute für uns

Graun/Schluderns – Ein unvergessliches Erlebnis war für Markus Telser aus Schluderns, der seit über 18 Jahren vollblind ist, die Teilnahme an der heurigen Auflage des Reschenseelaufs. In folgendem Beitrag schildert er, wie er sich zusammen mit Adele auf den Lauf vorbereitet hat, wie er die 15,3 Kilometer bewältigt hat, wie er sich fühlte und was es für ihn bedeutet, bei diesem Lauf mit dabei gewesen zu sein.

„Es begann eigentlich schon vor rund neun Jahren, als ich, seit über 18 Jahren vollblind, merkte, wie wichtig es im Leben ist, trotz Behinderung eine gesunde Sportart im Freien auszuüben. Ich hatte damals das Glück, den sehr gut ausgebildeten Blindenführhund Sam zu bekommen, mit dem ich meine ganzen Kilometer machen konnte. Mit der Zeit bekam ich natürlich immer mehr Kondition und Ausdauer. Vor eineinhalb Jahren bekam ich meinen zweiten Blindenführhund Pato, der mir eine zusätzliche Herausforderung brachte, da er jünger und dementsprechend schneller war. So kam ich vor vielen Monaten auf die Idee, es einmal mit dem Laufen zu versuchen. Am Anfang gab es einige Schwierigkeiten, da Pato ja nicht dafür ausgebildet war. Mit jeder Runde aber ging es besser, und jetzt sind wir zwei ein eingespieltes Laufteam.

Da ich wusste, dass es wirklich Vollblinde gibt, die auch mit Begleitung laufen, hörte ich mich nach einem Begleiter um. Es zeigte sich aber leider, dass man als Mensch mit einer Behinderung wirklich nur mit Versprechungen oder direkt mit Enttäuschungen rechnen muss.

Ich wusste, dass meine Schwägerin Adele auch eine erfahrene Läuferin ist. Also raffte ich den letzten Mut zusammen und fragte sie, ob sie mich vielleicht einmal bei einem

Lauf mitnehmen würde. Sie sagte auf Anhieb ja. Ein altes Sprichwort heißt: „Auch ein blindes Huhn findet mal ein Korn."

So begann meine kleine Läuferkarriere. Ich bestellte mir auf schnellstem Weg eine gelbe Armbinde mit den drei schwarzen Blindenpunkten. An dieser ließ ich ein Band annähen. Ausgerüstet mit Armbinde und Band, konnten wir mit unserem Trainingsprogramm beginnen. Aus Sicherheitsgründen lief ich schon zu Beginn immer auf der rechten Seite der Straße, und Adele lief links. Beim ersten Lauf war es schon etwas komisch, und ich musste viel Vertrauen in Adele haben, als sie mich so am Band hielt. Ich kann mich noch sehr gut an den Tag erinnern, als wir unsere erste Runde drehten. Ich hatte vom Vorhaben meiner neuen Trainerin überhaupt keine Ahnung, denn sie ging sehr taktisch vor. Wir starteten von Schluderns in Richtung Spondinig. Vor Spondinig fragte ich sie: „Jetzt werden wir wohl bald umkehren?" Adele aber lächelte und eröffnete mir ihr Vorhaben. Es ging von Spondinig Richtung Glurns und vom Stausee in Richtung Schluderns zurück. Ich konnte es zuerst nicht glauben. Zu Hause angekommen, war ich sehr stolz, zehn Kilometer geschafft zu haben. So begann also unser Training. Es dauerte ca. drei Monate, wir bewältigten jeden zweiten Tag unsere zehn Kilometer.

Die Taktik von Adele, dass das Laufen auch länger Spaß machen kann, war wirklich super. Mit der Zeit kam dann auch ab und zu das Wort „Reschenseelauf" ins Spiel. Natürlich begann auch ich, daran zu denken, wie es denn so sein würde, dort dabei zu sein. Nur im Spaß jedoch wagte ich zu sagen: „Warum nicht?" Eines Tages bei einer der Trainingsrunden, zu denen wir immer fleißig um 5.30 Uhr aufbrachen, sagte Adele, dass sie uns beide beim Reschenseelauf angemeldet habe. Ich fiel aus allen Wolken und dachte, nicht richtig gehört zu haben.

Die Zeit bis zum 31. Juli, für den der Reschenseelauf angesagt war, verbrachte ich mit gemischten Gefühlen: Schaffe ich es, oder schaffe ich es nicht? Mit großer Unterstützung von meiner Frau Patrizia und von Adele bekam ich immer wieder neuen Mut. Ich wurde in meinem Vorsatz bestärkt. Mein Vorsatz war: Ich laufe den Lauf nur für mich ganz alleine, egal, ob ich es schaffe oder nicht. Hauptsache ist es, dabei zu sein.

Als der Tag X da war, gab es für mich keinen Zweifel mehr, dass ich es schaffen werde. Adele, meine Frau und ich fuhren pünktlich zum Reschensee. Wir begaben uns zur Stelle, wo die Startnummern ausgegeben wurden. Dies war alles Neuland für mich. Patrizia steckte uns die Startnummern an, ich bekam die Nummer 1489. Ich zog mir meine Blindenmasche über den linken Oberarm, und Adele nahm das ihr in der Zwischenzeit so vertraute Band in die Hand, und ab ging es zum Startgelände. Es häuften sich immer mehr Menschen um uns herum, und ich wurde immer nervöser. Natürlich wurde ich von der immensen Menschenmenge auch ein wenig eingeengt. Die Moderatorin kündigte immer öfter an, dass es bald losgehen würde. Musik, Trommeln, Publikum … und das alles wegen uns Läufern. Solche Gedanken gingen mir durch den Kopf. Ich glaube, dass sich kaum jemand vorstellen kann, wie man sich da als Blinder fühlt.

Dann der Startschuss. Adele versuchte, mich zu beruhigen, und wir kamen langsam in den Laufrhythmus. Es dauerte nur einige Minuten, und wir bekamen schon etwas Luft. Ich hatte große Angst, auf jemanden aufzulaufen. Meine Gedanken gingen sehr durcheinander. Adele, der ruhige Pol neben mir, schaffte es jedoch, mir die Angst zu nehmen, und ab ging es in Richtung Staumauer. Adele sagte mir immer wieder, wie schön die Farbe des Sees sei. Der See leuchte. Das Publikum feuerte uns an. Es war eine Situation, wie ich sie bis dahin noch nie in meinem Leben erfahren hatte: einfach Wahnsinn. Die ganzen Trommeln, Glocken und Komplimente der Zuschauer. Ich sagte mir immer wieder: Das ist mein Tag, auf den ich mein ganzes Leben lang stolz sein kann, ob ich es schaffe oder nicht.

Ich denke heute noch an die Worte, die mir Adele während des Laufs als Ansporn sagte. Als wir fast die Hälfte der Strecke hinter uns hatten, meinte sie: „Geht es noch, Schneggele?“ Wir hatten auch Riesenspaß während des Laufs und ließen es uns nicht nehmen, bei jedem Versorgungsständchen etwas zu trinken. Erst als es dem Ende zu ging, sagte mir Adele: „Jetzt noch ein halbes Stündchen. Schaffst du das?“ Ich hörte, wie die Trommeln und die Musik im Zieleinlauf immer näherkamen. Jetzt wusste ich, dass mein großer Wunsch in Erfüllung geht. Ich weiß nicht mehr, welche Gedanken mir durch den Kopf gingen. Eine innere Stimme sagte: „Du hast deinen Lauf gewonnen.“ Am Ziel angekommen, war ich – das muss ich zugeben – am Ende meiner Kräfte. Man muss sich nur vorstellen, wie es wäre, 15,3 Kilometer zu laufen, ohne nur ein bisschen Helligkeit in den Augen zu haben. Ich brach in Freudentränen aus und schämte mich deswegen nicht.
Meine erste Umarmung nach dem Zieleinlauf gebührte natürlich meiner Begleiterin Adele, die ich vor Freude fast nicht mehr loslassen wollte. Sie und meine Frau waren die Einzigen, die wussten, was mir dieser Lauf bedeutet.
Meine Frau erzählte mir, dass mein Name mehrere Male durch den Lautsprecher gesprochen wurde und auch erwähnt wurde, dass ich sehbehindert bin und es eine riesengroße Leistung ist, bei so einem Lauf mitzumachen. Meiner Frau Patrizia und meiner Begleiterin Adele möchte ich aus ganzem Herzen danken. Sie haben mich während der ganzen Zeit der Vorbereitung mit großem Beistand unterstützt.
Wenn ich daran denke, wie mir verschiedene Menschen nach dem Zieleinlauf mit viel Respekt gratuliert haben, empfinde ich wirklich großen Stolz für meine Leistung.“

DER SPORT UND ANDERE DINGE

Einige Zeit zuvor war ich bereits zum Radfahren gekommen. Als ich damals erneut einmal Einkäufe in unserem Dorf getätigt und mich mit den Leuten über mein neues Hobby, dem Laufen, unterhalten hatte und auch meine Schmerzen im Sprunggelenk erwähnte, fragte mich mein Gegenüber, ob ich es noch nie mit einem Tandemfahrrad versucht hätte. Das war nun ein wirklich verrückter Gedanke. Doch er war großartig. Ich begann schon, Pläne zu schmieden und überlegte mir, wen ich wohl als Tandempartner gewinnen könnte. Ich wusste selber am besten, wie gut mir der Sport und die frische Luft tun. Bewegung im Freien verhalf mir, nicht in ständiger Angst wie ein Luchs auf eine neue Depression zu warten. Der Sport hat mir mehr als alles andere geholfen, meine Blutwerte Schritt für Schritt zu verbessern. Doch wenn ich schon ein Tandem kaufte, so brauchte ich auch jemanden, der mit mir fahren wollte.

Alleine konnte ich als Blinder ja nicht gut Fahrrad fahren. Ich dachte lange hin und her. Wenn auch meine Umgebung meinte, dass es doch wohl nicht so schwer sein dürfte, jemanden zu finden, so wusste ich es besser: Oh ja, es würde schwer werden, sehr schwer sogar. In solchen Situationen wurde mir jedes Mal wieder schmerzlich bewusst, wie abhängig ich als blinder Mensch von den anderen geworden war. Dennoch ließ mich der Gedanke nicht los, und nach einigen positiven Erfahrungen hatte ich nun die Vision, einen Freund zu finden, der mit mir durch die Gegend radeln würde.

Eines Nachts lag ich wieder einmal lange wach im Bett. Da gab es genügend Zeit zum Grübeln. Plötzlich fiel mir jener Pensionist ein, der jahrelang im Radsport Erfahrung gesammelt hatte. Er könnte vielleicht mit mir radeln. Tags darauf fasste ich mir ein Herz und rief ihn an. Ein wenig aufgeregt war ich schon, doch ich schilderte ihm, so sachlich ich konnte, meine Idee. Welche großartige Überraschung. Peter war von meinem Engagement sofort angetan, und ich freue mich auch heute noch, sagen zu dürfen, dass ich selten einem Menschen begegnet bin, der meine Situation so rasch einschätzen konnte. Vor lauter Freude, dass er meine Gedanken so gut fand und mir auch zur Seite stehen wollte, nahm ich noch meinen letzten Mut zusammen und fragte ihn, ob er mir denn auch noch beim Tandemkauf behilflich sein könnte. Man kauft ein Tandem ja nicht alle Tage und schon gar nicht eines vom Band weg.

Im Juni 2009 war es dann so weit gewesen. Peter und ich starteten unsere Jungfernfahrt. Und siehe da: Es klappte auf Anhieb. Mein neuer Sportsfreund hatte das Gerät gut im Griff, sodass ich mich mit ihm sofort wohlfühlen und ihm auch voll vertrauen konnte, als wir unsere ersten Runden drehten. Da merkte man einfach gleich, dass ein Profi am Werke war. Mittlerweile sind Peter und ich ein gutes Team. Zwischen uns beiden hat sich eine wunderbare Freundschaft entwickelt, die mich sehr glücklich macht. Er ist genau der Mensch, den ich mir für meine Freizeitgestaltung lange schon gewünscht hatte. Und das Schönste an der ganzen Sache ist, dass ich mich zu 100 Prozent auf Peter verlassen kann.
Anfangs machte mir bei unserer „Radelei" zwar mein inzwischen operiertes Sprunggelenk ein wenig zu schaffen, da es ziemlich schmerzte, doch es wurde von Tag zu Tag besser. Heute noch legen wir bei unseren gelegentlichen Runden immer etwa 50 Kilometer zurück. Und wer denkt, dass wir lediglich spazieren fahren, der irrt. Wir beide strampeln schon richtig in die Pedale und verausgaben uns sogar, sodass wir am Ende ziemlich ausgepowert heimkommen. Doch wir sind dann immer stolz und glücklich, es wieder einmal so toll geschafft zu haben. Mit dem Laufen und dem Radeln bin ich nun ziemlich ausgelastet. Es beweist sich immer wieder, dass Sport mir absolut guttut. Natürlich kann ich einige Dinge in meinem Leben nicht einfach ausblenden. Doch es gelang mir trotz allem, mein

Dasein auf eine für mich angenehme Ebene zu bringen. Mir hilft auch die Gewissheit, dass ich nur mehr sehr selten ins Krankenhaus muss. Selbst von kranken Symptomen bleibe ich jüngst verschont. Bei den Routinevisiten in Bozen erzähle ich manchmal stolz, was ich daheim so alles mache, und dann spüre ich oft großes Staunen. Gesunde Menschen können sich oft gar nicht vorstellen, in welcher Welt wir Blinden leben. Das wäre auch zu viel verlangt. Dennoch freue ich mich schon sehr, wenn die anderen auf mich zugehen und mit mir in Kontakt treten wollen. Ich bin ausnahmslos angetan von Zuwendung, von Anteilnahme und kann mich auch über angebotene Hilfe freuen, sofern sie mir nicht zwingend aufgedrängt wird.

Auch meine Frau Patrizia, die ich stets an meiner Seite habe, bemerkte, wie ich mein Leben zusehends immer besser meistern konnte. Selbstverständlich trug auch sie ein gewichtiges Scherflein dazu bei, dass sich alles zum Guten wandte, und nicht zu vergessen ist das großartige Verhältnis zu meiner Tochter Stefanie. Ich kann es nicht oft genug betonen: Mein Leben hat durch diese lieben Menschen und auch durch meine Hunde einen neuen Sinn bekommen. Es wäre für mich undenkbar, keine Freunde, Verwandten oder Bekannten um mich zu haben. Sie sind meine Welt und meine Familie ist alles für mich. Ich weiß leider auch von Patienten auf der Infektionsabteilung, die niemanden mehr haben. Die ganz alleine auf der Welt, und auf sich allein gestellt sind. Mit einer schweren Krankheit leben zu müssen, ist schon schwer genug, dann aber auch noch keinen zu haben, der zu ihnen steht, der in schweren Minuten und Stunden die Hand hält, am Bett sitzt oder einfach nur da ist, wäre für mich unvorstellbar.

Als ich einmal eine Woche stationär im Krankenhaus aufgenommen war, lag im Bett neben mir ein Mann, der die ganze Zeit über nicht einen Anruf und auch keinen Besuch bekommen hatte. Ich konnte es kaum fassen. Wie nur kann es möglich sein, dass alle Welt diesen Menschen einfach vergessen hatte. Die Heilungsprognose für solche Patienten ist oft auch denkbar schlecht. Das wissen inzwischen nicht nur die Betroffenen selber, sondern bestätigen auch Ärzte und Psychologen. Ich habe großes Glück, dass ich immer wieder liebe Menschen um mich habe, die sich um mich sorgen, um mich kümmern, mir Mut machen, mich beflügeln oder einfach präsent sind.

Einzig meine Arthrose am linken Sprunggelenk machte mir in den letzten Jahren immer noch sehr zu schaffen. Die Schmerzen sind insbesondere bei schlechtem Wetter kaum zum Aushalten.
Damals im Krankenhaus in Innsbruck wurden mir die Schmerzen wegen meiner Blutergüsse mit dem Faktor VIII weggespritzt, und fürs Sprunggelenk bekam ich oft Kortison, doch auf die Dauer war das keine optimale Lösung. Die vielen Medikamente belasten, wie wir alle wissen, wiederum die Leber, den gesamten Organismus mit ihren Nebenwirkungen. So verzichtete ich später oft darauf und riss mich zusammen, und dann drehte ich trotz Schmerzen, meine Runden. Siebzehn Jahre lang hielt ich damit eisern durch, denn sich erneut zurückzuziehen und nur zu jammern, galt nicht mehr.

2010 hatte sich mein Immunsystem dann so gut erholt, dass ich einen erneuten Versuch wagte, mich für eine Operation am Sprunggelenk zu interessieren. Anfangs schien es, wie üblich, unmöglich, doch da ich wieder einmal nicht lockerließ, gelang es mir, eine Privatvisite in der Bozner Marienklinik zu vereinbaren. Schon spielte ich mit dem Gedanken, die Operationskosten selbst zu übernehmen, irgendwie würde ich es schaffen, das Geld aufzutreiben. Dr. Gruber aber winkte ab, es würde ein Vermögen kosten, schier unbezahlbar für einen Privaten. Er würde mich am liebsten in die Uni-Klinik nach Innsbruck verweisen zu einem Studienkollegen. Nach der ersten Vorvisite in Innsbruck machte mich Professor Dr. Bölderl darauf aufmerksam, dass meine HIV-Infektion nach wie vor das größte

Problem während der Operation sein würde. Diese Feststellung zog mich emotionell tief hinunter, schon wieder diese verdammte Immunkrankheit, die mich laufend einholte. Man ist irgendwann an einem Punkt und denkt, das Leben geht weiter, und man muss vor dem HI-Virus keine Angst mehr haben, doch dann holt einen die Realität wieder ein.

Doch Anfang August 2011 meldete sich diese verhasste Arthrose ganz besonders heftig zurück. Am Abend zuvor war ich noch auf einer Geburtstagsfeier gewesen, doch schon in der Nacht bemerkte ich, wie mein Sprunggelenk gewaltig anschwoll. An Schlafen war nicht mehr zu denken, und als sich auch Patrizia am nächsten Morgen ziemlich erschrocken zeigte, beschlossen wir, sofort den Arzt aufzusuchen. Dieser probierte es dann einige Tage mit einer Lymphdrainage, doch empfahl er mir, mich auch bald mit der Infektionsabteilung in Bozen in Verbindung zu setzen, um einen sogenannten Plan B zu organisieren. Und mir schwante auch schon, dass dies wieder einmal einen Krankenhausaufenthalt nach sich ziehen könnte. Dr. Milland ordnete mir eine Magnetresonanz an und schickte mich dann heim. Warten konnte ich auch zu Hause bei meinen Lieben, der Arzt hatte längst erkannt, wie man ganz individuell mit seinen Patienten umzugehen hat. Und ganz speziell mit mir, der ich blind war und in seiner eigenen Welt leben muss. Ein Tag im Krankenhaus erschien mir als Blinder endlos lang, die Zeiten verschieben sich, wenn man nur mehr schwarz vor Augen sieht. Es ist kaum beschreibbar, wie man sich fühlt. Auf jeden Fall hat es mit der Welt der Sehenden rein gar nichts mehr zu tun.

Mit gemischten Gefühlen kam ich wieder heim. Am 30. August bekam ich dann den ersehnten, doch auch gefürchteten Anruf aus Bozen, da Dr. Milland mich erneut in die Klinik zitierte. Ich weiß dieses Datum deshalb so genau, da nur einen Tag später Patrizias Geburtstagsfeier anstand. Seine Stimme klang alles andere als beruhigend. Und in der Tat teilte der Arzt mir mit, dass ich mich auf drei Wochen Krankenhausaufenthalt einstellen sollte. Mir stand eine Antibiotikatherapie bevor. Ich konnte es kaum glauben: Drei Wochen, oh Gott, für mich eine Ewigkeit. Unter Aufbringung all meiner Überredungskunst rang ich dem Doktor das Versprechen ab, das Unterfangen doch etwas aufzuschieben, sodass ich wenigstens am Geburtstag meiner Frau daheim sein könnte. Als ich einen Tag nach Patrizias Geburtstag dann endlich in der Klinik ankam, erklärte mir mein Arzt auch, warum ich diese Therapie nicht zu Hause absolvieren konnte. Alle sechs Stunden musste eine Infusion angehängt werden, und damit die auch greifen würde, durften nicht einmal nachts Unterbrechungen stattfinden. Daheim war das kaum möglich. Man brauchte schon professionelle Hilfe dabei.

Diese Erkenntnis hieß für mich, wieder einmal von meinem treuen Freund Pato Abschied zu nehmen, und auch meine damals 19-jährige Tochter Stefanie zeigte sich sehr geschockt. Alle befürchteten, dass womöglich mehr dahinterstecken könnte. Mich aber belastete nicht nur der Aufenthalt an sich, sondern auch die Meldungen meiner Frau, als sie mich besuchen kam. Sie erzählte mir von den Kommentaren der Leute im Dorf, von denen ich immer noch sehr abhängig schien.
Dabei kamen die abenteuerlichsten Mutmaßungen zutage, die ich nun im Spital und weit weg vom Geschehen, über mich ergehen lassen musste. So hieß es etwa, dass nur der Reschenseelauf schuld sein kann, dass ich erneut einen Rückfall erlitten hatte. Sicher hatte ich mich damit verausgabt und wieder einmal übertrieben mit meinem ganzen Sport. Da ich auf diese Leistung besonders stolz war, hatte ich am meisten an diesen mutmaßlichen Aussagen zu knabbern.

Doch es gab auch Highlights. Die regelmäßigen Besuche meiner Lieben hielten während der gesamten drei Wochen an und beflügelten mich enorm. Nach einigen Tagen schon kam Dr. Milland mit einer tollen Überraschung an. Er schlug vor, dass ich täglich von zwölf Uhr mittags bis achtzehn Uhr abends Ausgang haben und mich dann frei bewegen könnte. Das klang richtig sensationell. Und so sollte es auch werden. Stefanie und Patrizia holten mich ab sofort regelmäßig zu Mittag ab, und dann verbrachten wir die Nachmittage gemeinsam. Obwohl ich wusste, am Abend wieder ins Krankenhaus zurück zu müssen, genoss ich diese Situation nun voll und ganz. Es war ein bisschen wie Urlaub vom Alltag. Ende Oktober schöpfte ich erneut große Hoffnung aus einer Operation, allerdings müsste erst noch meine HIV-Situation abgeklärt werden. Doch dann bekam ich die Nachricht, dass mein Sprunggelenk sich mit den Jahren von alleine versteifen müsse. Es gab nicht mehr viel zu tun dafür. Eine Diagnose, mit der ich nicht gerechnet hatte. Nun wollte ich wieder kämpfen.

Nach einigen weiteren Untersuchungen und Blutabnahmen bekam ich letztendlich das Okay für die Operation in Innsbruck. Zu einem Zeitpunkt, an dem ich schon gar nicht mehr daran geglaubt hatte operiert zu werden. Es sollte der 16. Jänner 2011 sein. Natürlich hatte ich gefragt, ob es nicht früher gehen würde, da meine Schmerzen immer schlimmer geworden waren, doch Professor Bölderl machte mir klar, dass er wegen meiner HIV-Erkrankung ein sehr erfahrenes Operationsteam benötige. Nach all der Aufregung wieder daheim, war ich ziemlich fertig und musste die Neuheiten erst einmal emotionell verkraften. Trotz der guten Nachricht war ich jetzt wegen der ständigen Aufs und Abs sehr müde und auch sehr nachdenklich. Warum nur gab es für mich einfach keine Ruhe?

Professor Bölderl versuchte mir, so gut es ging, den Operationsablauf zu erklären. Das Allerbeste dabei aber war, als er mir mitteilte, dass ich voraussichtlich insgesamt nur für eine Woche stationär aufgenommen werden müsste.

Ein Wunder, wo ich doch bisher nie unter zwei Wochen weggekommen war bei ähnlichen Eingriffen. Als er dann auch noch extra betonte, ich hätte als Hämophiliker gute Chancen, einen schnelleren Heilungsprozess zu erleben, traute ich meinen Ohren nicht.

Patrizia stand mir während der gesamten Visiten in Innsbruck treu zur Seite. Sie nahm immer Urlaub und begleitete mich. Auch für den, nun fixen, Operationstermin hatte sie sich frei genommen. Sie wollte die ganze Woche über bei mir sein und hatte sich dafür in einem Hotel, ganz in Kliniknähe, einquartiert. Obwohl ich anfangs tapfer war und glaubte, diese Woche auch allein schaffen zu können, war ich, als der Termin näher und näher rückte, sehr froh, nicht schon wieder alleine nach Innsbruck fahren zu müssen. Es gab und gibt auch heute noch nichts Schlimmeres für mich, als den ganzen Tag lang im Dunkeln eines unbekannten Krankenzimmers auszuharren. Auch meine Tochter Stefanie, die zu dieser Zeit ihr Studium in Englisch und Französisch auf Lehramt in der Uni in Innsbruck absolvierte, versprach mir so oft es ging, vorbeizukommen. Meine beiden Frauen hielten Wort. Doch die Angst war auch bei dieser bevorstehenden Operation permanent vorhanden, bis man mich in den Operationssaal schob. Um dreizehn Uhr war ich dran, und ich sank alsbald in den Tiefschlaf.

Patrizia und Stefanie erzählten mir später, wie sie ganze vier Stunden mitgefiebert hatten. Ich erwachte in meinem Zimmer, und meine zwei Liebsten erzählten mir dann, welch einen Unsinn ich nachher über die Operation erzählt hatte. Das waren wohl die Auswirkungen der Medikamente und der Narkose gewesen. Es sei alles nach Plan verlaufen, teilten mir die Ärzte mit, und ich war vom ersten Tag an so gut wie schmerzfrei. Ich glaubte, ein Wunder sei geschehen, war außer mir vor Freude und stand schon am zweiten Tag auf.

Meine Ungeduld zog nach sich, dass das Drainageschläuchchen riss, das man mir am operierten Sprunggelenk angebracht hatte und dieses Missgeschick erst von Professor Bölderl bei der Visite festgestellt werden konnte. Leider bildete sich deshalb unter dem Spaltgips, den man mir angelegt hatte, nicht nur ein Hämatom, sondern auch noch eine offene Wunde. Der Professor wies mich darauf hin, dass er mich auf gar keinen Fall heim lassen würde, bevor die Wunde verheilt war. „So ein Mist", dachte ich mir. „Wie nur konnte mir das passieren." Wieder waren es meine Frau und meine Tochter, die mich trösten mussten und mir beistanden, während ich am liebsten an die Decke gegangen wäre.

Und es kam, was kommen musste. Professor Bölderl wies mich an, auf jeden Fall wenigstens eine weitere Woche in der Klinik zu bleiben, worauf Patrizia sofort reagierte und bei ihrem Arbeitsplatz um weiteren Urlaub bat. Was für eine tolle Frau ich doch hatte. Dennoch vermisste ich auch in dieser Zeit wieder Freunde, Menschen, die einmal anrufen oder gar vorbeikommen würden. Dieser große Wunsch, der sich wie ein roter Faden durch meine gesamte Krankengeschichte zog, blieb leider auch diesmal unerfüllt. Nach wie vor bin ich heute davon überzeugt, dass ich Glück habe mit meiner tollen Familie, die sich immer wieder intensiv um mich kümmert. Als die vierzehn Tage vorbei waren und immer noch keine Entlassung in Sicht schien, telefonierte ich mit meinem Hausarzt daheim und entließ mich dann kurzerhand einfach selber. Ich hatte wieder einmal meinen Eigensinn und meinen Dickkopf durchgesetzt, den ich letztendlich immer wieder brauchte, um viele Dinge wegzustecken. Schon als Kind war ich oft mit dem Kopf durch die Wand gegangen, was meine Eltern mitunter bis an den Rand der Verzweiflung gebracht hatte, von meinen Lehrern ganz zu schweigen. Doch irgendwie muss ich wohl früh gespürt haben, dass diese Charaktereigenschaft mir auch zum Überleben half.

Zwar war der Arzt, der mich in der Klinik operiert hatte, etwas verschnupft, doch mich hielt nun nichts mehr in Innsbruck. Ich wollte endlich wieder heim, in meine vertraute Umgebung und zu meinen mittlerweile drei Hunden, Sam, Pato und den kleinen Yorkshire Rocky.

Schon am ersten Tag besuchte ich Dr. Christian Hofer, damit er sich die Wunde näher betrachten und zudem einen Plan erstellen konnte, wie und wann er mich verarzten könnte. Mein Vater fuhr mich dann jeden zweiten Tag zu ihm in die Praxis, und nach einem Monat schon war die Wunde so gut wie verheilt.
Als ich zur ersten Visite in die Klinik nach Innsbruck kam, waren meine ersten Gehversuche schon so weit fortgeschritten, dass die Ärzte ins Staunen gerieten, und meinem Südtiroler Arzt ihr Lob aussprachen. Die Genesung meines Sprunggelenkes ging sehr zügig voran, und schon im April desselben Jahres machte ich, zwar noch mit Schmerzen aber mit großer Freude, meine ersten Runden zu Fuß.

In meiner Euphorie begann ich schon wieder, mit dem Gedanken zu spielen, auch dieses Jahr beim Reschenseelauf mitzumachen. Der Lauf fand immer im Juli statt, und zwei Monate vorher konnte ich, nach Absprache mit dem Herrn Professor, bereits mit dem Training beginnen. Immerhin erstreckt sich der Reschenseelauf über ganze 15,3 Kilometer, was keine Kleinigkeit für mich und mein operiertes Sprunggelenk darstellt. Die Skepsis und die Angst meinerseits waren in mein Gehirn impliziert, doch ich kannte mich nur zu gut. Auch jetzt war der Reschenseelauf zur fixen Idee von mir geworden. Ich musste es also tun. Bloß wollte meine Schwägerin Adele, die mich ein Jahr zuvor noch begleitet hatte, dieses Jahr nicht mehr laufen.

Ich musste also jemand anderen finden. Meine Nachfragen bei Bekannten und Verwandten brachten mir einen Mann ins Haus, der es mit mir wagen wollte. Ich war überglück-

lich! Emil Mitterer stammt aus Latsch und ist ein erfahrener Läufer. Doch ich entschloss mich erst zwei Tage vor dem definitiven Start. Emil und ich machten einen gemeinsamen Probelauf, und die Chemie zwischen uns beiden schien zu stimmen, Emil schien mir der absolut richtige Mann für mich. Als Blinder findet man nur schwer einen Menschen, dem man vollständig vertrauen kann, und schon gar nicht für ein solches Unterfangen. Ich fieberte dem Tag X entgegen. Immerhin waren hier mehr als fünfzehn Kilometer zu schaffen und diese Strecke im völlig Dunklen zu laufen beinahe schon ein Ding der Unmöglichkeit. Diese Kilometer ziehen sich für einen blinden Menschen endlos in die Länge, ja sie scheinen fast wie eine Ewigkeit.
Ich war sehr erleichtert, dass meine Blutwerte zu diesem Zeitpunkt sehr gut waren und mein Immunsystem total in Ordnung. Es konnte gar nichts mehr schiefgehen. Und vielleicht spielten auch all die Glücksgefühle, Endorphine und Emotionen während des Laufs eine gewichtige Rolle. In ihrem Zusammenspiel schienen sie mir enorme Kraft zu geben, und als ich endlich mit Emil ins Ziel laufen konnte, war ich so stolz auf mich, so stolz wie schon lange nicht mehr. Und auch Emil so unendlich dankbar. Ich genoss all die Komplimente, die man mir entgegenbrachte in vollen Zügen, die Umarmungen meiner Familie, die vielen Stimmen aus den Lautsprechern, all die Zurufe, denn sehen konnte ich ja niemanden. Doch ich fühlte, dass man mir in diesem Moment große Aufmerksamkeit schenkte.
Auch nach solchen Tagen der Euphorie kehrt wieder der Alltag ein. Denn meine Visiten im Bozner Krankenhaus gingen munter weiter und meine Besuche auf der Infektionsstation ebenfalls. Auch die Aufregungen während der Blutuntersuchungen blieben immer dieselben. Einmal, es war bereits nach meinem dritten Reschenseelauf, war ich nur zwei Monate später felsenfest davon überzeugt, dass meine Werte sehr gut seien und die Befunde hervorragend ausfallen würden. Doch genau das Gegenteil passierte. Die Werte waren um die Hälfte vermindert, und die Katast-

rophe dabei war, dass ausgerechnet die Lymphozyten und die Thrombozyten betroffen waren. Wenn diese beiden Komponenten unter einen gewissen Wert sinken, wird es schwierig, da sie dafür zuständig sind, das HI-Virus zu unterdrücken. Ich konnte es mir anfangs überhaupt nicht erklären, als mir Dr. Milland davon berichtete. Was nur war geschehen? Ich wurde wieder einmal daran erinnert, dass man die Immunschwächekrankheit niemals unterschätzen durfte.

Gott sei Dank gibt es jedoch auch andere Zeiten, in denen es dann wieder wellenartig nach oben geht und somit all das vorherige Bangen und Warten vergessen ist. Mein Glück dabei ist auch, dass der sogenannte HIV-Cocktail bei mir immer noch gut zu funktionieren scheint. Natürlich ist mein gesamtes Leben immer als Würfelspiel zu betrachten, oft gelingt es mir, einen Sechser herauszuholen, oft aber auch nur einen Einser. Wessen Leben ist das nicht – ein Würfelspiel? Ich weiß heute sehr genau, dass ich mindestens einmal zwei Sechser hintereinander gewürfelt habe. Diese Sechser sind meine Tochter Stefanie und meine Frau Patrizia. Natürlich gehören zu diesem Glücksgesamtpaket auch meine Eltern und meine Geschwister dazu. Und natürlich auch meine heutigen Freunde, diese darf ich nicht vergessen. So kann ich behaupten, nun ein Mensch zu sein, der seine Höhen und Tiefen hat, genauso wie andere Menschen sie auch haben. Und das Allerverrückteste ist, dass ich mich mit meiner Immunschwäche bestens arrangiert habe, sogar mit meiner Blindheit. Manchmal scheint es mir so, als wäre ich gar nicht mehr blind, da ich gelernt habe, mit anderen Sinnen zu „sehen“.

Es gibt für uns Blinde viele andere Dinge, die wir sehr feinfühlig wahrnehmen. Das könnten Sehende in dieser Form niemals tun. Diese Gabe kann Segen und Fluch zugleich sein. Doch für uns ist sie wirksames Werkzeug, Unterscheidungen zu treffen, die für uns gut oder schlecht sein können. Wirklich wichtig ist es, überhaupt Entscheidungen zu treffen und dann zu agieren. Agieren in einer für uns akzeptablen Form.

FREI WIE EIN VOGEL

Angesichts all dieser Erkenntnisse fällt mir eine weitere Begebenheit ein, die wohl schon zehn Jahre zurückliegt, die ich aber den Lesern nicht vorenthalten möchte. Damals waren in Schluderns immer wieder verschiedene Paragliderschulen mit ihren Schülern und Lehrern anwesend. Es hatte sich herumgesprochen, dass es bei uns an diesem Ort im Vinschgau eine besonders gute Thermik gibt und das Gebiet auch sonst sehr reizvoll sei. Ich war fasziniert von dieser Sportart und von den Leuten, die sie ausübten. So versuchte ich, im Gasthof vorbeizuschauen, wo sich diese Abenteurer abends immer trafen. Ich wollte mit diesen Freaks unbedingt in Kontakt treten. Trotz meiner Blindheit interessierte es mich brennend, wie es sich anfühlen würde, hoch oben in den Lüften zu schweben. So bekam ich bald schon heraus, dass es auch Tandempiloten gab, und eines Abends glaubte ich, meinem Ziel ein gutes Stück nähergerückt zu sein. Einer versprach mir, mich mitzunehmen, und so vereinbarten wir einen bestimmten Tag. Leider wurde ich versetzt und war bitter enttäuscht.

Nach der ersten Enttäuschung, da ich mittlerweile gelernt hatte, die Hoffnung nie aufzugeben, wollte ich es später noch einmal versuchen. Auch Stefanie und meine Frau hatten inzwischen mitbekommen, dass ich schon lange diesen Traum hegte. Und eines Tages war es dann tatsächlich so weit. Ich konnte endlich in die Lüfte gehen. Ossi war ein erfahrener Tandemflieger, der mir diesen Energieschub ermöglichte. Ich hätte schreien können vor Freude und

Glück. Für mich als blinder Mensch ist das Schweben in den Lüften ein erhabenes Gefühl, das mit nichts anderem zu vergleichen ist. Es gibt nichts Schöneres als Fliegen, behaupte ich seither immer mit Augenzwinkern.

In der Zwischenzeit ist das Tandem-Paragliden für mich schon fast zur Routine geworden. Es ist immer wieder Adrenalin pur. Unter anderem wurde ich einmal von Franz Pixner eingeladen, der damals noch Direktor der Skigesellschaft auf Meran 2000 war. Wir fuhren ins Hirzergebiet. Das Gefühl, keinen Boden unter den Füßen zu haben und frei in den Lüften zu schweben, ist für mich immer wieder das absolute Highlight pur. Dann kann ich meiner Fantasie freien Lauf lassen und mir vorstellen, was wohl alles um mich herum geschehen mag. Mit dem Wind im Gesicht, dem Gleitschirm, der in allen Richtungen ausschweift, und den sogenannten Schrauben, die Franz extra für mich vollzog, habe ich das Gefühl, als ob sich die ganze Welt um mich drehen würde. Natürlich hatte ich in Franz jemanden gefunden, der ein sehr sicherer Pilot ist und schon mehr als 30 Jahre Flugerfahrung hat. Und das Landen ist das Wichtigste überhaupt. Lustig war, dass Franz vergessen hatte, Patrizia und Christine per Sms zu avisieren, sodass die beiden, die im Garten des „Torgglerhofes" meinem Flug entgegenfieberten, von meinem wunderbaren Erlebnis gar nichts mitbekommen hatten.
Franz versprach mir einen weiteren Flug, der dann mit der Landung auf dem Meraner Pferderennplatz seinen krönenden Abschluss finden würde. Ein paar Tage später und als Beweis sozusagen, dass ich meinen bereits fünften Flug tatsächlich wieder einmal geschafft hatte, bekam ich von Franz ein bedrucktes T-Shirt mit einem Fotoaufdruck geschenkt, auf dem ich deutlich zu erkennen bin, während ich mit ihm durch die Luft gleite. Meine Frau beschrieb mir das T-Shirt eingehend, und ich hätte am liebsten erneut vor Freude in die Luft springen wollen. Fliegen ist für mich wie für andere Weihnachten und Ostern zugleich. Ich trage

dieses Shirt immer mit großem Stolz und freue mich, wenn man mich darauf anspricht. Es ist dies immer wieder eine nette und willkommene Gelegenheit für mich, mit anderen Leuten ins Gespräch zu kommen, und das schätze ich als kommunikativer Mensch ganz besonders.

Diese Augenblicke des Glücks genieße ich heute in vollen Zügen, sie machen mein Dasein besonders lebendig und froh. Auch werde ich dadurch immer wieder an schöne Momente erinnert, und Erinnerungen sind für einen blinden Menschen vielleicht noch wichtiger als für Sehende, da wir sparsam umgehen müssen mit unseren gespeicherten Emotionen und lange davon zehren können. Ich fühlte noch wochenlang später immer wieder jenen Augenblick, als wir uns schraubenartig in der Luft drehten und es dann richtig rasant wurde und wir uns schneller und schneller drehten. Wie in einer Achterbahn fühlte ich mich. Für einen Blinden ein wahnsinniger Erfolg und die Tatsache, sich überwunden zu haben, einfach himmelhochjauchzend. In solchen Situationen heißt es für unsereins, das ganze Vertrauen in einen anderen Menschen zu setzen, alles abzugeben und sich einfach nur fallen zu lassen. Leider gibt es aber auch immer wieder das Danach. Die krude Realität, wo einen die Traurigkeit dann oft wieder einholt, und auch schlaflose Nächte folgen. Dennoch kann niemand mir diese Momente der absoluten Glückseligkeit mehr nehmen, und ich bin mir sicher, dass fünf Flüge noch lange nicht genug sind für mich. Ich werde ganz bestimmt früher oder später wieder einmal frei sein dürfen wie ein Vogel. Bei meinem nächsten Flug.

Artikel in der Bezirkszeitung „Der Vinschger“ vom 21. April 2010, eingesandt von Markus Telser

„Das war sicher nicht mein letzter Tandemflug!“ Schluderns/Passeier – In seinem Wohnzimmer hängt nur eine einzige Urkunde. Sie ist die Bestätigung dafür, dass Markus Telser aus Schluderns am 20. September 2009 mit dem Piloten Ossi Gilg einen Gleitschirm-Tandemflug vom Hirzer absolviert hat. Das mag im ersten Moment etwas banal klingen, doch was Markus Telser an jenem Tag erlebt hat, prägte sich tief in sein Herz ein. Er hat keine einzige Sekunde, die er in der Luft verbrachte, vergessen. Den Traum, mit einem Gleitschirm zu fliegen, hatte er schon als Jugendlicher immer geträumt. „Als ich mich als Windsurfer versuchte, konnte ich noch sehen“, erzählt der 43-Jährige, der seit 17 Jahren vollblind ist. Dass das Leben trotz einer solchen Behinderung noch lebenswert ist, habe ihm der unvergessliche Tandemflug bewiesen. Für Markus wurde ein lang ersehnter Traum wahr. Es fällt ihm nicht leicht, die Gefühle in Worte zu kleiden: „Während des Fluges fühlte ich mich frei und dank Ossis Erfahrung sicher. Es war einfach ein herrliches Gefühl, in der Luft zu sein.“

Gestartet ist das Tandem-Team auf 2150 Meter Höhe. 31 Minuten lang schwebten Markus und Ossi durch den Himmel oberhalb von Schenna, Dorf Tirol, Riffian und des Meraner Raums. Am stärksten beeindruckt hat Markus die Spirale kurz vor der Landung: „Das war der Kick schlechthin.“ Dass ihm auch etwas mulmig zumute war, verschweigt der Schludernser nicht. Die Landung auf dem Hintern aber klappte bestens. Heute noch froh ist Markus, „dass ich vor dem Flug nichts gegessen habe, denn sonst ...“. Dass der Tandemflug überhaupt in die Wege geleitet wurde, verdankt Markus seiner Tochter Stefanie. Sie war es, die vom großen Traum ihres erblindeten Vaters wusste und die eines Tages mit einem Prospekt

des Tandemclubs Ifinger Fly Hirzer zu ihrem Vater nach Hause kam. Patrizia, die Frau von Markus, ermunterte ihn ebenso, den Traum wahr werden zu lassen. Stefanies Freund Kurt übernahm schließlich die Hin- und Rückfahrt. Markus spricht allen ein großes „Vergelt's Gott!" aus. Sein Dank gilt auch dem gesamten Tandemclub-Team, speziell dem Teamleiter Ossi, für das einzigartige Erlebnis, von dem er heute noch zehrt.
Toll findet Markus auch, dass während des Fluges fotografiert und gefilmt wird, „so kann man dieses außergewöhnliche Erlebnis für immer festhalten."

Fest steht für Markus: „Das war sicher nicht mein letzter Tandemflug!"

SCHNEESCHUHWANDERN

Als es wieder einmal Herbst wurde, war es von Tag zu Tag klarer, dass mein treuer Tandem-Fahrradpilot nur mehr begrenzt Zeit für unsere Fahrradtouren haben würde, auch weil er seit Jahren schon bei Bekannten für die Obsternte unabkömmlich geworden war. Und auch das Laufen war bei kalter Witterung eher schwierig zu bewerkstelligen. Der Freund meiner Tochter Stefanie erzählte immer öfter vom Schneeschuhwandern. Ich lauschte aufmerksam, wie Kurt mir diese Sportart in den schillerndsten Farben anpries, und es wirkte äußerst interessant und vielleicht auch für mich machbar. So jedenfalls befand Kurt, der mir mehr und mehr riet, es doch einmal zu probieren.

Logisch gefiel mir die Idee, doch ich spielte erst einmal nur mit dem Gedanken daran. Ich bin ein Typ, der gewisse Dinge erst einmal reifen lassen muss. Doch Kurt ließ nicht locker. Immer öfter erzählte er mir von seinen Touren und wie viel Spaß es machen würde, mit diesen wie Tennisschlägern aussehenden Latschen gemächlich durch den Schnee zu waten. Klarerweise war mir bewusst, dass ich einen Begleiter brauchen würde, der bereit wäre, neben mir herzugehen. Kurt würde mir dieser Begleiter sein, eine wunderbare Idee. Bald schon hatte Kurt einen fixen Tag parat, und ich war überglücklich und nahm sein Angebot dankend an.

An einem strahlenden Sonntag fuhren wir los. Patrizia, Stefanie, Kurt und ich kamen in das rund 15 Kilometer entfernte Schlinigtal, das unter Insidern als Schneeschuhparadies schlechthin bekannt ist. Kurt hatte für mich ein paar Schneeschuhe von seinem Bruder ausgeliehen, und nun begann ich doch etwas nervös zu werden. In Schlinig angelangt, zeichnete sich die Spannung dann scheinbar in meinem Gesicht ab, denn alle redeten mir plötzlich gut zu. Mir schien jetzt die Sonne so intensiv aufs Gesicht, sodass es wohlig aufgewärmt wurde, und mir wurde ganz warm ums Herz. Bald schon wusste ich: Es musste zu schaffen sein. Mit aller Lockerheit, die ich aufbringen konnte, versuchte ich loszulegen, dennoch gestaltete sich der Start etwas schwierig, da ich dauernd ins Stolpern kam und orientierungslos herumhopste. Doch Kurt hatte viel Geduld und stand mir mit guten Ratschlägen zur Seite. Er motivierte mich mit allen Mitteln, die ihm einfielen. Auch gab er mir immer wieder gezielte Anweisungen, wohin ich treten sollte, und erklärte mir, wie die Gegend hier so aussah.

Patrizia und Stefanie hatten sich entschlossen, in einem Lokal im Ort zu warten, vergaßen aber nicht, uns beim Start noch heftig anzufeuern. Auch konnte ich von den beiden den einen oder anderen gut gemeinten Witz heraushören, doch ich hatte mich längst schon voll und ganz auf meine Aufgabe konzentriert. Hinter mir hörte ich die beiden noch kichern, doch mich hatte bereits der Ehrgeiz gepackt, nun wollte ich es allen zeigen. Logisch hatte ich keine Ahnung, was auf mich zukommen würde. Nicht einmal im Traum hätte ich je daran gedacht, als blinder Mensch mich auch noch im Schneeschuhwandern zu versuchen. Ich war als Kind einmal auf Skiern gestanden, das war das Höchste der Gefühle gewesen.

Nun aber stand ich hier auf diesen komischen Dingern und musste mich bewähren. Die Unebenheit des Schnees machte mir schon ziemlich zu schaffen. Auch hatte ich keinerlei Gefühl für die Zeit, und mir schwante auch nicht, wie weit entfernt die Alm sein würde, zu der Kurt mich führen wollte. Wir beide schäkerten herum und malten uns aus, wie viele Stunden wir wohl unterwegs sein würden bis zur Alm. Kurt hielt mich an dem rund einen Meter langen Band fest, das an der Blindenmasche am linken Oberarm festgezurrt war, sodass ich mich in Sicherheit wähnte.

Unseren beiden Damen hatten wir erklärt, in etwa einer Stunde zurück zu sein. Kurt erklärte mir die Schritte, die Richtung, die Beschaffenheit des Schnees, ob es steil werden würde und vieles mehr. Nach kurzer Zeit schon fühlte ich mich sehr viel leichter und wanderte gleichmäßig dahin. Dann rief Kurt plötzlich aus, „na schau her, dort ist ja schon die Alm". Ich war überrascht und zugleich hellauf begeistert. Sollte ich es tatsächlich geschafft haben. Dann würde ich erneut eine Hürde in meinem Leben genommen haben. Zugleich bemerkte ich, wie Leute uns entgegenkamen und uns anstarrten. Das spürt man als Blinder einfach. Einige scheuten sich nicht, uns auch anzusprechen. Sie wollten wissen, wie wir alles bewerkstelligt hätten, wie es uns ergangen wäre und vieles mehr. Das Staunen und die Bewunderung waren groß, und selbst ich als Blinder spürte dies alles sehr deutlich.

Die Alm war überfüllt, und da es im Freien sehr frisch war, wollten Kurt und ich auch gleich wieder umkehren und langsam zurück ins Tal wandern. Doch die Wirtin hatte uns bereits erblickt und rief uns laut zu: „Wäre ja noch schöner, wenn wir nicht noch ein Plätzchen für ein so besonderes Gespann hier finden würden." Es käme schließlich nicht jeden Tag vor, dass ein Blinder mit Schneeschuhen hier raufkomme. Sie hatte ihre Absicht nicht verfehlt, denn augenblicklich hörte man ein Rucken auf den Bänken. Wir wurden herzlich willkommen geheißen und aufgefordert, Platz zu nehmen.

Bei Schokolade und einem Glühwein vergaßen Kurt und ich die Zeit. Ich war mächtig stolz auf mich, nun war mir also auch diese Hürde gelungen. Wir lachten und hatten richtig Spaß, für Außenstehende wirkte es so, als seien wir schon sehr lange gemeinsam unterwegs. Auch der Weg zurück in den Ort gestaltete sich locker und unbeschwert und wir hatten die Zeit total vergessen. Patrizia und Stefanie nahmen uns ängstlich und vorwurfsvoll in Empfang, da wir weit über die vereinbarte Zeit hinaus unterwegs gewesen waren und es außerdem kein Handynetz gegeben hatte. Unser schlechtes Gewissen hielt sich aber in Grenzen, wir empfanden diesen Tag einfach nur als ausgesprochen bereichernd und lebendig und luden die beiden zu einem „Friedenskuchen" ein.

Daheim berichtete ich Patrizia noch stundenlang von diesem neuen Abenteuer und erzählte ihr über jeden Schritt, den wir mit unseren Schneeschuhen getätigt hatten. Kurt prophezeite mir an diesem Tag, dass wir sicher nicht das letzte Mal gemeinsam unterwegs gewesen sein würden. Euphorisiert von diesem Erfolgserlebnis, suchte ich mir, bis es mit Kurt wieder so weit sein würde, ein paar Mal andere Freunde, die mit mir dann losgestartet sind. Jedes Mal hatten wir großen Spaß miteinander.
Immer, wenn ich mit jemandem über meine neuen sportlichen Erfahrungen sprechen kann, überkommt mich großer Stolz, es in meiner Situation schon so weit gebracht zu

haben. Ab und zu glaube ich auch, durchsickern zu hören, dass gar manch anderer längst schon die Flinte ins Korn geworfen hätte.

Ich weiß diese Dinge heute umso mehr zu schätzen, da mich immer wieder auch Erinnerungen aus meiner Kindheit einholen. Dann erinnere ich mich an Tage, an denen ich wegen der starken inneren Blutungen bewegungslos daheim ausharren musste. Die allerkleinsten Verletzungen hatten mich bereits in die Knie gezwungen, und der Weg in die Klinik nach Innsbruck war vorprogrammiert.

Heute besuche ich dreimal in der Woche meinen Hausarzt, der mir dann den für mich lebenswichtigen Faktor VIII intervenös spritzt. Dann kann ich wieder heimgehen. Fertig. Wenn man mir früher einmal gesagt hätte, dass ich später irgendwann fast ohne Schmerzen sein würde, hätte ich es mit Bestimmtheit nicht glauben können. Einige Folgeerscheinungen dieser Zeit trage ich heute noch wie ein Andenken bei mir. So sind meine Ellenbögen ramponiert und meine beiden Arme. Ganz besonders den rechten Arm, den kann ich nicht mehr ausstrecken. Wäre die Medizin damals schon auf dem Stand von heute gewesen, würde ich sehr wahrscheinlich kaum Folgeschäden meiner Bluterkrankheit davongetragen haben. Und die Schmerzen wären wohl auch sehr viel geringer ausgefallen, doch ich versuche mich, mit dem Spruch zu trösten: Was vorbei ist, ist vorbei.

Mit sehr großer Sicherheit habe ich es auch mit „Gottes Hand" geschafft, alles anzunehmen und durchzustehen. Mein Vater hat einmal, auf einer seiner eigenen Geburtstagsfeiern, gesagt: „Jeder Tag ist ein Geburtstag", und genauso empfinde ich es. Diesen Satz habe ich in meinem Kopf tief verankert. Und selbst wenn ich wieder einmal nach Bozen muss für eine Blutkontrolle, dann wird mir in Gesprächen mit Dr. Milland sehr bewusst, welches unsagbare Glück ich trotz allem gehabt habe.

Wenngleich sich meine Werte mitunter auch einmal verschlechtern, was sehr selten der Fall ist, so beruhigen mich die Ärzte immer wieder und erklären mir, dass dies bei HIV-positiven Patienten ganz normal sei. Erst vor wenigen Monaten, während der Fertigstellung dieses Buches, geschah etwas sehr Sonderbares. Ohne auch nur irgendetwas zu ahnen, da ich mich seit Langem wieder sehr gut und gesund fühlte, kam ich zu einer Routinekontrolle nach Bozen, wo ich mit einem niederschmetternden Resultat konfrontiert wurde. Die gesamten Blutwerte waren um mehr als die Hälfte zusammengeschrumpft und die Gefahr, das HI-Virus würde wieder aktiv werden, war vorhanden. Was für mich bedeutete, nicht erst nach sechs Monaten wiederzukommen, sondern bereits nach drei und dieselbe Prozedur aufs Neue durchzumachen. Immer mit der Gefahr im Nacken, stationär aufgenommen werden zu müssen.

Doch das Wunder geschah: Binnen kürzester Zeit hatten sich meine Werte wieder stabilisiert, und alles war erneut in bester Ordnung. Man weiß nie, warum sich Blutwerte manchmal so drastisch verschlechtern und manchmal auch so wunderbar verbessern. Es wird ein ewiges Würfelspiel bleiben, und ich habe gelernt, damit umzugehen und zu leben. So wird mein Dasein als Bluter und als HIV-Patient immer turbulent bleiben, doch ich bin mir sicher, medizinisch und auch familiär bestens betreut zu werden.

KLETTERN AUCH NOCH

Bei einem meiner weiteren Besuche bei Dr. Christian Hofer erzählte mir der Arzt von einem blinden Kletterer aus Österreich. Andreas Holzer sei sehr engagiert und über sich selbst hinausgewachsen. So habe der junge Mann bereits mehrere Achttausender bestiegen und unzählige weitere Abenteuer bezwungen. Ich war fasziniert und hörte den Erzählungen meines Arztes begeistert zu. Für mich waren diese Dinge schier unvorstellbar, genauso wie ich einst für einen Blinden das Laufen mit einem Hund nicht für möglich gehalten hatte. Mein Arzt fügte auch an, dass der blinde Bergsteiger und Kletterer immer wieder Vorträge halten würde und er sehr bald schon in Imst einen Termin habe. Nun war Österreich nicht am Ende der Welt, sondern von Schluderns nur einige Dutzende Kilometer entfernt. Ich war entflammt, und Hofer bot sich mir an, mich mitzunehmen, sollte es ihm seine knapp bemessene Zeit erlauben, diesen Vortrag zu besuchen. So würde ich die Erzählungen Holzners live miterleben können. Ich sehnte mich geradezu danach, dass diese Möglichkeit wahr werden würde.

Leider kam es zu diesem Abend dann doch nicht, da der Arzt unabkömmlich war. Doch mir ging dieser Andreas Holzer nicht mehr aus dem Sinn. Und einige Monate später kam mir zu Ohren, dass Holzer auch nach Brixen kommen würde. Diesmal machte mich mein Cousin Robert darauf aufmerksam. Wir blinden Menschen sind in der Wahrnehmung vieler äußerlicher Dinge sehr eingeschränkt, da wir viele plakative Dinge nicht sehen können. Wir können keine Zeitungen lesen, daher auch keine Ankündigungen in schriftlicher Form, keine Bücher lesen, es sei denn Hörbücher kaufen, die eine wahre Errungenschaft für uns darstellen, keine Fernsehprogramm anschauen, keine visuellen Infos erhalten. Wir bekommen die Welt da draußen durch unser Gehör vermittelt, durch unsere Nase, durch unser Schmecken, durch unsere Haut, eben durch unsere anderen Sinne, die dann normalerweise um ein Vielfaches geschärft sind. Was uns zugutekommt. Dennoch ist es uns oft unmöglich, all diese Wahrnehmungen zu filtern und richtig einzuordnen. So sind wir oft sehr froh, wenn uns andere auf Dinge aufmerksam machen, die uns sonst entgangen und um die es schade gewesen wäre.

Robert bot sich sofort an, mit mir zu diesem Vortrag von Andreas Holzer zu fahren. Das war Ende 2011. Welcher Segen für mich, ich brauchte logischerweise nicht zweimal überlegen. Und dann saßen wir mit großer Spannung endlich im Saal. Punkt zwanzig Uhr betrat Holzer die Bühne. Ich kann mich heute noch sehr genau an seinen ersten Satz erinnern: „Ich möchte das geschätzte Publikum recht herzlich begrüßen und Ihnen gleich den Unterschied zwischen den Sehenden und uns Sehbehinderten erklären", sagte er. „Die Sehenden hören morgens im Radio den Wetterbericht genau wie wir Blinde, der einzige Unterschied jedoch ist, dass ihr Sehenden zum Fenster gehen könnt, um zu sehen, ob der Wetterbericht stimmt. Wir Blinde gehen auch zum Fenster, doch es bleibt jeden Tag zu jeder Zeit gleich finster." Im Saal war es so still, man hätte eine Stecknadel fallen hören. Sogar mir lief der kalte Schauer über den Rücken hinunter.

Ich merkte, wie das Publikum den gesamten Vortrag mit äußerster Spannung verfolgte, und auch ich genoss Andys Vortrag, so wurde er immer wieder genannt, ebenfalls mit äußerstem Interesse, stand dort oben doch einer, der wusste, von was ich selber immer wieder sprach, ohne auch nur annähernd glauben zu können, dass man mich auch verstand. Dieser Mann da oben verstand zur Gänze. Wieder daheim angekommen, ging mir dieser Andreas Holzer nicht mehr aus dem Kopf. Er hatte allen gezeigt, zu welchen Taten Blinde fähig waren. Es war der reinste Wahnsinn. Auch hatte er über seine Abenteuer bereits Bücher geschrieben, er konnte der Welt erzählen, was in ihm vorging, wie er zustandebrachte, was er zustande brachte. Mit Hilfe seiner Frau, die ihm immer treu zur Seite stand, gelang ihm Übermenschliches. Nach nur wenigen Tagen war auch ich so weit, daran zu glauben, das Klettern selber probieren zu können. Und meine HIV-Infektion war zu diesem Zeitpunkt auch nicht mehr das große Thema bei mir, da alles gut im Griff zu sein schien. Bald schon sprach ich mit Robert, dem Cousin, über meinen außerirdischen Wunsch. Er lächelte nur ein bisschen und fand die Idee recht gut. Und ermunterte mich, es einfach einmal in der neu errichteten Kletterhalle von Schluderns zu versuchen. Anfangs dachte ich mir zwar, etwas verrückt zu sein, da ich mir Sorgen wegen meiner starken Arthrose am Sprunggelenk machte und keine Ahnung hatte, ob ich die Belastung beim Klettern aushalten könnte. Doch immerhin sollte Klettern sehr gut für die Bandscheiben sein, so hörte ich, da ich seit einiger Zeit immer nachts starke Schmerzen in der Hüfte verspürte.

Dieser Umstand ermunterte mich mehr und mehr, es tatsächlich versuchen zu wollen. Ich hatte in meiner dunklen Welt natürlich wieder einmal keinerlei Ahnung, was auf mich zukommen würde. In der Kletterhalle sicherte mich mein Cousin, dann sollte ich die Wand hinaufsteigen. Doch das Unterfangen zeigte sich als weitaus schwieriger als ich jemals geglaubt hatte. Immerhin schaffte ich es, am ersten Abend dreimal sechs Meter hoch zu klettern und das allein mit meinen eigenen Kräften. Ich war mächtig stolz auf mich. Wieder hatte ich etwas geschafft, was ich noch vor kurzer Zeit nicht einmal zu denken gewagt und schon gar nicht für möglich gehalten hatte.

Wieder einmal hatte ich mir selber den Beweis erbracht, dass der Wille Berge versetzen konnte. Und dass die Kraft aus dem Willen erwächst und man auch einem verzweifelten Schicksal damit die Stirn bieten kann. Man muss erstens etwas wirklich wollen und es dann einfach tun. Oder wenigstens versuchen. Auch hatte sich mein Immunsystem durch diese Einstellung, durch den Sport, die Zuneigung vieler Menschen und die richtige Lebensphilosophie auf geradezu dramatische positive Weise verbessert. Niemals hätte ich früher so viel Kraft und Energie aufbringen können, um etwas durchzusetzen, etwas für mich selber zu tun. Immer wieder sagte ich zu mir selber: Wahnsinn Markus, du bist Bluter, HIV-infiziert und blind. Und jetzt gehst du die Wand hoch, ohne zu wissen, wie weit du vom Boden weg bist. Das Beste dabei war, dass ich keinerlei Schwindelgefühle oder Höhenängste spürte, da ich ja nicht auf den Boden schauen konnte. Da haben wir Blinde dem Rest der Menschheit auch einmal etwas voraus.

Und immer wieder bekam ich Applaus von meiner Frau Patrizia und meiner Tochter Stefanie, die das, was ich tat, einfach großartig fanden. Ich sollte wirklich stolz auf meine Leistungen sein, meinten sie und betonten immer wieder, dass es wenige Menschen geben würde, die ihr Schicksal so bei den Hörnern gepackt hätten wie ich. Davon konnte ich zehren, das machte mich unsagbar frei und glücklich. Mir taten diese Seelenstreicheleinheiten so gut. Ich brauchte sie nach vielen anfänglichen persönlichen Niederlagen auch so dringend. Jeder Mensch braucht Lob, jeder Mensch Anerkennung für das, was er tut, egal was immer es auch ist. Und ich denke, eingeschränkte Menschen, wie wir es als Blinde sind, ganz besonders.

Es geht in unserem Leben nicht nur um die Blindheit allein, sondern um den Verlust von Fähigkeiten, die man bis dahin gerne ausgeübt hatte, von Befindlichkeiten, die man dann nicht mehr oder ganz anders spürt, um den Verlust von Menschen, die sich abwenden und um Tausend andere Dinge mehr. Es geht letztendlich auch um den Verlust des eigenen Selbstbewusstseins, der wiederum Tausend Fragen aufwirft. Man fühlt sich plötzlich schuldig, obwohl man nicht weiß warum. Es ist ein Teufelskreis, in dem man sich bewegt und der einen gefangen hält. So rekelte ich mich nun im Lob meiner Lieben und hätte vor Freude oft die ganze Welt umarmen können. Ich fühlte mich wieder wirklich gut. Ich hatte ein großes persönliches Ziel erreicht. Mich selbst.

So richtig schlecht ging es mir allerdings immer wieder, wenn ich ins Krankenhaus musste. Gottlob muss ich heute im besten Falle alle sechs Monate einmal wieder in die Infektionsabteilung, wo ich dann wieder mit meiner HIV-Krankheit konfrontiert werde. Hinterher bin ich dann jedes Mal froh, dass es mir jetzt so viel besser ergeht, als noch vor ein paar Jahren, und darüber, welches Wunder mir da widerfahren war. Zuerst war ich dem Tode so nah gewesen, hatte so viele Kalvarienberge besteigen müssen, wollte meinem Leben lieber heute als morgen ein Ende setzen und war kraftlos und fertig. Es hatte Situationen in meinem Leben gegeben, in denen ich kurz davor war, das Handtuch zu werfen. In all den Jahren, wo es eigentlich kontinuierlich abwärtsgegangen war, stand ich manchmal vor einer dunklen Mauer, und die unendlichen Fragen begannen von vorne. Keinem Menschen war es damals gelungen, mich aufzuheitern, sämtliche Versuche waren sinnlos gewesen, sinnlos und zwecklos. Ich konnte mich einfach an nichts und niemandem mehr erfreuen. Und nun das! Ich war auf dem besten Wege, mich zu den gesunden Menschen zählen zu dürfen.

Oft hatte ich auch geglaubt, die Depressionen hinter mir gelassen zu haben, doch es passierte immer wieder: Von einem Augenblick auf den anderen waren sie wieder da. Dann hieß und heißt es immer wieder, von irgendwo die Kraft herzunehmen, um weiterzumachen. Gottlob habe ich heute die Gewissheit, eine gesunde Tochter zu haben und glücklich verheiratet zu sein. Das ist ein enormer Schatz, den es zu hüten gilt. Und eine Familie, die stets hinter mir steht. Ohne sie alle hätte ich die aufgetürmten Hürden in meinem Leben niemals schaffen können.

Kommen heute noch oft Momente oder Situationen zustande, wo ich keinen Ausweg zu finden glaube, so geschieht es immer wieder, dass ich trotz allem alles mit der Krankheit verknüpfe und die Negativitäten wieder die Oberhand gewinnen. Dann gilt es, die traurigen Erinnerungen aus dem Gedächtnis zu löschen, doch einige Begebenheiten kann ich bis heute nicht verdauen, es gelang mir nicht, mit ihnen fertigzuwerden.

Mittlerweile habe ich mein Leben meistens gut im Griff. Das ist aber nicht immer so. Manchmal holt mich ein erneutes Tief ein. Aber ich denke, dass jeder Mensch dieses Auf und Ab kennt; vielleicht ist es bei mir nur etwas intensiver.

Meine Besuche dreimal pro Woche bei meinem Dr. Hofer indes erfreuen mich immer wieder. Er ist es auch, der mir mit Geduld zuhört und mich immer wieder aufrichtet, mich ermuntert, wenn meine Traurigkeit wieder überhandbekommen hat. Gerade jetzt in dieser Zeit, in der ich meine Biografie niederschreibe, benötige ich sehr viel Kraft, und ich gebe es offen und ehrlich zu: Ich weine sehr viel und oft. Doch mein Arzt meint, dass dieser Prozess sehr wichtig ist für mich und die Tränen mich erlösen und befreien würden. Auch mein Vertrauensarzt Dr. Milland in Bozen ist der Meinung, es sei wichtig, dieses Buch zu schreiben und zu veröffentlichen, weil ich damit vieles endlich verarbeiten könne. Er sieht es als eine Form von Therapie, dass ich diesen Weg der Verarbeitung nun beschritten habe. Nicht immer gelingt es mir, die richtigen Worte zu finden, wenn ich meine Krankenberichte betrachte und die Empfindungen von damals zu Papier bringe. Ich war damals dem Tode oft sehr nahe, allein meinen beiden Vertrauensärzten war es zu jener Zeit immer wieder gelungen, mich aufrecht zu halten. Insbesondere wenn ich über meine unzähligen schlaflosen Nächte berichte, in denen ich immer wieder schweißgebadet aufgewacht bin. Ich kann die Nächte, in denen ich seit meiner HIV-Diagnose durchgeschlafen habe an beiden Händen abzählen, und das ist nun immerhin schon zwanzig Jahre her.

Ich habe mir angewöhnt, einige positive Sprichwörter abrufbar bereitzuhalten. Eines davon heißt: „Immer, wenn du glaubst, es geht nicht mehr, kommt von irgendwo ein Lichtlein her." Und es ist tatsächlich so. Ich hoffe weiterhin, dass mir der Herrgott noch viel Kraft schickt, um das alles weiterhin zu ertragen, auch mit Stolz zu ertragen, denn das ist genauso wichtig. Manchmal, wenn ich mit meinem Blindenführhund Pato alleine meine Runden auf dem Radweg gehe oder laufe, kann ich vieles, was mir bisher passiert ist, vergessen oder verarbeiten. Zu knabbern habe ich bei dem Gedanken, was ich mit meiner Tochter Stefanie alles vorgehabt hatte. Ich kann mich an ihr liebes Gesichtchen erinnern, als sie eineinhalb Jahre alt war. Dann wurde die Welt für mich dunkel, und ich frage mich auch heute noch an manchem Tag: Warum gerade ich?
Doch dann danke ich Gott dafür, dass Stefanie und ihre Mutter nicht auch HIV-positiv sind.
Stefanie ist heute einundzwanzi Jahre alt, und wir mögen uns sehr. Das macht uns beide unglaublich glücklich. So mancher würde sich so eine gute Vater-Tochter-Beziehung wünschen. Ich hatte in all der Zeit immer wieder neue Hoffnung schöpfen können und habe auch wieder zu Gott gefunden. Der neu entflammte Glaube, der sehr langsam im Laufe der vergangenen Jahre in unerwarteter Intensität wiederkam, macht mich stark und eröffnet meinem Leben einen ungeahnten Weg. Patrizia und Stefanie waren es immer wieder gewesen, die mich aufgerichtet und darin bestärkt hatten, dass es sich lohnt, weiterzuleben. Doch als notorischer Grübler überkommen mich trotzdem immer wieder viele Fragen.

Einmal, und daran erinnere ich mich sehr genau, glaubte ich, endgültig über dem Berg zu sein, da sich mein Immunsystem auf eine unglaubliche Weise gebessert hatte. Nun nehme auch mein Leben seinen regulären Weg, dachte ich und war euphorisch wie lange nicht mehr. Doch nur ein halbes Jahr später war die Hoffnung wieder zerstört, denn mir unbekannte Mächte hatten die Werte wieder in den Keller geschickt. Das war deprimierend für mich, da diese Tatsache mich erneut gelehrt hat, dass ich mich auf nichts verlassen konnte. Es gab praktisch nicht den kontinuierlichen Anstieg, der anhielt, sondern immer diese Wellengänge, die zermürbten. Einmal oben, einmal unten. Immerhin stiegen meine Werte in all den Jahren dennoch langsam an, sodass das Gesamtbild am Ende wieder stimmte. Als ich vor wenigen Monaten nach einer Routinevisite meinen Dr. Milland anrief, teilte dieser mir mit, dass es zurzeit gar nicht gut aussehen würde, was ich kaum glauben konnte. Wieder einmal folgten schlaflose Nächte und Tage des Grübelns, da ich mir die ständigen Schwankungen nicht erklären konnte.

Es gibt keine Antworten auf meine Fragen. Beim Schreiben jetzt steigen all meine Erinnerungen wieder hoch, auch jene, von denen ich glaubte, sie seien längst archiviert und vergessen oder wenigstens irgendwo auf der Festplatte meines Gehirns gespeichert, doch nicht mehr abrufbar. So ist dieses Erzählen, dieses Schreiben nun auch Bewältigung meines eigenen Schicksals, Therapie für mich selbst. Was mich oft wunderte, war auch, dass ich mich manchmal gar nicht schlecht oder gar krank fühlte, nicht einmal angeschlagen. Die Intervalle zwischen den Untersuchungen fühlten sich an wie Urlaub, während ich das Warten auf die Befunde oft als den reinsten Wahnsinn empfand. Immer wieder tauchte dabei die Frage auf: Ist jetzt mein HI-Virus wieder aktiv? Oder gibt er Ruhe? Gott sei Dank habe ich in meinen Ärzten mittlerweile auch gute Berater gefunden, die mich inzwischen in- und auswendig kennen und wissen, wie ich reagiere und wie speziell sie darauf reagieren sollen.

Für mich schien meine Welt lange Zeit in Ordnung gewesen zu sein. Und dann war die Bombe gekommen, die in mein schönes und sauberes Leben geplatzt war. Ich glaube

kaum, ein Außenstehender kann sich diese Situation der Hilflosigkeit vorstellen. Und wenn schon, wer schon hat die richtigen Worte zum Trösten? Meine Erblindung hatte mir damals leider nicht nur das Augenlicht genommen, sondern auch mein Selbstbewusstsein, meine Unabhängigkeit und mir sehr viel Zeit geschenkt, viel Zeit zum Nachdenken. So drehten sich meine Gedanken immer wieder im Kreis und fanden weder Eingang noch Ausgang. Es gibt auch heute noch keinen Anfang und kein Ende. Doch ich habe gelernt das zu akzeptieren. Anfangs konnte ich es kaum aushalten. Es war einfach nur entsetzlich für mich.
Erst langsam musste ich lernen, damit umzugehen, zu akzeptieren, dass es nicht für alles Antworten gibt. Manche Dinge muss man einfach so stehen lassen, ob man sie begreift oder nicht. Manche Dinge sind einfach so, wie sie sind, und damit basta. Es obliegt nicht immer uns kleinen Menschlein, alle Rätsel um uns zu lösen oder zu verstehen. Manchmal genügt es einfach nur, in Demut auszuharren. Die Zeit lehrt einem dann Geduld und Ruhe. Und wenn man auch noch etwas Glück hat und nicht verzagt, geschieht es mitunter recht häufig, dass man wieder einen Fuß auf den Boden bekommt, wie der Volksmund sagt. Mir ging es genauso. Und dafür bin ich heute dankbar. Unendlich dankbar.

So ist auch mein Schicksal durch zahllose Höhen und Tiefen markiert. Ich danke dem lieben Gott, dass sich bis jetzt so viele Dinge zum Positiven gewendet haben. Mein Leben ergibt wieder einen Sinn. Ich tue mich immer noch sehr schwer, mir vorzustellen, wie etwa ein Außenstehender meine Welt begreift und sieht. Diese unglaubliche Abhängigkeit in bestimmten Situationen? So gibt es zahlreiche Fragen, die ich mir wohl nie beantworten kann.
Heute bin ich so weit, dass ich mit Hochachtung sagen kann: „Der Herrgott hat mir zwei Leben geschenkt. Wenn es einem mit der Zeit gelingt, ein Glas Wasser immer halb voll und nie halb leer zu sehen, die positiven Dinge im

Leben in den Vordergrund zu stellen – wie etwa dass ich überhaupt noch am Leben bin, dass ich eine schöne Familie habe, eine tolle Tochter, eine wunderbare Frau, meine Hunde, liebe Menschen um mich, meinen Sport, dann wird diese Einstellung von irgendwoher mit unglaublicher Kraft belohnt. Mit Kraft, die von oben kommt. Es müssen sich mehrere Begebenheiten wie die Glieder einer Kette aneinanderreihen, damit wir wieder neuen Glauben schöpfen können. Das ist ein wunderschönes Gefühl und durch nichts zu ersetzen. Dieser Glaube schenkt einem Menschen wie mir wieder Frieden. Inneren Frieden. Auch Zufriedenheit. Und Zufriedenheit ist die höchste Form des Glücks.

CHRISTINE DANKT

Dieses Buch hier ist entstanden durch die Gedanken und Aufzeichnungen von Markus Telser, der seine Lebensgeschichte jahrelang aufgeschrieben und immer wieder aktualisiert hat. Ich habe diese Gedanken analysiert, sortiert, zusammengesetzt, ausgeschmückt und in seinem Sinne wiedergegeben. Dies alles in einem Zeitraum von zwei Jahren.
Danken möchte ich meinem Mann Roland für seine Geduld, während ich wieder einmal stunden- und tagelang abwesend und im Buch vertieft war, und meinen Kindern Denise und Manuel, die das Buch vorab gelesen haben und mir dabei wertvolle Hilfe waren, sowie meiner Freundin Ilse Wunderer, für ihre geistreichen Anregungen und Impulse.
Danke auch Astrid Fleischmann vom Athesia Verlag über ihr sofortiges Interesse und ihre Geduld mit uns beiden.
Danke auch allen, die immer wieder nachgefragt haben, wann ein neues „Losso-Buch" auf den Markt kommen würde – das hat mich beflügelt und mir gezeigt, dass ein Buch zu schreiben, ohne interessierte LeserInnen keinen Sinn ergeben würde.
Danke auch all jenen, die ich hier sicher vergessen habe. Mögen sie mir verzeihen. Und: Beim nächsten Buch wird alles besser.

Christine Losso

MARKUS DANKT

Es ist mir mit den Jahren gelungen, meinem Leben ein neues Dasein und vor allen Dingen einen neuen Sinn zu geben. Doch ohne viele, ganz besondere Menschen hätte ich das wahrscheinlich nicht schaffen können. Gar einigen bin ich zu besonderem Dank verpflichtet. Und diese möchte ich hier ausdrücklich und ganz besonders erwähnen.
In erster Linie bin ich meiner wunderbaren Tochter Stefanie von ganzem Herzen dankbar, für ihr Sein und ihr selbstloses Tun. Meiner Frau Patrizia für ihre Liebe und Fürsorge, meinen Eltern und Geschwistern für ihre Geduld und ihren Beistand in all den Jahren, dem Krankenhauspersonal in Bozen, das mir geholfen hat, mein Leben oft sehr viel erträglicher zu machen. Selbstverständlich danke ich aus tiefstem Herzen meinem Vertrauensarzt aus der Infektionsabteilung in Bozen und meinem Hausarzt in Schluderns. Ohne sie wäre ich oft schier verzweifelt. Meiner Schwägerin Adele bin ich zu tiefstem Dank verpflichtet, sie hat mich immer wieder beim Laufen begleitet und es mir ermöglicht, dass ich diesem Sport stets treu bleiben und dadurch viel Lebensfreude gewinnen konnte.
Nicht zuletzt gilt mein besonderer Dank meinem belgischen Freund Oliver Hoberg, der seit vielen Jahren zu mir steht und mir überhaupt erst angeraten hatte, mein Leben niederzuschreiben und meine Aufzeichnungen zu veröffentlichen. Es ist wunderbar, Menschen um sich zu haben, die auch bei großen Schicksalsschlägen zu einem stehen und sich selbst oft sehr zurücknehmen müssen, um für andere da zu sein. Das weiß ich besonders zu schätzen.

Markus Telser

Christine Losso, geboren im Oktober 1959 in Meran (Italien). Verheiratet, zwei Kinder, zwei Enkelkinder. Fernstudium Journalismus, Englisch im Language Center St. Petersburg (Florida) und in Dublin (Irland). Publikationen in Magazinen und Zeitschriften im In- und Ausland, Chefredakteurin der Bezirkszeitung „BAZ“, Mitarbeit bei Radio und Fernsehen, Redakteurin der „Neuen Südtiroler Tageszeitung“ (Italien).
Reisen weltweit sowie Beteiligung an zahlreichen sozialen Projekten, Aufbau von Kinderheimen und Frauenhäusern, Straßenkinderprojekten. Vorsitzende von „Hope for a better world“.
Bücher: „Über den Schatten springen – Starke Frauen braucht das Land“, „Verkaufte Liebe – Tagebuch einer Prostituierten“. „Dolores – Die Geschichte meiner Schwester. Ein Leben zwischen Liebe, Drogen und Tod“, „Einmal noch ans Meer – Daniela Platzgummer, mein Leben mit Mukoviszidose“, „Jul Bruno Laner – Ein Südtiroler Urgestein erzählt“.
www.christinelosso.it

STIFTUNG
SÜDTIROLER SPARKASSE

Wir stiften Kultur